21世纪工程管理学系列教材

Real Estate Development And Management

房地产开发经营管理学（第二版）

赖一飞　陈文磊　郑志刚　编著

WUHAN UNIVERSITY PRESS
武汉大学出版社

图书在版编目(CIP)数据

房地产开发经营管理学/赖一飞,陈文磊,郑志刚编著. —2 版. —武汉:武汉大学出版社,2018.4

21 世纪工程管理学系列教材

ISBN 978-7-307-20082-1

Ⅰ. 房… Ⅱ. ①赖… ②陈… ③郑… Ⅲ. ①房地产开发—高等学校—教材 ②房地产管理—经营管理—高等学校—教材 Ⅳ. F293.34

中国版本图书馆 CIP 数据核字(2018)第 054857 号

责任编辑:范绪泉   责任校对:李孟潇   版式设计:马 佳

出版发行:**武汉大学出版社**   (430072 武昌 珞珈山)

(电子邮件:cbs22@ whu.edu.cn 网址:www.wdp.com.cn)

印刷:湖北省荆州市今印印务有限公司

开本:787×1092 1/16 印张:15.25 字数:362 千字 插页:1

版次:2008 年 4 月第 1 版   2018 年 4 月第 2 版

2018 年 4 月第 2 版第 1 次印刷

ISBN 978-7-307-20082-1   定价:35.00 元

序　言

　　教育部于 1998 年将工程管理专业列入教育部本科专业目录，全国已有一百余所大学设置了该专业。武汉大学经济与管理学院管理科学与工程系组织教师编写了这套"21 世纪工程管理学系列教材"。这套教材参考了高等学校土建学科教学指导委员会工程管理专业指导委员会编制的工程管理专业本科教育培养目标和培养方案，以及该专业主干课程教学基本要求，并结合了教师们多年的教学和工程实践经验而编写。该系列教材系统性强，内容丰富，紧密联系工程管理事业的新发展，可供工程管理专业作为教材使用，也可供建造师和各类从事建设工程管理工作的工程技术人员参考。

　　工程管理专业设五个专业方向：

- 工程项目管理
- 房地产经营与管理
- 投资与造价管理
- 国际工程管理
- 物业管理

　　该系列教材包括工程管理专业的一些平台课程和一些方向课程的教学内容，如工程估价、工程造价管理、工程质量管理与系统控制、建设工程招投标及合同管理、国际工程承包以及房地产投资与管理等。

　　工程管理专业是一个新专业，其教材建设是一个长期的过程，祝愿武汉大学经济与管理学院管理科学与工程系教师们在教材建设过程中不断取得新的成绩，为工程管理专业的教学和工程管理事业的发展作出贡献。

英国皇家特许资深建造师
建设部高等院校工程管理专业评估委员会主任
建设部高等院校工程管理专业教育指导委员会副主任
建设部高等院校土建学科教育指导委员会委员
中国建筑学会工程管理分会理事长

第二版前言

　　作为国民经济的支柱性产业,房地产业的健康发展能够为社会经济及其他各行各业的发展提供有利的物质保障。房地产开发与经营是房地产业经济活动的主体内容,涉及房地产商品从开发、建设到竣工投产并顺利进入市场,实现其商品价值的全部经济活动。房地产开发经营作为一门应用学科,是运用现代经营管理原理分析房地产业的发展及运作规律,研究房地产开发经营效益与效果的管理学科。

　　本书第一版于 2008 年出版。随着我国房地产市场迅速发展,房地产相关的法律法规制度不断完善,房地产开发与经营的理论与方法体系逐渐丰富。本教材在充分考虑房地产市场发展环境变化的基础上,与时俱进,对教材进行适时的修订与完善。

　　全书共分八章。第一章由赖一飞、覃冰洁编写,第二章由陈文磊、雷慧编写,第三章由赖一飞、赵静编写,第四章由郑志刚、赵静编写,第五章由赖一飞、赵继涛编写,第六章由陈文磊、赵继涛编写,第七章由郑志刚、屠金萍编写,第八章由郑志刚、夏金秋编写。

　　本书以不断变化发展的房地产市场为背景,以房地产开发经营管理为主线,在内容上吸收了近年来国内外有关研究成果和实践经验,注重理论与实践的结合,内容精练,体系完整,具有较强的政策性和实用性,不仅可作为高等院校工程管理专业的本科教材,也可作为从事相关领域研究的专业人士、研究人员的学习参考用书。

　　在修订编写过程中,得到了武汉大学教务部、武汉大学出版社和武汉大学经济与管理学院的大力支持,参阅了不少专家、学者论著和有关文献,华北水利水电大学管理与经济学院教授陈文磊博士后、国科创新科技园发展有限公司总经理郑志刚提供了大量的素材与资料。多名研究生参与了部分文稿的打印、校对工作,在此谨向他们表示衷心的感谢!

　　房地产开发与经营管理作为一门快速发展的新兴学科,有许多问题需要进一步的探讨与实践,加之作者水平有限,书中难免有不当之处,敬请读者批评指正。

编者

2018 年 3 月于珞珈山枫园

目　　录

第一章 房地产开发经营管理概述

第一节 房地产的基本概念

一、房地产

（一）房地产概念

房地产（real estate）是房产和地产的总称，指土地定着物及其附带的各种权益。定着物是指附着于土地，在与土地不可分离的状态下才能使用的物体，如建筑物、构筑物等。房产是指建筑在土地上的各类房屋，例如居住用途的住宅、购物用途的商场、办公用途的写字楼、生产用途的厂房、看病就医用途的医院等各种设施用房；地产是指土地及其上下的一定空间，包括地下的各种基础设施、水域以及地面道路等。

房地产有广义与狭义之区别，广义的房地产概念是指土地与土地上的建筑物及其衍生的权益，并包括水源、森林与矿藏等自然资源；狭义的房地产概念则仅指土地与土地上的建筑物及其衍生的权益。

房地产是实物、权益和区位三者的结合体。实物是房地产的物质实体部分，包括建筑物的结构、设备、外观和土地的形状及基础设施完备状况等。权益是指由房地产实物所产生的权利和收益，房地产交易不仅仅是实物交易，更重要的是权益交易，因此，房地产登记在房地产交易过程中具有特别重要的地位。房地产产权包括所有权、使用权、租赁权、典权和地役权等。区位是房地产实体在空间和距离上的关系，除了地理坐标位置，还包括可及性。房地产的位置具有固定性，因此，区位对房地产价值的影响是特别重要的。

（二）房地产类型

随着房地产项目规模的扩大，其种类也趋于多样化，单纯只有一种用途的房地产项目很少。房地产的分类有不同的划分标准。

1. 按经营使用方式划分

可以划分为出售型房地产、出租型房地产、营业型房地产和自用型房地产。

2. 按是否产生收益划分

可以划分为收益型房地产和非收益型房地产。

3. 按用途划分

可以划分为以下几类：

(1)商业房地产，包括商业店铺、购物中心、百货商场、酒楼、餐馆、游乐场、饭店、酒店、宾馆、旅店等。商业房地产对开发商的要求很高。开发商一是要有雄厚的资金实力；二是要有极强的项目操盘和掌控能力；三是要有很强的招商和市场感召能力；四是要有完善的售后或招商后的服务和经营管理能力。

(2)办公房地产，包括写字楼、政府办公楼等。办公楼也称为写字楼，它是近代社会分工和商品经济发展的产物，目前已成为房地产中的一个重要业态。写字楼开发建设目的主要有两种：一是出售，二是出租。

(3)居住房地产，包括普通住宅、公寓、别墅等。在现代城市中，居住房地产一般要占城市房地产总量的一半以上。

(4)工业房地产，包括工业厂房、仓库等。工业房地产也称标准厂房。标准厂房的开发建设周期比住宅和写字楼短，但最快也要半年时间。生产性企业一般采取以租代售或直接购买形式拥有厂房。所谓以租代售，就是在一定时间内，采取租赁的方式使用厂房，待条件成熟时，把已付的租金折成房价的一部分，支付完剩余房款后，拥有完全产权的厂房。标准厂房行业就因此而产生。

独幢标准厂房一般以 2 000~4 000m² 为宜，其中有 1/4 的办公室或写字楼。净高一般为 6 米，横跨度在 20 米以上，多采用轻钢结构。生产性企业大多喜欢单层厂房，所以单层厂房较易租售。标准厂房大多采用出租方式经营，也有一些采用出售方式。

(5)农业房地产，包括农场、牧场、果园、观光农业基地等。

(6)特殊房地产，包括车站、机场、学校、医院、教堂、寺庙等。

二、房地产的特性

房地产与其他物品相比，有着明显的自身特征。具体来说，主要包括以下几点：

(一)位置固定性

房地产是不可移动的，因而其位置是固定的。也就是说，房地产的相对位置是固定不变的。可以说，地球上没有完全相同的两宗房地产，即使两宗房地产的地上建筑物设计、结构和功能等完全相同，土地位置的差异也会造成价格的差异。房地产的不可移动性决定了房地产的开发利用受制于其所处的空间环境，房地产市场是一个区域性市场。房地产的供求状况和价格水平在不同地区之间是不同的。这里值得注意的是，房地产的自然地理区位是固定不变的，但其经济地理区位和交通地理区位是会发生变化的。

(二)长期使用性

土地具有不可毁灭性，在正常使用条件下可以永久使用。房屋一经建成，也可以使用数十年甚至上百年。因此，房地产是具有长期使用性的物品。

(三)高价值性

房地产不仅具有使用价值，而且具有较高的观赏价值。各种建筑物及其配套设施、设备以及场地的综合价值极高，特别是在人口密集、可用土地稀少的地区。无论从个人家庭还是从一个国家来看，房地产价值都高于一般商品或财产的价值。购买一处房产，少则十几万元,多则几十万或成百上千万元,投资开发一处房产,所需要的资金数量更加庞大。房地产的高价值性使得房地产投资和消费均需金融机构的支持。

（四）保值增值性

随着社会经济的发展与人口的不断增加,房地产需求不断增长。由于受土地总量的限制,可供建筑房屋的土地面积是有限的,房地产开发的数量也受到限制。因此,房地产价格总体上呈不断上升的趋势,即房地产具有保值与增值的性质。

房地产既可以用于居住、使用,达到消费性目的,也可以用于投资,达到保值、增值的目的。几个世纪以来,房地产一直是一种有吸引力的、令人欣赏的投资对象。房地产的投资性和消费性不易区分,在房地产价格长期上涨的情况下,房地产常被视为投资工具,反之则更具有消费性。房地产不可能像其他物品一样被窃取,因而是一种相对安全的投资品。

（五）易受政策影响性

房地产受政府法令和政策的限制、影响较大。例如政府基于公共利益,可限制某些房地产的使用;城市规划对土地用途、建筑容积率、建筑覆盖率、建筑高度和绿地率等进行规定;政府为满足社会公共利益的需要,可以对房地产实行强制征用;为了房地产市场的良性发展,政府会通过各种政策加以引导。

三、房地产业

房地产业是指专门从事房地产生产经营服务的部门经济行业,涉及房地产投资开发、建设、销售、物业管理及相关增值服务等。我国的《国民经济行业分类和代码》(中华人民共和国国家标准 GB/T4754-2011)将房地产业列为 K 类,包括五个方面:K7010 房地产开发经营,指房地产开发企业进行的房屋、基础设施建设等开发,以及转让房地产开发项目或者销售、出租房屋等活动;K7020 物业管理,是指物业服务企业按照合同约定,对房屋及配套的设施设备和相关场地进行维修、养护、管理,维护环境卫生和相关秩序的活动;K7030 房地产中介服务,是指房地产咨询、房地产价格评估、房地产经纪等活动;K7040 自有房地产经营活动,是指房地产开发商、房地产中介、物业公司以外的单位和居民住户对自有房地产(土地、住房、生产经营用房和办公用房)的买卖和以营利为目的的租赁活动,以及房地产管理部门和企事业、机关提供的非营利租赁服务,还包括居民居住自有住房所形成的住房服务;K7090 其他房地产业。房地产业属于服务业,其性质为第三产业。

房地产业关系到房地产开发投资商、房地产发展商、房地产中介及评估等服务机构、房地产金融机构、房地产立法及执法机构、房地产科研机构等,房地产经营的全过程包括生产、流通、消费三大环节。

（一）生产环节

生产环节是指通过对土地进行劳动和资本投入,进行房屋和基础设施建设,获得房地产商品的过程。其前提条件是获得可供开发的土地。国家可以依法征用集体所有的土地或已经投入使用的城市土地,然后通过协议、招标、拍卖等方式,有偿有期限地将国有土地使用权出让给房地产开发公司或建设用地单位。由公司或用地单位组织进行房地产开发等活动，这是房地产开发中的主要活动，实际上属于土地与房屋开发。

土地开发是指在依法取得国有土地使用权的前提下，对土地进行地面平整、建筑物拆除、地下管线铺设和道路基础设施建设等，使土地满足生产和生活使用需要的过程。城市土地开发狭义上指将农业用途的土地转变成为城市综合用地；从广义上讲则指的是包括旧城区拆迁改造在内的城市土地综合利用。

房屋开发是指城市各类房屋的开发建设，涵盖从房屋建设的规划、设计、配套施工至房屋建成交付使用的整个过程。

(二)流通环节

该环节主要包括房地产买卖、租赁及抵押。房地产买卖是指以房屋所有权和土地使用权为客体的交易行为。由于房地产是不动产，具有不可移动性，买卖的只能是房地产产权，其交易活动始终贯穿着权属转移管理。

房地产租赁是房地产的"分期出售"，房地产所有者通过租金的形式逐步收回成本和利润，其实质仍然是买卖关系。

房地产抵押，指以单位或个人的一定量的房地产作为如期偿还借贷的保证物，向银行或其他信贷机构作抵押，取得贷款；贷款到期，借贷者还本付息，同时交纳所抵押品的保管费用，若到期无力偿还贷款，银行或其他贷款机构有权处理抵押品，所得资金首先用于归还贷款。

(三)消费环节

经过市场交易活动，房地产转移到使用者手中，进入消费环节。作为不动产的房产和地产，具有位置固定性和长期使用性，可循环使用，不断增值。因此，在房地产的长期消费过程中，要进行社会化的管理和服务，包括房地产产业管理和房地产产权产籍管理，还有售后的维修保养和有关的物业管理服务。

第二节 房地产开发经营概述

一、房地产开发经营的概念

(一)房地产开发的含义

房地产开发是房地产业中最基本、最主要的经济活动内容。房地产开发是一个动态过程，具体地说，是指房地产企业按照城市规划的要求，对土地开发和房屋建设进行"全面规划、合理布局、综合开发、配套建设"，及相应的房地产营销与物业管理，以取得良好的经济效益、社会效益和环境效益为目的的综合性生产经营活动。《中华人民共和国城市房地产管理法》(以下简称《房地产管理法》)中所述的房地产开发是指在依据本法取得国有土地使用权的土地上进行基础设施、房屋建设的行为。

房地产开发按开发的配套程度、统一性及规模可划分为综合开发和单项开发两种形式；按开发建设对象可划分为土地开发、房屋开发、房屋土地综合开发三种形式；按土地开发区域及程度可划分为生地开发(即新区开发)和旧城土地再开发(即旧城改造)两种形式。

（二）房地产经营的含义

房地产经营的含义有狭义和广义之分。狭义的房地产经营主要是指建筑地块和房屋的流通过程，包括销售、交易、租赁和物业管理等经济活动的过程。广义的房地产经营概念除了房产、地产或房地产的转让或租赁活动外，还包括房地产投资、房地产建设、房地产信托、房地产抵押、房地产中介、房屋修缮、物业管理、建筑装潢等一系列活动。

综上所述，房地产开发经营就是指房地产开发企业在城市规划区内国有土地上进行基础设施建设、房屋建设，并转让房地产开发项目或从事房地产商品的租售、服务管理等活动的总和。

二、房地产开发经营的特征

房地产开发是房地产业中最基本、最主要的物质生产活动，同时又在城市建设中担当着重要角色。房地产开发具有自身的特征。

（一）房地产开发过程具有长期性

房地产开发从投入资本到资本回收，从破土动工到形成最终产品，需要经过立项、规划设计、征地拆迁、施工建设、竣工验收等几个工作阶段，因此整个过程往往需要较长的时间。一般来说，普通的开发项目需要2~3年时间，规模稍大的综合性项目需要4~5年，而一些成片开发的大型项目需要的时间则更长。并且，这一过程与资金是否及时到位关系重大，由于房地产商品价值大，在房屋建成后进行交易时，普遍采用分期付款、抵押付款等方式，使得房地产的投入资金回收缓慢。

（二）房地产开发具有很强的地域性

房地产具有不可移动的性质，由此，房地产的使用、价值、市场等带有强烈的地域性特征，从而使房地产开发投资更为地域所限制。开发项目受区位与地段的影响非常大，房地产开发的地域性主要表现在投资地区的社会经济特征对项目的影响。在不同城市或者同一城市中不同的区位与地段进行房地产开发，其开发项目的销售状况和价格差别很大。因而，这就要求房地产开发企业认真研究市场，针对不同地域和地段，进行策划，制定相应的房地产开发方案。

（三）房地产开发具有较高的风险性

由于房地产开发经营具有投资额大，生产周期长，生产过程环节多等特点，受各种因素制约较多，整个经营活动过程就会受到影响，必然使得房地产开发经营活动是一项风险较大的经济活动。房地产开发受政府对房地产业的宏观政策、国民经济水平、市场行情、利率及财务风险、自然风险等影响，这些都会对房地产开发经营的经济效益、社会效益和环境效益产生较大的影响。然而，风险与报酬同在，房地产开发又是一种高收益的经济活动。

（四）房地产开发具有综合性

房地产开发在开发过程中不仅要对建筑地块或房屋进行有目的的建设，而且要对被开发地区的一些必要公用设置、公共建筑进行统一规划，协调建设。尤其是住宅开发，更要以综合的思想来对居住用房、服务用房、文教卫生用房、福利及娱乐设施用房等实行配套建设。另外，房地产开发过程中涉及的部门与关系很多，不仅要涉及规划、设计、施工、供电、供水、电讯、交通、教育、卫生、消防、环境和园林等部门，而且还通过集体土地征收和国有土地房屋征收、安置等工作与居民的生活密切联系。每一个开发项目所涉及的土地条件、融资方式、建筑设计与施工技术的要求、市场竞争情况等都不一样，需要开发商全面地进行综合分析，统筹安排，制定最佳开发方案。

第三节　房地产开发经营的内容

房屋开发经营是指将土地以及房屋和有关的市政、公建配套设施结合起来进行建设的开发方式。这种开发方式往往是由一个开发企业负责，从投资决策到土地使用权的获取，从基地的建设、房屋以及小区内市政、公建配套设施的建造，到房屋的租售和管理，实施全过程开发。这种开发方式也是目前我国绝大多数房地产开发企业采取的一种开发方式。

一、土地开发

土地开发是指土地开发企业通过征地、拆迁、安置等，将土地开发成具有"七通一平"条件（供水、排水、供电、供热、供气、通讯、道路畅通和场地平整）的建房基地，然后通过协议、招标、拍卖或挂牌等方式，再将其使用权转让给其他房地产开发企业进行房屋建设的一种开发经营方式。根据土地开发的区域及程度不同，土地开发可分为生地开发和旧城土地再开发两种形式。

（一）生地开发

生地开发就是将"生地"变为"熟地"，为了城市建设和发展需要，在符合城市总体规划的前提下，对征用近郊区及规划控制区域范围的土地，进行供排水、供电、道路等市政基础设施、公用设施的建设，达到场地平整，形成建设用地条件的开发活动。

若所征用的土地为集体所有制土地，首先需要有偿转变土地所有制的性质，即通过征用、补偿将其转变为国家所有的土地，涉及补偿的项目有：征用土地补偿费、征用土地附着物和青苗补偿费、新菜地开发基金、劳动力安置补助费等。

通过出让方式取得土地使用权后，必须进行一定基础设施建设才能进行转让，不得"炒地皮"，而且不能将土地闲置。根据有关政策，除不可抗力的自然因素和政府及有关部门的行政行为外，超过一年未开工的按地价款20%以下征收土地闲置费，满两年未开工的可无偿收回土地使用权。

（二）旧城土地再开发

旧城土地再开发是指老城区土地的更新与改造，属于熟地开发范畴。由于老城区人口高度密集，住房拥挤，房屋陈旧，基础设施差等严重阻碍了城市整体功能的正常发挥，需要对老城区加以改造，以适应人们现代生活的发展需要。旧城土地再开发，主要通过提高规划设计水平来有效利用旧城土地。旧城土地再开发最重要的是要搞好原有居民的拆迁安置以及道路、市政管网等配套设施的改造。

二、房屋开发建设

房屋开发建设是指房地产开发企业以一定的方式获得地块的使用权后，按照规划要求建造各类房地产商品，如住宅、办公楼、商业用房、娱乐用房等。

房屋开发建设包括房屋的新建和再建。对生地开发完毕后进行规划、设计、建设的行为称为房屋新建；对旧城的拆迁、改造称为旧房改建。

三、城市构筑物及基础设施建设

城市构筑物及基础设施建设是城市基本功能的一部分，在进行土地开发、房屋建设的同时，要积极稳妥地搞好城市构筑物及基础设施建设。

四、房地产交易

房地产开发是房地产开发经营的首要环节，而房地产交易则是联系生产和消费的中心环节，是十分重要的经营环节。开发企业只有通过交易才能实现生产资金的回笼，生产部门价值才能得以体现并实现再生产。房地产交易包括土地使用权出让、转让和房屋的出售、租赁、交换以及房地产抵押等。

五、房地产中介

市场经济离不开市场中介。房地产中介服务是房地产市场发展到一定程度而出现的一种特殊行业，它是指在房地产投资、建设、交易以及消费等各个环节中为当事人提供中间服务的经营活动。房地产中介机构包括房地产咨询、房地产价格评估、房地产经纪等机构。

房地产中介服务有两个明显的特征：委托服务和有偿服务。委托服务就是要受当事人的委托，提供当事人所要求的特定服务；有偿服务决定了房地产中介从事的是一种服务性的经营活动。

房地产咨询机构以房地产知识和技术为基础，通过对特定信息进行加工，为开发商解决开发建设过程中的各种技术问题。房地产价格评估机构按照商品经济的一般规律，分析影响房地产价值的各种因素，以货币形态科学地反映房地产商品的价值。房地产经纪机构是为房地产买卖、交换、租赁、换房等提供信息的中介服务机构。

六、物业管理

随着居民生活水平的提高，人们对居住质量的要求逐步提高，物业管理应运而生。所谓物业管理，简单地说就是指物业服务企业受物业所有人的委托，依据委托合同，对房屋及其设备、市政公用设施、绿化、卫生、交通、治安和环境等项目进行维护修缮和整治，并向物业所有人和使用人提供综合性的有偿服务。

第四节 房地产开发企业及其管理

一、房地产开发企业的设立

（一）设立条件

房地产开发企业在我国是改革开放的产物。房地产开发企业是以营利为目的，从事房地产开发和经营的企业。根据《中华人民共和国城市房地产管理法》，设立房地产开发企业，应当具备下列条件：

1. 有符合公司法人登记的名称和组织机构；

2. 有固定的经营场所；

3. 注册资本在 100 万元以上；

4. 有 4 名以上持有资格证书的房地产专业、建筑工程专业的专职技术人员，2 名以上持有资格证书的专职会计人员；

5. 法律、行政法规规定的其他条件。

（二）开发企业的人员构成

房地产开发过程有很多环节，涉及面广，这其中既有复杂的技术性工作，又有头绪纷繁的管理工作，完成这样一项综合性的工作，需要有一支结构合理、配合默契的专业队伍。一般来说，一个房地产开发企业的人员包括三类：第一类是管理人员，主要从事企业的经营管理工作，如行政管理、经济管理、财务管理、人事管理等；第二类为专业人员，是企业中负责策划、征地、拆迁、销售等经营业务的工作人员；第三类是工程技术人员，是从事技术工作或技术管理的人员，当然，在实际工作中，不少工程技术人员同时兼任管理者。具体来说，房地产开发企业中至少应具有六个方面的专业人员。

1. 建筑师

在房地产开发中，建筑师一般承担开发用地的规划方案设计、房屋建筑设计、建筑施工合同管理工作。建筑师不一定要亲自完成设计工作，但应作为主持人员组织或协调这些工作。在工程开发建设中，建筑师还负责施工合同的管理、工程进度的控制。一般情况下，建筑师应定期组织技术工作会议、签发与合同有关的各项任务书、提供施工所需图纸资料、协助解决施工中的技术问题。

2. 工程师

房地产开发需要不同专业的工程师来进行结构、供暖、给排水、供电以及空调或其他电气设施等设计。工程师还要负责合同签订、建筑材料购买、建筑设备订货、施工监督、协助解决工程施工中的技术问题等项工作。

3. 会计师

会计师从事开发公司的经济核算工作，从全局的角度为项目开发提出财务安排或税收方面的建议，包括财务预算、工程预算、付税与清账、合同监督等，并及时向开发公司负责人通报财务状况。

4. 经济师及成本控制人员

经济师及成本控制人员负责开发成本的费用估算、编制工程成本计划、对计划成本与实际成本进行比较、进行成本控制等项工作。

5. 估价师及市场营销人员

估价师的任务就是在租售之前对开发的产品进行估价，确定房地产的租金或售价水平，这要在充分掌握市场行情和成本资料的基础上方可进行。市场营销人员的任务就是预测客户的数量、租售策略的制定与实施、办理出租出售手续，同时还包括租售方法的协商、租售价格水平的预测等工作。

6. 律师与代理人

律师参与房地产开发的全过程，如在获得土地使用权时，签订土地出让或转让合同，工程施工前签订承发包合同，出租或出售物业时签订出租或出售合同等。代理人一般情况下是受开发商的委托出面处理一些法律及实际问题、隐蔽事件和不符合实际的情况。

二、房地产开发企业的资质管理

为了加强房地产开发企业资质管理，规范房地产开发企业经营行为，国家对房地产开发企业实行资质管理。原建设部于 2000 年 3 月 29 日发布《房地产开发企业资质管理规定》，2015 年 5 月住房和城乡建设部发布《关于修改〈房地产开发企业资质管理规定〉等部门规章的决定》，对原有规定的部分内容进行了修正。目前，房地产开发企业按照企业条件分为一、二、三、四 4 个资质等级，各资质等级企业的条件如下：

（一）一级资质

1. 从事房地产开发经营 5 年以上；

2. 近 3 年房屋建筑面积累计竣工 30 万平方米以上，或者累计完成与此相当的房地产开发投资额；

3. 连续 5 年建筑工程质量合格率达 100%；

4. 上一年房屋建筑施工面积 15 万平方米以上，或者完成与此相当的房地产开发投资额；

5. 有职称的建筑、结构、财务、房地产及有关经济类的专业管理人员不少于 40 人，其中具有中级以上职称的管理人员不少于 20 人，持有资格证书的专职会计人员不少于 4 人；

6. 工程技术、财务、统计等业务负责人具有相应专业中级以上职称；

7. 具有完善的质量保证体系，商品住宅销售中实行了《住宅质量保证书》和《住宅使用说明书》制度；

8. 未发生过重大工程质量事故。

（二）二级资质

1. 从事房地产开发经营 3 年以上；

2. 近 3 年的房屋建筑面积累计竣工 15 万平方米以上，或者累计完成与此相当的房地产开发投资额；

3. 连续 3 年建筑工程质量合格率达 100%；

4. 上一年房屋建筑施工面积 10 万平方米以上，或者完成与此相当的房地产开发投资额；

5. 有职称的建筑、结构、财务、房地产及有关经济类的专业管理人员不少于 20 人，其中具有中级以上职称的管理人员不少于 10 人，持有资格证书的专职会计人员不少于 3 人；

6. 工程技术、财务、统计等业务负责人具有相应专业中级以上职称；

7. 具有完善的质量保证体系，商品住宅销售中实行了《住宅质量保证书》和《住宅使用说明书》制度；

8. 未发生过重大工程质量事故。

（三）三级资质

1. 从事房地产开发经营 2 年以上；

2. 房屋建筑面积累计竣工 5 万平方米以上，或者累计完成与此相当的房地产开发投资额；

3. 连续 2 年建筑工程质量合格率达 100%；

4. 有职称的建筑、结构、财务、房地产及有关经济类的专业管理人员不少于 10 人，其中具有中级以上职称的管理人员不少于 5 人，持有资格证书的专职会计人员不少于 2 人；

5. 工程技术、财务等业务负责人具有相应专业中级以上职称，统计等其他业务负责人具有相应专业初级以上职称；

6. 具有完善的质量保证体系，商品住宅销售中实行了《住宅质量保证书》和《住宅使用说明书》制度；

7. 未发生过重大工程质量事故。

（四）四级资质

1. 从事房地产开发经营 1 年以上；

2. 已竣工的建筑工程质量合格率达 100%；

3. 有职称的建筑、结构、财务、房地产及有关经济类的专业管理人员不少于 5 人，持有资格证书的专职会计人员不少于 2 人；

4. 工程技术负责人具有相应专业中级以上职称，财务负责人具有相应专业初级以上职称，配有专业统计人员；

5. 商品住宅销售中实行了《住宅质量保证书》和《住宅使用说明书》制度;

6. 未发生过重大工程质量事故。

三、房地产开发公司的业务范围

根据我国《房地产开发企业资质管理规定》,各资质等级企业应当在规定的业务范围内从事房地产开发经营业务,不得越级承担任务。各资质等级房地产开发企业的从业范围如下:

一级资质的房地产开发企业承担房地产项目的建设规模不受限制,可以在全国范围承揽房地产开发项目。

二级资质及二级资质以下的房地产开发企业可以承担建筑面积 25 万平方米以下的开发建设项目,承担业务的具体范围由省、自治区、直辖市人民政府建设行政主管部门确定。

第五节　房地产业在国民经济中的地位和作用

一、房地产业是国民经济的支柱产业之一

在现代经济社会中,房地产业在国民经济中的地位和作用十分突出。房地产业既是国民经济的基础性和先导性产业,也是支柱性产业。随着住房商品化、社会化改革的实施,我国房地产开发投资不断增长。我国房地产业的开发投资完成额在 2004 年为13 158.25亿元,到 2009 年为36 241.81亿元,同比增长了 1.75 倍,此后投资完成额不断攀升,直到 2014 年为95 035.61亿元,与 2004 年相比增长了 6 倍。同期我国 GDP 从 2004 年的160 714.4亿元,增长到 2014 年的636 462.7亿元,房地产业的开发投资完成额占 GDP 的比例由 2004 年的8.19%,提升到 2014 年的14.93%。这说明,十多年来,我国房地产业持续高速发展,在国民经济发展中占据了重要地位。

二、为国家提供巨额的财政收入

政府从房地产业中取得的财政收入主要包括国有建设用地使用权出让金收入和各项房地产税收收入。我国国有土地使用权的有偿出让,为城市建设提供了稳定的财政来源。据调查,我国来自土地的收益,一般的城市为财政收入的 25% 左右。随着我国房地产业的快速发展,房地产业的相关税收也在快速增长。

三、促进相关产业的发展

房地产业是产业链长、关联度大的产业，能够直接或间接地引导和影响相关产业的发展。据统计，我国每增加 1 亿元的住宅投资，其他相关产业就相应增加投入 1.479 亿元，与住宅建设关系密切并受到其带动作用的行业约有 60 个。在房地产开发建设中，仅住宅建设需要的建筑材料和零部件就有 2 000 种以上。同时，住宅消费的提高还能带动建材、化工、家电、装饰及家具等生产资料和生活资料消费的相应增长，国家常用的住宅商品的带动系数是 1∶1.34。

（一）对建筑业的带动作用

房地产业的发展直接为建筑业开拓市场、筹集资金，促进其资金的周转。房地产业的发展、大量的土地开发和房屋建设，扩大了对建筑业的需求，为建筑业提供了更为广阔的市场和发展机会。建筑业为房地产业提供大量劳务和技术服务，建筑业的发展要以房地产业的发展为前提条件。房地产业与建筑业之间是共命运、同发展、息息相关的关系。据投入产出模型测算，每 100 亿元房地产投资（或销售 100 亿元住宅的产出）可以诱发国民经济各部门的产出 286 亿元，其中诱发建筑业产出 90.76 亿元，高居榜首。

（二）对制造业发展的促进作用

房地产业与制造业有着密切的关系。房地产业的快速发展，为冶金、化工、电子等产业发展带来生机。房地产开发面积增多、开发项目增加、建筑标准的不断提高，扩大了对这些产业的需求，直接或间接地促进了这些产业的发展。据投入产出模型测算，每 100 亿元房地产投资可以诱发制造业的产出 123.61 亿元。其中，最高的是非金属矿物制品业（31.45 亿元），其次是金属冶炼及压延加工业（18.81 亿元），再次是化学工业（14.98 亿元），最后是金属制品业（9.82 亿元）、机械工业（8.79 亿元）、电器机械及器材制造业（7.58 亿元）等。

（三）对金融业的推动作用

房地产业与金融业有着密切的关系。房地产业的投资额度大、资金周转期长，房地产业的发展仅靠开发商自有资金是难以实现的，必须依靠金融业的大力支持；与此同时，房地产业因预期投资收益率高、居民住房抵押贷款风险小等特点，也是吸引金融业投资的重要领域。因此，房地产业的景气会带动金融业的兴旺；房地产业低迷，首当其冲受损的就是金融业。只要做好金融风险的规避与防范，发展房地产金融就大有作为。

四、有利于增加就业岗位

房地产业不仅可以促进相关产业的发展，而且可以提供大量的就业机会。就与房地产业关联度最高的建筑业来说，按照每亿元住宅投资与施工面积 1（亿元）∶16.7（万平方米）测算，若新增 500 亿元住宅投资，就可以增加 8 350 万平方米的施工面积，而完成 1 万平方米施工面积需要从业人员 167 人，由此推算，可以安排就业人员约 140 万人。此外，对其他行业的带动作用，则可增加更多的就业岗位。

五、城镇居民居住水平得到提高

长期以来，国家为了改善居民居住条件，提高人民的生活水平，不断加大对城镇住宅的投资力度。特别是改革开放以来，随着住房商品化、社会化程度的提高，大量的商品住宅、经济适用住房入市，城镇居民居住水平得到显著提高。

第六节　我国房地产业的发展历程

回顾房地产开发的历史，最初的房地产生产都是以小生产方式进行的，多数房屋建在自己拥有的土地上，建好的房屋也是以自用为主，仅有少量出租。最早的房地产开发活动出现在19世纪60年代的英国，当时为了适应工业发展的需要，在英国第二大城市伯明翰，由政府出面，围绕市中心进行统一规划，开发了大片的工人住宅区和部分中上阶层的住宅。这种建设方式改变了以往各自为政、分散建设的状况。第二次世界大战后，面对城市重建和住房短缺的问题，许多国家由政府设立了各种形式的开发机构，并颁布了城市规划和建设方面的法律，大力推行城市综合开发建设，在短时间内取得了较好的效果。20世纪60年代以后，房地产开发在各国城市建设中起着越来越重要的作用，房地产开发的综合性从形式到内涵上都更进了一步，不仅重视开发中全面规划的问题，而且强调"以人为本"的思想，更加重视配套建设。从这个意义上说，真正有效的房地产开发应能体现出较强的综合性，能取得较好的综合效益。

19世纪40年代以前，封建社会制度下的中国房地产业仅仅限于民间的土地、房屋买卖或交换，也有房地的租赁关系，但是还没有形成以出售、出租获利为目的而买房、建房，进行资本主义商品经营的房地产业。从清末到中华人民共和国成立前夕，中国的房地产和房地产市场主要集中在少数沿海城市和通商口岸城市。据统计，中华人民共和国成立前夕，上海有各类房地产公司49家，天津有20家，汉口有房产公司57家，在城市经济中占有重要地位。由于外商有特权保护，而且资本雄厚，因此它们基本上垄断了市场，华商房地产公司处境艰难。

中华人民共和国成立后，政府接管了帝国主义、官僚资本主义经营的房地产业，并对私营房地产业进行改造，为建立社会主义房地产业奠定了基础。

从20世纪50年代初开始，我国实行高度的计划经济体制。国家把土地收归国有，同时将没收的敌伪房产以及经过社会主义改造的房产等收为国有。在产品经济模式的制约下，城市土地的使用采取无偿划拨的方式，房屋建设也由政府统一投资，然后将住宅以低廉的租金象征性地出租给居民，结果造成投入多产出少的恶性循环，成为政府的"包袱"。长期以来，房地产作为商品的属性逐渐不为人们的认识所接受，房地产作为一种重要的生产要素被排除在市场之外，因此从中华人民共和国成立到1978年这30年间，中国的房地产基本处于"无市场"阶段，正因为"无市场"，房地产业也日益萎缩。这段时期里，主要存在的特点是：土地资源主要靠行政划拨，土地利用率低；级差地租被抹杀，城市用地结构不合理；国有土地受到侵害，形成非法交易；住房实行福利性的分配制度。

十一届三中全会以后，改革开放给房地产开发带来了发展机遇，而土地使用制度的改革和房屋商品化，促使房地产开发事业迅速发展起来，并成为城市建设的主导方式，无论是在新区建设中还是在旧区改造中都起到了重要的作用。总的来说，中国的房地产市场发展至今，大体上经历了六个阶段。

一、起步阶段

这一阶段为 1979 年至 1987 年。十一届三中全会后，中国的改革开放起步，房地产业从多年"沉睡"中苏醒过来。为吸引资金，创造良好的投资环境，我国的地产制度在理论上取得了重大的突破，国有土地商品化经营，房地产市场逐步形成。但是，由于缺乏法律的有力保障，这一时期的国有土地出让市场运作不力，不仅在区域上仅仅限于当时引进外资较多的深圳等地区，而且运作方式单一，主要是以土地作资本与外商合作合资建厂，手段上也缺乏科学性、规范性，但无论如何，中国的房地产市场从地产市场的改革起步了。

二、超高速发展阶段

1988 年至 1993 年上半年，我国国民经济高速增长，房地产市场呈一发而不可收之势。1988 年 4 月 12 日，全国人大七届一次会议通过了《中华人民共和国宪法修正案》，它规定可以依法转让土地使用权，从而为我国实行土地使用权有偿出让和转让提供了宪法依据，为房地产开发造就了宏观环境。东南沿海的房地产经营开发得到了迅猛发展，经济效益令人瞩目，房地产成为经济"热点"之一。不仅内地资金大量倾投于沿海房地产，而且内地省份也开始大力发展本地区的房地产业，使得此时期中国房地产市场呈现蓬勃繁荣的景象，尤其是 1990 年至 1993 年上半年，房地产投资增长速度惊人，1990 年为 117%，1992 年为 143.5%，1993 年 1~6 月为 143.9%。然而仔细分析，这种"房地产热"背后暗藏着诸多隐患。结果出现了短线投机、炒房盛行，需求错位、缺口拉大，基础脆弱、缺乏支撑等问题。盲目发展房地产导致市场清淡，浪费了大量人力、物力和财力。

三、理性发展阶段

这一阶段从 1993 年延续至 2002 年。为控制投资的巨额增长，国家从 1993 年 6 月开始进行宏观调控，紧缩银根，主要表现为调整房地产投资结构，重点转向住宅建设。1994 年年初，为抑制固定资产投资增长过快的势头，防止经济发生大起大落，中央政府加强了宏观调控。到 1997 年，房地产业无论投资结构、投资规模，还是增长速度，都表现出良好的发展态势。1998 年 7 月 3 日，国务院颁布《关于进一步深化城镇住房制度改革加快住房建设的通知》，停止住房实物分配，逐步实行住房分配货币化。在住房制度改革的推动下，我国住房建设获得突飞猛进的发展，住房需求迅速增加，供给和需求同时扩张，推动了房地产业的发展。1998 年我国个人购买商品房的比例超过 70%，到 2002 年，个人购买商品房的比例高达 96% 以上，这说明我国房地产市场全面进入个人购房时代，房地产业成为国民经济的一个独立产业，也带动了其他产业的发展。

四、调控反思阶段

这一阶段为 2003 年至 2007 年。2003 年中后期，国内部分地区的房地产市场开始出现过热的现象，政府为了稳定市场发展，开始进行全面的宏观调控，而 2005—2006 年则是政策出台最为密集的阶段。这一时期，政府先后出台了 10 多项政策措施，从土地、信贷、经济适用房、房价、产品结构，以及外资管理等多方面，全面反思国内的房地产行业发展。2006—2007 年，在热钱、炒作、人民币升值等因素的影响下，国内房价开始出现爆发式的增长，政府随即开始不断紧缩信贷，以期为"高热"的楼市降温。

五、全面调整阶段

这一阶段为 2008 年至 2010 年。2007 年第四季度开始，信贷紧缩政策的影响逐渐显露，不断升温的房价开始快速回落。2008 年，国际经济环境的全面衰退迹象逐渐明显，国内经济也受到较大的影响，在持续紧缩的信贷政策下，房地产行业发展减速明显，行业内调整的深度和广度加大，资源整合的力度加强，整个行业伴随经济调整进入新一轮的全面调整期。2009 年，随着政府救市政策的出台，救市效果初显，房地产刚性需求重新释放，楼市成交量回升，房地产市场全面回暖，房价普涨。

六、高速发展阶段

这一阶段从 2011 年至今。国民经济持续良好的发展、城市化进程的加快以及居民投资需求的增长等多种原因形成需求叠加，而住房供给却由于城市建设用地的限制而日趋紧缺、开发成本日趋增加、住房供需的不平衡造成了房价上升。大量的社会资金涌入房地产市场，国内不少居民投资和投机性炒房，境外资金参与国内房地产市场开发和炒作，一些地方政府行为不规范，市场秩序混乱，不同利益主体相互影响，在多重因素的作用下，房价过快上涨态势进一步加剧。

思考题

1. 房地产的概念和特征是什么？
2. 房地产开发经营的内容与特征有哪些？
3. 按房地产用途和开发程度，房地产各有哪些分类？
4. 简述房地产开发企业的资质等级划分。
5. 试述房地产业在国民经济中的地位和作用。
6. 简述我国房地产业的发展历程。
7. 房地产开发企业的构成人员有哪些？

第二章　房地产开发投资决策

第一节　房地产开发的基本程序及其机构设置

一、房地产开发的主要工作阶段

房地产开发是一项纷繁的工作，一般划分为四个阶段，即投资决策分析阶段、前期工作阶段、项目建设阶段和竣工验收与交付使用阶段，每一个阶段的工作都有不同的内容。从确立房地产的投资意向到开发投资再到项目的竣工验收、租售以及物业管理等，这些阶段可分为以下九个过程，即信息资料搜集、投资机会寻找、机会优选、可行性研究、土地使用权获取、规划设计与方案报批、有关合作协议的签署、工程建设与竣工验收、房屋租售与物业管理。

（一）投资决策分析阶段

投资决策分析是整个开发过程中最为基本、最为重要的一项工作，其目的就是通过一系列的调查研究和分析，为房地产开发企业选择一个最佳的、可行的项目开发方案或舍弃项目提供依据。这一阶段主要的内容包括房地产开发投资区位的选择和房地产开发项目可行性研究两个方面。

一般来说，房地产开发投资区位的选择包括投资区域及其区域内具体地段的选择两个方面。投资区域的选择主要指某一国家、某一地区、某一城市的选择，区域内具体地段的选择主要指所在城市规划区内的某个具体地块的选定。

开发商根据各个渠道获得多种信息，形成一个开发项目的初步设想，进一步进行市场综合分析，并通过与城市规划部门、土地管理部门及其他的建造商、投资商接触，使项目设想具体化。

项目的可行性研究即在项目选择之后，对拟投资开发的房地产项目进行全面的经济技术调查研究，论证该项目技术上是否可行、财务上是否盈利、综合效益是否可观的研究过程，目的在于通过科学决策，减少或避免投资决策的失误，提高经济效益、社会效益和环境效益。

可行性研究，在经营方面，分析房地产市场状况，提出预售的目标市场和销售渠道；在规划设计和建设方面，确定房屋的类型、规划设计特色、布局结构，选择所需的设备、原材料和各种物资供应的来源；在财务方面，估算所需投资，研究项目的获利能力、偿还资金能力，提出运用资金的最佳方案；在管理方面，提出如何提高效率来进行项目的开发；在社会环境方面，主要从综合效益出发，评价项目的经济效益、社会效益和环境效益。

（二）前期工作阶段

前期工作阶段是确定了具体的项目以后，从获取土地使用权到项目开工建设之前的工作阶段。该阶段的主要工作是征地、拆迁、工程勘探设计、设计方案报批以及场地的"七通一平"等。

（三）项目建设阶段

这是经过招投标、工程发包后，在一个特定的项目地点，在预算内分摊投资成本来开发建设特定的建筑物的工作过程。在工程建设阶段，投资者的主要任务是使建筑工程成本支出不突破预算并确保工程按质如期完工。

（四）竣工验收与交付使用阶段

竣工验收工作是全面考核建设成果的最终环节，是由开发商组织设计部门、建设单位、使用者、质量监督部门及其他相关管理部门，按照被批准的设计文件所规定的内容和国家规定的验收标准来进行综合检查。验收合格的工程方可办理交付使用手续，进入使用管理。随后进入营销管理阶段，这是开发与经营相衔接、相交叉的阶段，通常包括房屋租售、售后管理等内容。这个阶段的主要内容是租售工作。开发一个项目的最终目的是通过房屋租售使房屋的使用价值和价值得到实现。尽管开发商在项目建设阶段可以预售一部分，但许多房屋是在竣工后进入市场的，因此，当项目竣工验收后，开发商的主要工作就是采取有效的营销手段，促进房屋的租售，以尽快回收资金，保证收益。

房屋租售出去以后还有一项重要工作即物业管理，其主要任务是保证入住者方便、安全地使用物业及配套设施，为其提供一系列生活服务，并通过维护、修缮等工作来保证物业的使用寿命及价值。物业管理与入住者关系密切，因而对开发商的市场信誉有很大影响，开发商必须进行有效的物业管理，以保持建成后的物业对租客的吸引力，延长其经济寿命，达到获得理想的租金回报和使物业保值、增值的目的。

二、房地产开发过程的主要参与者

一般来说，开发过程的主要参与者有开发商、建筑承包商、政府部门、金融机构、房地产交易所和物业服务公司。

（一）开发商

开发商是项目的出资者、组织者、管理者与协调者，参与整个开发过程。在投资决策分析阶段，开发商必须亲自组织或聘用专业人员或委托专业公司对项目进行可行性分析，进行总体策划的构思；在前期工作阶段，开发商需要与政府部门接触，获得用地许可和市政、公建配套计划，需要组织专业技术人员进行规划设计，需要组织拆迁安置工作；在项目建设阶段，开发商以合同形式将工程发包给建筑承包商施工，聘用专业监理人员对建设全过程进行监督，开发商还要时常视察工地，与监理人员定期会晤，以便及时解决施工过程中出现的问题；工程完工后，要抓紧落实"后配套"，并由开发商出面，组织有关部门对工程进行综合验收。然后，由开发商自行或委托中介机构进行房屋租售，使房屋投入使用。

开发商作为整个开发过程的执行者、组织者，其主要目的是通过这个项目的实施为社会提供实实在在的房地产商品，并获得预期的经济效益、社会效益和环境效益。

(二) 建筑承包商

房地产开发最终是为社会生产出一批合格的建筑产品，建筑承包商是开发过程的重要参与者，没有建筑承包商的参与，诸多工程计划将无法付诸实施。建筑承包商按照合同的要求，组织人员、设备、技术进行施工，是建筑产品质量的直接负责人。建筑承包商只有同开发商紧密配合，才能使项目开发达到预期目的。

(三) 政府部门

在房地产开发经营过程中，政府及政府机构既有监督、管理的职能，又提供有关服务，因此，政府对房地产开发是否成功起决定性作用。

政府部门主要是以房地产开发活动的行政管理者身份而参与其中的。开发活动中的不少环节需要经过政府有关部门的审批许可和协调，如审批发放建设用地许可证，审批规划设计方案，发放施工执照，协调市政、公建配套计划等，因此，政府部门是以法规、政策、经济等手段对开发活动进行管理与控制的。政府部门有时也以开发商的身份，进行安居房的建设、基础设施及其他一些公益项目的建设，主要目的是改善人民的居住条件，提高环境质量，满足公众的整体需求。某些重大项目也可由政府部门作为开发及投资主体组织进行。

(四) 金融机构

房地产开发需要巨额投资，向金融机构申请贷款是开发商筹资的最主要的方法，因此，金融机构在房地产开发中是以资金的最主要提供者身份而参与其中的。这既是房地产发展的内在要求，也是金融业自身发展的客观需要。从总体上来看，房地产金融机构有几种不同的分类。按市场功能划分，有银行与非银行金融机构；按对房地产参与程度划分，又可分为专业性房地产金融机构和非专业性房地产金融机构。在各商业银行中，中国建设银行开展房地产金融业务最为普遍，成为整个银行体系中房地产金融业务的主要开办者。各专业银行开办房地产金融业务时均以其所设立的房地产信贷部的名义出现。

(五) 房地产交易所

作为具体管理房地产的转让、抵押和租赁等交易行为的常设机构，房地产交易所对房地产商品的顺利销售、产权登记和权属转移鉴定起决定性作用。开发商在房地产营销阶段的活动或者是房地产商品的需求者购置房地产，并不一定要在交易所进行，可以在"场外"市场进行，但成交后的价格申报、产权登记和权属转移鉴定却离不开交易所。目前，政府房管部门所属的交易所执行政府的房地产交易政策，与物价、税务等部门合作，对房地产交易市场的价格、产权、税收等方面进行综合管理。

(六) 物业服务公司

物业管理是房地产开发的售后服务。由于房地产商品的价值不仅直接取决于建造过程中的设计、原材料、设备和装修的成本费用，还受到使用、维修、地理位置环境和经营气氛的支配影响，所以需要社会化、专业化的物业服务公司的参与，进行有效的物业管理，以保持物业对租客的吸引力，延长其经济寿命，进而达到获得理想的租金回报和使物业保值、增值的目的。随着市场经济的发展，物业服务公司和物业管理市场将有大的发展。

第二节　房地产开发项目投资决策概述

一、项目投资决策的含义

（一）决策与房地产投资决策

企业经营决策是企业管理工作的核心，而企业的经营战略决策更对一个企业的兴衰成败起着决定性作用。国家要对各种国内外重大活动进行决策，在技术、经济领域更面临大量需要进行决策分析的问题。上面所谈的决策，总体来讲是指人们在各种可供选取的方案中作出抉择的行为，从广义来讲，决策还包括人们解决问题的思维过程。

决策是从多种可能的方案中选择最合适的方案。一个决策过程包括以下过程：

1. 明确问题，提出决策的目标；

2. 确定可供选择的方案；

3. 从各种可能的方案中，经过评价选出决策者满意的方案加以实施。

在决策分析中，信息是非常重要的。信息一般包括两种不同的类型：一种是数据信息，一种是知识信息。数据信息包括原始数据、计算结果等，而知识信息是专家和决策者根据经验所提供的带有某种不确定性的信息。知识信息对决策者的决策具有数据信息不可替代的作用，在决策分析中应给予充分的重视。

对于复杂的决策问题，建立一个包括信息的收集、处理功能，并包括数据库、模型库和方法库的决策支持系统，是非常必要的。如果再考虑知识信息的作用，运用知识工程、人工智能等技术就会使决策方法和技术更加完善。

投资决策就是围绕事先确定的经营目标，在获得大量信息的基础上，借助于现代化的分析手段和方法，通过定性的推理判断和定量的分析计算，对各种投资方案进行选择的过程。

在房地产投资活动中，一般都会有不同的投资方案可供选择，如何利用有效、准确的分析方法进行正确的选择，在众多投资方案中选出最佳方案，就是房地产投资决策。正确的决策不仅取决于决策者个人的素质、知识、能力、经验以及审时度势和多谋善断的能力，而且需要决策者熟悉和掌握决策的基本理论、基本内容和各种类型，以及应用科学决策的基本方法。

（二）房地产投资策略

房地产投资策略是指为房地产投资决策而事先安排的计划。主要内容包括：预备进行何种房地产投资，是土地开发投资、房屋开发投资、房地产经营投资、房地产中介服务投资还是房地产管理投资；准备采用何种筹资方式，是自筹、借款还是通过发行有价证券；如何合理使用资金，如有计划地分阶段投入资金，减少风险，提高投资效益；如何确定投资方式，如在时间上有长、中、短三种方式，在规模上有大、中、小三种形式，可以选择获利较高、风险较小的一种；如何确定经营方式，如出租或出售，是一次付款还是分期付款，或低息贷款，以及选择最佳促销手段来赢得市场等。合理的投资策略是实现正确投资决策的基本条件。

（三）房地产投资决策的基本要素

房地产投资决策系统一般由如下基本要素组成：决策者，即投资的主体，是具有资金和投资决策权的法人；决策目标，就是要求房地产投资在房地产开发经营过程中，在投资风险尽可能小的条件下，以最少的投入获得最大的产出；决策变量，是指决策者可能采取的各种行动方案，各种方案可以由决策者自己决定；状态变量，是指决策者所面临的各种自然状态，许多状态包括一些不确定性因素。投资者必须对房地产开发经营过程中可能出现的不确定性因素加深认识，并利用科学的分析方法，分析不确定因素变化给房地产投资可能带来的风险，这样才能确保房地产投资的顺利进行。

在房地产投资过程中，决策者应该认真分析存在的各种变量，把决策思路建立在可靠的数据资料及准确分析的基础上，避免盲目决策和主观臆断，保证决策目标的实现。

二、房地产投资决策的程序

（一）确定决策目标

房地产投资决策的目的就是要达到投资所预定的目标，所以确定投资决策的目标是投资决策的前提和依据。确定投资决策目标的关键在于，进行全面的市场调研和预测，通过周密的分析研究，发现问题并认清问题的性质，从而确定解决问题后所期望达到的结果，使投资的目标具体明确，避免抽象或含糊不清。

（二）拟订决策方案

在房地产投资决策过程中，决策者应根据已确定的目标拟订多个可行的备选方案。可行方案或备选方案就是具备实施条件，能够实现决策目标的各种途径或方式。判断某一方案是否可行，需要考虑社会、经济和环境三方面的效益，并重点按技术经济学原理给予评价，即该项目在技术上是否先进、生产上是否可行、经济上是否合算、财务上是否盈利等。拟订可行方案时要敢于创新，突破传统的思维模式，使拟订出的备选方案更具有创造性。方案制定者必须尽可能地收集与方案有关的数据资料，并进行严格论证、反复计算和细致的推敲，使各可行方案具体化。制定可行方案时还需要注意各方案整体上的详尽性以及相互间的差异性，这样才可能进行方案的全面比较和选择，避免遗漏最优方案。

（三）优选决策方案

各种可行方案拟订出来后，进一步的工作就是对这些方案进行比较、分析和评价，从中选出符合要求的方案进行实施，即可行方案的优选。要对每一个备选方案的技术经济和社会环境等各方面条件、因素以及潜在问题进行可行性分析，并将其目标与预先确定的目标进行比较并作出评价，对决策和可行方案的约束条件和限制因素进行分析，在现有条件下选优；对每一个备选方案可能发生的潜在问题作科学的预测，以便事先防范，减少潜在问题发生的可能性。然后，根据决策目标，详尽分析每一个备选方案的经济效益、环境效益和社会效益，即进行最后的综合性评价。

优选决策方案的关键之一是要掌握方案的选择标准，即以什么样的标准来衡量各可行方案的优劣。传统的决策理论一直采用"最优"标准，如"最大利润"、"最高效用"、"最低成本"等，但是，由于现实中受各种因素的影响和限制，这种"最优"判断标准在实践中很难操作。因此，现代决策理论以"满意"标准取代"最优"标准来判断可行方案的优劣，即所选择的方案基本上能够实现决策目标，能够取得令人满意的结果，就是一个理想的实施方案。优选决策方案的关键之二是优选方法的实际运用。在整个决策过程中，最终选定的方案是否科学合理，在很大程度上取决于优选方法。

（四）执行决策方案

决策的目的在于付诸实施，优选方案是否科学合理也只有通过实践才能得到最终检验。决策执行过程中，人的因素非常重要，即执行者对决策方案的理解程度和遇到风险时的应变能力是决策能否顺利执行的关键。决策方案执行过程中还应建立健全必要的检查制度和程序，注意信息的反馈，以便了解决策执行的进度和实施结果，确保实施结果与决策期望的一致性。如果在执行阶段发现原先的决策方案存在不足，或因客观环境的变化导致原先决策的某些不适应性，应及时对其作出必要的纠正和修订，以确保决策方案的顺利实施。

第三节 房地产开发投资区位选择分析

房地产开发投资中的"区位"有狭义的内涵，也有广义的概念。狭义的区位指的是房地产开发过程中具体投资地块在城市中的空间位置，包括宏观位置和中观、微观位置，及其与相邻地块间的相互关系。广义的区位理解，除了包含空间地理位置外，还包括该区位所处的社会、经济、自然环境，即区位是各种自然、经济和社会要素的有机结合在空间位置上的反映。

虽然某一区域的地理位置不可能变化，但随着宏观社会经济和城市建设的发展，城市中各区位的相对重要性也会不断地发生变化。而且，房地产区位所处的社会、经济、自然环境的优势可以给投资者带来区位效益，区位效益越高，房地产投资价值越大，决定了该区位附近的市场需求和消费特征，这充分说明了在房地产投资中，区位选择的特殊重要性。因此，房地产投资者要关注区域社会经济发展计划及城市规划，运用发展的、动态变化的眼光，来分析房地产开发投资中的区位，选择区位时还需具备超前意识，特别注意区位升值潜力以及区位周边交通、服务网点等公共设施的深层次影响。

一、房地产开发投资区域选择的影响因素

一般来说，房地产开发投资区域的选择应考虑以下因素：

（一）社会和政治环境

稳定的社会和政治环境是进行房地产开发的最基本条件。没有稳定的政治环境，投资者的利益根本就得不到保障，甚至连投资者的人身安全都时刻受到威胁，其利益也就无从谈起。同时，也只有良好的政治与社会环境，才能保证城镇居民安居乐业，从而促进房地产市场的活跃。

（二）经济发展状况

房地产业与城市经济是紧密相联的。一方面，房地产业能带动众多产业的发展，促进城市经济的增长；另一方面，城市经济的发展又为房地产业的发展奠定了坚实的物质基础。凡是经济发达的城市，其房地产业必定兴旺，而且其经济增长速度和房地产业发展速度也具有趋同性。因此，在选择投资区域时，必须考虑其经济发展程度，尽可能选择经济相对发达和正处于经济高速增长时期的地区。

（三）市场状况

房地产开发的落脚点在于经营，没有良好的市场，其开发将寸步难行。房地产开发企业在选择投资区域时，必须进行市场调查，调查内容包括投资区域的房地产供应与需求情况、人均居住面积、需求的对象与类型、商品房销售情况、现有房地产开发企业的基本情况、城镇居民的居住习惯等。

（四）政策环境

不同的地区因其自身条件差别较大，对发展房地产业的政策也不一样，房地产开发企业在选择投资区域时必须了解当地的政策，如当地政策是鼓励还是限制房地产业发展、优惠的条件如何以及是否能落到实处、地方性相关法规是否健全、政策信息渠道是否畅通、金融机构支持的程度等。

（五）地理和人文环境

不同的区域其各自的地理条件和人文环境差异较大。地理环境包括道路、交通、气候等因素；人文环境包括居民的整体文化素质、生活习惯、文化历史地位等，这些环境将影响房地产的开发投资。

（六）相关行业投资情况

一方面要了解当地工业、城市基础设施现有状况，另一方面更要了解投资区域未来几年其他行业的投资情况，如近几年有无重大建设项目或大规模系列建设项目，若有国家、省级投资的重大项目，由于聚集效应和配套要求，通常会导致大量的房地产需求，从而使房地产开发投资机会大大增加。

二、房地产开发地段的影响因素

（一）土地使用条件

因城市规划的土地性质的差异，不同地段的土地具有不同的使用条件。开发企业在选择地段时，必须考虑城市规划中确定的该区域的土地使用性质、用地布局、地块的类型与兼容程度、已出让土地的使用状况等。

（二）土地的自然条件

土地的自然条件包括自然景观、地势地貌、气象等若干方面。在不同环境、不同地质条件下建设房屋和设施，投入成本、建设工期以及未来的适用性等有很大不同。如地形狭长和不规则的地段，不利于建筑物的布局和有效利用；在环境方面，首先是自然景观，自然景观好，可增强物业的吸引力；在地势上，应尽量选择平缓、排水良好的地段，避免选择地下水位过高和有污染水源的地段；在工程地质方面，要考察土质情况、地耐力、地质稳定性等，地质条件较差的地段，前期开发成本费用较高，对此，开发企业要认真分析。

（三）现有的建设条件

现有的建设条件直接影响开发成本，它主要包括基础设施和公共建筑配套设施状况，如该地段给水、排水、供电、道路、教育、商业服务等设施的完善程度及容量；现有建筑环境主要指地段周围现有（或将有）的建筑物所形成的氛围，如现有建筑物的类型、规模、造型、邻近程度等。它们对拟开发物业的未来市场反应、使用效率等会产生重大影响。一方面，拟开发项目可与建筑环境产生良性聚集效应或互补效应；另一方面，建筑环境也可对开发项目产生排斥现象（现实的或是心理上的），如商业区、大型厂矿企业、环境污染较大的企业、殡仪馆等附近，居民购买房屋的可能性较小。

（四）土地发展潜力

土地的发展潜力大，即意味着房地产日后有发展和增值空间，特别是有些地段，在刚选择地段时，可能周围环境较差，从表面看，建设条件不满意，但也可能因城市规划中的某些条件的改善很容易增值，如因城市交通的改善使其面貌大变、土地使用性质有一定的余地等。因此，在具体选定地段时，开发企业要有超前眼光，不要完全拘泥于地段当前的因素和条件，而要注意发现潜在的机会。

（五）居民的需求心理

在不同的区域，城镇居民对于住房位置的要求差别很大，如在一些经济发达的特大城市，城镇居民多选择在环境优美的郊区居住，而在中小城市，城镇居民多选择在中心城区居住。因此，开发企业在确定具体地段时，除考虑房地产市场的供求状况外，还需考虑城镇居民的习惯、居住心理。

总而言之，开发企业明确开发意向后，要综合考虑开发用地的各种情况，并根据本企业的特点，有针对性地选择恰当的开发地段。

三、房地产开发项目选址的原则

（一）区域优先原则

房地产业与投资区域和投资区域中的具体地段关系密切，投资区域制约着区域中的具体地段，也就是说，房地产开发选址应先确定投资区域，再选定地段。开发实践已多次证明，一个地段即使再优越，如果其区域社会经济环境较差，其项目也很难实施。

（二）潜力优先原则

有潜力即意味着房地产开发项目有发展后劲和增值空间。房地产开发企业无论是在选择投资区域，还是在确定投资的具体地段时，都应将发展潜力大小作为重要依据。

（三）信息准确原则

房地产开发项目选址是房地产开发经营的首要环节，其地位十分重要。因此，项目选址方案比较的依据和技术经济论证的基础资料、分析资料都必须准确、可靠和安全。信息不准或不全，都将导致选址失败，只有获得投资活动的详细资料，全面、系统、准确掌握拟投资区域及其地段的各种信息，才能随机应变，运筹帷幄，不失时机地作出正确的选址决策。

（四）投资利润量最大化原则

当前我国房地产开发企业都是独立的、自负盈亏的经济实体，利润目标是开发企业最基本和最主要的目标。因此，房地产开发企业在选择投资区域及其具体地段时，一方面要看到项目建成后销售价格的高低；另一方面也要综合考虑取得开发用地的综合成本。如有的黄金地段的商品房好销且价格昂贵，但由于多家开发企业竞争，开发企业取得该土地使用权的价格也将较高，其利润不一定比其他有潜力的地段的开发利润大。

（五）及时性原则

选址的及时性原则是指开发企业必须在有效期内迅速、及时、果断地作出决策，否则，错过了机会，再好的决策也是毫无意义的，特别是在市场竞争日益激烈的情况下尤为明显。因此在选址中，开发企业要善于捕捉房地产开发的时机，及时果断地作出决策，使企业在竞争中不断壮大。

四、房地产开发项目选址的基本程序

房地产开发项目选址是一个复杂而细致的工作，它既可以由房地产开发企业自行操作，也可以雇请咨询顾问和专家来协助完成。但不管哪种形式，在具体选址中都离不开以下四个阶段：

（一）准备阶段

根据本开发企业的实际，多方搜集房地产开发信息，了解各个区域的房地产开发状况，并通过科学的方法，对所有信息进行去伪存真，去粗取精，从而大致确定投资区位，初步拟定选址计划。

（二）现场调研阶段

开发企业深入现场，了解和掌握当地的社会环境、房地产业的政策和各种有关的资源报告、城市规划、地理、资源、地质、交通、经济发展等技术经济资料，以及房地产市场分析资料等，为进一步分析提供基本依据。

（三）可行性研究阶段

对取得的资料进行可行性分析，研究其实施的必要性和可能性。在有多个选址区域或地段时，要采用多种技术经济分析方法，对多个方案进行分析比较，从中选出最优方案。

（四）定址阶段

通过综合论证，最终确定投资区域和地段。

第四节 房地产开发项目可行性研究

一、房地产开发项目可行性研究的含义及作用

可行性研究是在投资决策前，对建设项目进行的技术经济分析、论证的科学方法，其根本目的是实现项目决策的科学化、程序化，减少或避免投资决策的失误，提高决策的可靠性，提高项目开发建设的经济、社会和环境效益，并为开发项目的实施和控制提供参考。做好项目可行性研究工作，是项目成败的先决条件。

房地产开发项目作为一项综合性经济活动，开发项目的关键在于决策，因此，投资者应该重视可行性研究的开展。在房地产开发项目投资决策之前，为了避免主观决策、盲目建设带来的损失和不良后果，最大化房地产开发的效益，必须对与拟开发项目有关的资源、技术、市场、经济、社会和环境等各方面进行全面的调查、分析、论证和评价，判断项目在技术上是否可行、经济上是否合理、财务上是否盈利，并运用综合比较论证对多个可能的备选方案进行择优。

项目可行性研究是项目立项阶段最重要的核心文件，是项目决策的主要依据。可行性研究在房地产开发项目投资的重要作用具体体现在以下几个方面：

1. 可行性研究是项目投资决策的重要依据。项目投资决策，尤其是大型投资项目决策的科学合理性，是建立在根据详细可靠的市场预测、成本分析和效益估算进行的项目可行性研究的基础上，对项目的合法性、技术可行性和收益性进行的判断评价上。

2. 可行性研究是项目立项、审批、开发企业与有关部门签订协议、合同的依据。在我国，投资项目必须列入国家的投资计划。房地产项目要经过政府相关职能部门的立项、审批、签订有关的协议，而立项审批等工作的依据之一就是可行性研究报告。

3. 可行性研究是项目筹措建设资金的依据。房地产开发项目可行性研究对项目的经济、财务指标进行了分析，从中可以了解项目的筹资能力、还本付息能力和经营效益获取能力。银行等金融机构将可行性研究报告作为建设项目申请贷款的先决条件，依据可行性研究中提供的项目获利信息，结合国家信贷决策，做出是否提供房地产开发项目信用贷款的决策。

4. 可行性研究是开发企业与各方签订合同的依据。开发企业在可行性研究确定的项目实施方案的框架内，按部就班地落实项目前期工作，指导开发企业与设计、材料供应、通讯等部门协商、签订相关协议。有关技术引进和设备进口还必须在可行性研究报告审查批准之后，才能依据可行性研究与国外厂商签订合同。

5. 可行性研究是编制下一阶段规划设计方案的依据。可行性研究对开发项目的建设规模、开发建设项目的内容及建设标准等都作出了安排。可行性研究报告批准后，项目规划设计工作据此进行。

二、房地产开发项目可行性研究的主要依据

房地产开发项目可行性研究是对拟投资开发的房地产项目进行全面的经济技术调查研究，论证该项目技术上是否可行、财务上是否盈利、综合效益是否可观的研究过程，其目的在于通过科学决策，减少或避免投资决策的失误，提高经济效益、社会效益和环境效益，其主要依据为：

1. 国家和本地城市建设的方针、政策、长远规划；
2. 城市总体规划、详细规划；
3. 城市房地产业的现状，包括当地的住房供应与需求情况、人均居住面积、人均消费水平等；
4. 自然、地理、气象、水文地质等基础资料；
5. 有关工程技术方面的标准、规范、指标等资料；
6. 国家规定的经济参数和指标，如定额回收期、折现率、利率、基准收益率等；
7. 土地利用与规划设计条件等；
8. 周围的社会环境、基础设施和施工条件等。

三、房地产开发项目可行性研究的主要内容

房地产开发项目可行性研究的内容十分广泛，它不仅包括市场需求状况与项目的技术、经济分析，而且包括分析研究开发项目在受各种外部条件制约时实施的可能性。具体到每个项目的可行性研究，由于其性质、规模、复杂程度不同，可行性研究的内容各有侧重。一般房地产开发项目可行性研究包括以下几个方面的内容：

1. 项目概况。这包括项目名称、项目建设单位、项目建设地点、编制依据及内容、项目背景和必要性。其中，对于项目必要性的阐述一定要有翔实的资料作依据，立论要建立在客观、科学的基础上。

2. 市场现状及预测。主要包括当地房地产开发建设情况、住房水平、当地房地产开发政策与市场需求预测。由此测算该项目的销售情况。

3. 项目建设条件。主要包括基础设施状况及外部条件，如气候条件、地震强度、地质状况、原材料供应、施工条件、项目管理等。

4. 建设规模与内容。根据居住区规划设计方案，确定该项目可建房屋总面积、道路面积、绿化面积、公建配套设施、容积率等情况。

5. 开发建设计划。包括项目立项、可行性研究、征地拆迁等前期开发计划，项目的开工、竣工日期和进度的初步安排等。

6. 环境影响与环境保护。主要包括建设地区的环境现状、主要污染源与污染物、开发项目可能引起的周围生态变化、设计采用的环境保护标准和环境保护措施等。

7. 公用及辅助设施。主要包括给排水、供电、电信、消防、防雷、供热、供气、停车场、环卫等设施的规划设计情况。

8. 投资估算与资金来源。除了必要的文字阐述,工程概算一般应列出成本计算表,分项估算成本。其内容包括:

(1)土地征用费,包括征地费、青苗及其他地上物补偿费、菜地开发基金、劳动力安置费、耕地占用税等;

(2)拆迁安置费,包括各种拆迁费用、赔偿费用及安置拆迁户用房建设费用;

(3)前期工程费,包括勘察设计费、三通一平费等;

(4)房屋建筑安装工程费,一般应对不同类型的房屋分别列出其费用;

(5)辅助工程费,应按不同类别的基础设施和公共配套设施列出其费用;

(6)各类行政事业规费;

(7)其他必要的成本支出。

工程概算应充分考虑各项费用在项目实施期间可能发生的变化,必要时为保证一定精确度,应进一步按材料消耗列出成本计算表。

9. 社会及经济效果评价。包括销售收入、税金、利润预测,偿还贷款及偿还平衡计算,现金流量分析,财务平衡分析等。对规模、规划设计修改、原材料价格变化等影响因素作出敏感性分析及相应的盈亏分析。对于较小的项目,也可将成本估算、市场分析并入财务评价中。

10. 结论。在上述分析的基础上,对项目作出总体评价,明确上述项目是否可行。

总之,通过可行性研究,在经营方面,分析房地产市场状况,提出预售的目标市场和销售渠道;在规划设计和建设方面,确定房屋的类型、规划设计特色、布局结构,选择所需的设备、原材料和各种物资供应的来源;在财务方面,估算所需投资,研究项目的获利能力、偿还资金能力,提出运用资金的最佳方案;在管理方面,提出如何提高效率来进行项目的开发;在社会环境方面,主要从综合效益出发,评价项目的经济效益、社会效益和环境效益。

四、可行性研究的阶段划分

可行性研究是在投资前期进行的一项综合性工作,根据项目的进展可以分为投资机会研究、初步可行性研究、详细可行性研究、项目评价和决策等四个阶段。各阶段的工作任务根据研究目的、深度而有所不同,总体来说,随着各个阶段的逐步推进,研究内容由浅入深,估算精度由粗至细,时间和费用也在相应增加。

(一)投资机会研究

该阶段的主要任务是对投资项目或投资方向提出建议,即在一定的地区和部门内,以自然资源、市场需求、地区规划和国家产业政策为依据,经过预测和分析,寻找最有利的投资机会,选择房地产开发项目。

投资机会研究的主要内容有:地区情况、地理环境、资源条件、经济政策、社会条件、劳动力状况、国内外市场情况、工程建成后对社会的影响等。

投资机会研究较为粗略,主要依靠粗略的估计而不是依靠详细的分析。该阶段投资估算的精确度一般在±30%以内,研究费用一般占总投资的 0.2%~0.8%。如果机会研究认为可行，就可以进行下一阶段的工作。

（二）初步可行性研究

初步可行性研究是在投资机会研究的基础上，进一步对项目建设的可能性和潜在效益进行论证分析。

初步可行性研究的主要内容是分析投资机会研究的结论，深入审查项目所在地区的经济情况、项目规模、项目地址及周边环境、建设中的材料供应、项目规划设计方案及施工进度、项目投资估算和销售收入等情况，并进行经济效益评价，作出是否投资的决策、是否有进行详细可行性研究的必要等判断。

初步可行性研究阶段投资估算精度一般能够达到 ±20%，所需费用约占总投资的 0.25% ~ 1.5%。

（三）详细可行性研究

详细可行性研究是开发建设项目投资决策的基础，是在分析项目在技术上、财务上、经济上的可行性后作出投资与否决策的关键步骤，其成果是可行性研究报告，为投资者是否投资该项目提供决策依据。

详细可行性研究的主要内容主要是以初步可行性研究为基础，深入分析和准确评价房地产市场的现状、区域规划、设计方案、工程方案、环保措施、经济效益、社会效益和环境影响等方面的内容，重视对各种方案进行技术经济分析和综合论证比较，以获得最佳投资方案。

这一阶段对建设投资估算的精度在 ±10%，所需费用根据项目规模大小而有所差异，一般来说，小型项目占投资的 1.0% ~ 3.0%，大型复杂的工程约占投资的 0.2% ~ 1.0%。

（四）项目评价和决策

项目的评价和决策是在可行性研究报告的基础上进行的全面审核和再评价工作，主要内容包括全年审核报告中反映的各种情况是否属实；各项指标计算、参数选择是否正确；从企业、国家和社会等角度综合分析和论证项目的经济效益、社会效益和环境影响；判断项目可行性研究的可靠性、真实性和客观性，对项目作出最终的投资决策。

按照国家有关规定，对于大中型和限额以上的项目及重要的小型项目，必须经有权审批单位委托有资格的咨询评估单位就项目可行性研究报告进行评估论证。未经评估的建设项目，任何单位不准审批，更不准组织建设。

五、房地产开发项目可行性研究报告的撰写

进行房地产开发项目可行性研究，只是可行性研究的一个重要环节。可行性研究要通过可行性研究报告才能反映出来。一般来说，一份正式的可行性研究报告应包括封面、目录、正文、附件 4 个部分。封面主要填写可行性研究报告项目的名称及其建设者、报告制作人、报告制作的时间等。目录主要是可行性研究报告的章节名目。正文主要是可行性研究报告的内容，包括总论、市场分析、成本估算、资源供给、财务评价、经济效果评价等。附件主要是针对正文中不便插入的表格、示意图和各类需提交的证明资料，用附表、附图等形式，将其按顺序编号附于正文之后。其中，附表一般包括项目投资估算表、损益

表、项目工程进度计划表、项目销售收入表、营业成本预测表、营业利润预测表、资金来源与运用表等。附图一般包括项目规划平面图、建筑设计平面图、项目位置示意图等。同时，附件中还可以包括项目的国有土地使用证、建设用地规划定点通知书和编制单位的资质证书、营业执照以及编制依据文件等。

六、房地产开发项目财务评价

（一）财务评价的基本概念

项目财务评价就是从企业（或项目）角度，根据国家现行价格和各项现行的经济、财政、金融制度的规定，分析测算拟建项目直接发生的财务效益和费用，编制财务报表，计算评价指标，考察项目的获得能力、贷款清偿能力以及外汇效果等财务状况，判别拟建项目的财务可行性。

（二）财务评价的作用

项目的财务评价无论是对项目投资主体，还是对为项目建设和生产经营提供资金的其他机构或个人，均具有十分重要的作用。主要表现在：

1. 考察项目的财务盈利能力

项目的财务盈利水平如何，能否达到国家规定的基准收益率，项目投资的主体能否取得预期的投资效益，项目的清偿能力如何，是否低于国家规定的投资回收期，项目债权人权益是否有保障等，是项目投资主体、债权人，以及国家、地方各级决策部门、财政部门共同关心的问题。因此，一个项目是否值得兴建，首先要考察项目的财务盈利能力等各项经济指标，进行财务评价。

2. 为项目制定适宜的资金规划

确定项目实施所需资金的数额，根据资金的可能来源及资金的使用效益，安排恰当的用款计划及选择适宜的筹资方案，都是财务评价要解决的问题。项目资金的提供者们据此安排各自的出资计划，以保证项目所需资金能及时到位。

3. 为协调企业利益和国家利益提供依据

有些投资项目是国计民生所急需的，其国民经济评价结论好，但财务评价不可行。为了使这些项目具有财务生存能力，国家需要用经济手段予以调节。财务分析可以通过考察有关经济参数（如价格、税收、利率等）变动对分析结果的影响，确定经济调节的方式和幅度，使企业利益和国家利益趋于一致。

（三）财务评价的内容

判断一个项目财务上可行的主要标准是：项目盈利能力、债务清偿能力、外汇平衡能力及承受风险的能力。由此，为判别项目的财务可行性所进行的财务评价应该包括以下基本内容：

1. 识别财务收益和费用

识别收益和费用是项目财务评价的前提。收益和费用是针对特定目标而言的。收益是对目标的贡献；费用则是对目标的反贡献，是负收益。项目的财务目标是获取尽可能大的利润。因此，正确识别项目的财务收益和费用应以项目为界，以项目的直接收入和支出为目标。至于那些由于项目建设和运营所引起的外部费用和收益，只要不是直接由项目开支或获得的，就不是项目的财务费用或收益。项目的财务收益主要表现为生产经营的产品销售（营业）收入；财务费用主要表现为建设项目投资、经营成本和税金等各项支出。此外，项目得到的各种补贴、项目寿命期末回收的固定资产余值和流动资金等，也是项目得到的收入，在财务评价中视作收益处理。

2. 收集、预测财务评价的基础数据

收集、预测的数据主要包括：预计产品销售量及各年度产量；预计的产品价格，包括近期价格和预计的价格变动幅度；固定资产、无形资产、递延资产和流动资金投资估算；成本及其构成估算。这些数据大部分是预测数，因此这一步骤又称为财务预测。财务预测的质量是决定财务分析成败和质量的关键。财务预测的结果可通过若干基础财务报表归纳整理，主要有：投资估算表、折旧表、成本表、利润表等。

3. 编制财务报表

为分析项目的盈利能力需编制的主要报表有：现金流量表、损益表及相应的辅助报表；为分析项目的清偿能力需编制的主要报表有：资产负债表、资金来源与运用表及相应的辅助报表；对于涉及外贸、外资及影响外汇流量的项目，为考察项目的外汇平衡情况，还需编制项目的财务外汇平衡表。

4. 财务评价指标的计算与评价

由上述财务报表，可以比较方便地计算出各项财务评价指标。通过与评价标准或基准值的对比分析，即可对项目的盈利能力、清偿能力及外汇平衡等财务状况做出评价，判别项目的财务可行性。财务评价的盈利能力分析要计算财务内部收益率、净现值、投资回收期等主要评价指标，根据项目的特点及实际需要，也可计算投资利润率、投资利税率、资本金利润率等指标。清偿能力分析要计算资产负债率、借款偿还期、流动比率、速动比率等指标。

（四）房地产开发财务效益的内容

房地产开发项目的财务效益主要表现为生产经营过程中的项目销售（出租）收入；财务支出（费用）主要表现为开发建设项目总投资、经营成本和税金等各项支出。财务效益和费用的范围应遵循计算口径相一致的原则。

项目销售（出租）收入是指项目销售或出租房地产所取得的收入。

开发项目总投资是固定资产投资、建设期借款利息和流动资金之和。固定资产投资是指项目按拟定建设规模（分期建设项目为分期建设规模）、规划设计方案、建设内容进行建设所需的费用，它包括土地费用、前期工程费、房屋开发费和开发间接费。

流动资金是指为维持房地产开发企业的正常生产经营活动所占用的全部周转资金。它是流动资产与流动负债的差额。

项目总投资形成的资产分为固定资产、无形资产、递延资产和流动资产。

经营成本是指项目建成后经营过程中发生的费用。对于一般房地产开发投资项目，经营成本在项目总投资或总成本费用之内；对于置业投资或开发建设完毕后用于出租经营的项目，经营成本包括物业管理费、维护维修费、设备设施使用费、流动资金利息、市场推广与销售费和其他费用。

税金是指产品销售税金及附加、所得税等。产品销售税金及附加包括营业税、城市维护建设税及教育费附加。

（五）财务评价的主要技术经济指标

1. 净现值（Net Present Value）

净现值是房地产开发项目财务评价中的另一个重要的动态经济评价指标，它不仅计算了资金的时间价值，而且考察了项目在整个寿命期内的全部现金流入和现金流出。它是指项目按行业的基准收益率或设定的目标收益率，将各年的净现金流量折算到开发活动起始点的现值之和。计算公式为：

$$NPV = \sum_{t=0}^{n} (CI_t - CO_t)(1 + i_0)^{-t} \qquad (2\text{-}1)$$

式中：NPV——净现值；

　　　　CI_t——第 t 年的现金流入；

　　　　CO_t——第 t 年的现金流出；

　　　　n——项目寿命年限；

　　　　i_0——基准折现率。

判别准则：对单一项目方案而言，若 NPV≥0，则项目应予接受；若 NPV<0，则项目应予拒绝。

多方案比选时，净现值越大的方案相对越优（净现值最大准则）。

因为当 NPV>0 时，此时方案的收益率不仅能达到设定的基准折现率水平，而且还能取得超额收益现值；当 NPV=0 时，方案的收益率恰好达到了设定的基准折现率要求的水平；当 NPV<0 时，此时方案的收益率未达到设定的基准折现率要求的水平。

2. 内部收益率（Internal Rate of Return）

内部收益率又称内部报酬率，它是所有经济评价中最重要的动态评价指标之一。所谓内部收益率是指使方案在寿命期内的净现值为零时的折现率。由净现值函数可知，一个投资方案的净现值与折现率的大小有关。一般而言，内部收益率是净现值函数曲线与横坐标交点处对应的折现率，是评估项目盈利性的基本指标。

财务内部收益率的经济含义是，项目在这样的折现率下，到项目寿命终了时，所有投资可以被完全收回。

财务内部收益率表明了项目投资所能支付的最高贷款利率。如果贷款利率高于财务内部收益率，项目投资就会面临亏损，因此，所求出的财务内部收益率是可以接受贷款的最高利率。

判别准则：设基准折现率为 i_0，若 IRR≥i_0，则项目在经济效果上可以接受；若 IRR<i_0，则项目在经济效果上不可接受。计算公式为：

$$NPV(IRR) = \sum_{t=0}^{n} (CI_t - CO_t)(1 + IRR)^{-t} = 0 \qquad (2\text{-}2)$$

式中：IRR——内部收益率；

　　　　其他符号意义同公式（2-1）。

3. 投资回收期

投资回收期(Pay Back Period)亦称返本期，是反映投资项目资金回收的重要指标。它是指通过项目的净收益(包括利润、折旧等)来回收总投资(包括建设投资和流动资金的投资)所需的时间。投资回收期一般从投资开始年算起。

投资回收期分为静态投资回收期和动态投资回收期。两者之间的差别在于是否考虑资金的时间价值。对房地产开发项目来说，动态投资回收期自开发投资起始点算起，累计净现值等于零或出现正值的年份即为投资回收终止年份。动态投资回收期指标一般用于评价开发完毕后用来出租或经营的房地产开发项目。

(1)静态投资回收期

静态投资回收期是指从项目投建之日起，用项目每年所获得的净收益将全部投资收回所需的时间。通常以年来表示。

静态投资回收期的表达式为：

$$K = \sum_{t=1}^{T_p} \mathrm{NB}_t \tag{2-3}$$

式中：K——投资总额；

NB_t——第 t 年的净收益；

T_p——静态投资回收期。

如果投资项目每年的净收益相等，投资回收期可以用下式计算：

$$T_P = \frac{K}{\mathrm{NB}} + T_K \tag{2-4}$$

式中：NB——年净收益；

T_K——项目建设期。

对于各年净收益不等的项目，可根据投资项目财务分析的现金流量表计算投资回收期，其实用公式为：

$$T_P = T + \frac{\text{第 } T \text{ 年的累计净现金流量的绝对值}}{\text{第 } T+1 \text{ 年的净现金流量}} \tag{2-5}$$

式中：T——项目各年累积净现金流量最后一个负值的年份。

用静态投资回收期评价投资项目时，需要将其与根据同类项目的历史数据和投资者意愿确定的基准投资回收期相比较。设基准投资回收期为 T_b，判别准则为：

若 $T_P \leqslant T_b$，则项目可以考虑接受；

若 $T_P > T_b$，则项目应予以拒绝。

(2)动态投资回收期

为了克服静态投资回收期未考虑资金时间价值的缺点，可采用动态投资回收期。所谓动态投资回收期，是按照给定的基准折算率，用项目的净收益的现值将总投资现值回收所需的时间。其表达公式为：

$$\sum_{t=0}^{n} K_t \frac{1}{(1+i_0)^t} = \sum_{t=1}^{T_p^*} \mathrm{NB}_t \frac{1}{(1+i_0)^t} \tag{2-6}$$

式中：T_p^*——动态投资回收期；

K_t——第 t 年的投资额；

NB_t——第 t 年的净收益。

其他符号意义同公式(2-1)。

动态投资回收期也可以根据项目财务分析的现金流量表计算，其公式为：

$$T_P^* = T^* + \frac{\text{第 }T\text{ 年累计净现金流量现值的绝对值}}{\text{第 }T^* + 1\text{ 年的净现金流量现值}} \tag{2-7}$$

式中：T^* 为项目各年累计净现金流量现值最后一个负值的年份。

投资回收期指标的优点是直观、简单，尤其是静态投资回收期。它表明投资需要多少年才能回收，便于为投资者衡量风险。投资者关心的是用较短的时间回收全部投资，减少投资风险。投资回收期指标最大的缺点是没有反映投资回收期以后方案的情况，因而不能全面反映项目在整个寿命期内真实的经济效果。所以，投资回收期一般用于粗略评价，需要和其他指标结合起来使用。

4. 开发商成本利润率

开发商成本利润率是初步判断房地产开发项目财务可行性的指标。开发商成本利润率的计算公式为：

$$\text{开发商成本利润率} = \frac{\text{总开发价值} - \text{总开发成本}}{\text{总开发成本}} \times 100\% \tag{2-8}$$

如果项目全部销售，总开发价值等于扣除销售税金后的净销售收入；当项目用于出租时，则为项目在整个持有期内所有净经营收入的现值累计之和。

项目的总开发成本一般包括土地费用、前期工程费、房屋开发费、管理费、财务费用、销售费用、其他费用和开发期税费。

计算房地产开发项目的总开发价值和总开发成本时，可依评估时的价格水平进行估算，因为在大多数情况下，开发项目的收入与支出受市场价格水平变动的影响大致相同，项目收益的增长基本能抵消成本的增长。

开发商利润实际是对开发商所承担的开发风险的回报。一般来说，对于一个开发周期为 2~3 年的项目，如果项目建成后出售，其开发商成本利润率大体应为 30%~50%。

5. 投资收益率(投资效果系数)

投资收益率是投资经济效果的综合评价指标，它一般是指项目达到设计生产能力后的一个正常生产年份的年净收益与项目总投资之比率。对生产期内各年的净收益变化幅度较大的项目，应计算生产期年平均净收益与总投资的比率。其计算公式为：

$$R = \frac{\text{NB}}{K} \tag{2-9}$$

式中：K——投资总额，$K = \sum_{t=0}^{m} K_t$，K_t 为第 t 年的投资额，m 为完成投资的年份，根据不同的分析目的，K 可以是全部投资额，也可以是投资者的权益投资额；

　　　　NB——正常年份的净收益，根据不同的分析目的，NB 可以是利润，可以是利润税金总额，也可以是年净现金流入等；

　　　　R——投资收益率，根据 K 和 NB 的具体含义，R 可以表现为各种不同的具体形态。

投资收益率常见的具体形态有：

$$全部投资收益率 = \frac{年利润 + 折旧与摊销 + 利息支出}{全部投资额}$$

$$权益投资收益率 = \frac{年利润 + 折旧与摊销}{权益投资额}$$

$$投资利税率 = \frac{年利润 + 税金}{全部投资额}$$

$$权益投资利润率 = \frac{年利润}{权益投资额}$$

对于权益投资收益率和权益投资利润率来说，还有所得税前与所得税后之分。

投资收益率指标未考虑资金的时间价值，而且舍弃了项目建设期、寿命期等众多经济数据，故一般仅用于技术经济数据尚不完整的项目初步研究阶段。

用投资收益率指标评价投资方案的经济效果，需要将其与根据同类项目的历史数据及投资者意愿等确定的基准投资收益率作比较。设基准投资收益率为 R_b，判别准则为：

若 $R \geq R_b$，则项目可以考虑接受；

若 $R < R_b$，则项目应予以拒绝。

投资收益率是指开发项目达到正常盈利年份时，项目年净收益与项目投资的资本价值之比。房地产投资是国民经济整个投资体系的一部分，其收益率水平和其他行业的投资收益率有着密切的联系。如果开发商建成的商业房地产项目是用于出售，必然有另外一个房地产长期投资者进入，该长期投资者购买此商业房地产项目进行出租经营时的收益率水平是否满足其要求，就成为房地产开发商能否顺利出售其楼宇的关键。

房地产投资收益率标准的确定，一般要综合考虑以下一些因素：

1. 当前的宏观经济状况、银行贷款利率和其他各行业的投资收益率水平；

2. 房地产的类型、地点以及对未来租金增长的预期；

3. 承租者能够连续支付租金的能力；

4. 房地产产品自然寿命和经济寿命的长短；

5. 投资规模的大小。

通常情况下，如果开发商对项目建成后获利能力的期望值越高，那么其确定的投资收益率就会越低；反之，如果项目预期收入增长缓慢，开发商就会把投资收益率定得高些，以便尽快收回投资。从目前情况来看，我国房地产投资收益率依所处的城市和项目类型不同，大体在 15%～18%，而许多发达国家的房地产投资收益率一般只有 5%～8%。

七、房地产项目评估和决策

(一)项目评估和决策的含义和目的

项目评估和决策是在可行性研究以后进行的。项目评估和决策是对项目可行性研究的结论及其实施计划所进行的检验、复核和评价，是对项目的发生及其全过程的各个方面所进行的全面审核，是最终确定项目是否值得予以实施的科学性、权威性结论。

项目评估是项目最高层次的决策研究，它把项目的计划和设计置于一个大的背景环境中，对各种与项目发生关系的或可能发生关系的因素加以科学性的全面考查分析。项目评估不仅是要确保项目建成后预期的经济目标和社会目标的实现，还要证明项目为实现这一目标所具备的条件及其所采取的措施具有相当的可靠性，并同时涉及实施或经营项目的所有机构和企业实体。

对于房地产项目，特别是对成片综合开发建设项目进行投资前的全面评价是极其重要的。由于房地产项目投资大，建设周期长，影响广泛，应在事前就考虑两个关键性的问题：一是项目能否顺利实施；二是项目建成后能否产生经济效益、社会效益和环境效益。如果不能保证项目的顺利实施和预期效益，就会使企业遭受巨大损失，浪费宝贵的经济资源。

（二）项目评估和决策的工作程序和评估小组

项目评估和决策是项较复杂的工作，一般情况下，项目评估往往将重点放在技术和财务方面，但从宏观的综合方面分析，有些项目的失败和半途夭折有时并非出于技术和财务上的原因，而是出于政治的、社会的或地区的传统及价值观念等原因。因此，项目评估是对项目进行政治、经济、文化传统、环境等全方位的分析评价，并且有必要组成一个专门的评估小组或评价委员会。评估小组由被授权的建设银行、投资银行、工程咨询公司等单位来组织，成员应当是各方面专家学者及有关方面的行政管理人员。对房地产项目进行评估，评估人员应包括经济师、建筑师、工程师、律师、会计师、城市经济专家、开发企业家、社会学家、环境学家、地质地理专家以及行政管理部门的优秀人员。由这些专家和学者所组成的评估班子必须通力合作，才能保证项目评估和决策的科学性、权威性和有效性。

（三）房地产开发项目评估的内容

房地产开发项目评估主要围绕市场、技术、财务、国民经济、组织管理、环境等方面进行，具体应包括以下内容：

1. 市场方面

市场是项目建设的前提条件，市场不需要的项目，自然没有研究的必要。评估中市场方面主要审查以下几方面内容：

（1）对市场现状的研究是否全面

这些现状资料、数据是否能用来预测项目建成后市场供给和需求情况。

（2）所采用的预测方法是否符合实际

预测方法很多，对不同的项目、不同的预测内容有不同的适用方法。

（3）审查市场预测结果可信程度

如对大酒店来说，客房出租率、客房价格等是否可信，是否有主观或偏离实际情况的问题。

2. 技术方面

（1）审查项目构成是否合理

如主要项目的规模、结构形式、基础设施的数量、公共配套设施的数量等是不是最佳的配置，能否满足各种标准、规范的要求。

（2）审查项目主要环节

　　审查和评价实施计划的主要环节在审查操作执行上的设计技术和管理技术的可靠性和有效性。主要应审查下列内容：①项目计划实施进度表在时间安排和阶段划分上的现实可行性，是否留有一定的余地；②建材和设备采购、工程和劳务有关的合同及程序安排是否适当；③是否有保证项目得以正常实施和营运的维护措施；④项目投资和营运成本的估算依据及其精确程度，是否有足够的准备金以应付意外的费用；⑤项目实施的全部规划设计在主要环节方面是否具有合理的现实可行性，以及各环节之间的阶段划分和衔接的合理性。

　　(3)审查建筑施工方面的技术

　　①施工方面　如工程施工所采用的工艺技术是否有可靠性，这种可靠性是指在以往的实践上是被成功运用的技术，如果是新技术，必须在一定规模的试验上是成功的。又如施工中所选用的设备和材料使用的可靠性。

　　②资源供应方面　对主要的生产要素、能源物资和劳力的采购供应能否切实满足工程的需要进行审查，并审核其投入量是否适当。

　　③审查项目施工在基础设施方面的保证。

　　3.财务方面

　　(1)财务评估的目标

　　财务评估是一项内容多、计算复杂的工作。在进行具体财务评估之前应首先明确评估目标。一般情况下，财务评估应至少有以下三个目标：①确保项目实施全过程的财务生存能力；②保护贷款机构的利益；③确保项目活动具有健全的财务管理机构以及拥有足够的训练有素的财务工作人员。

　　(2)财务评估的重点审查内容

　　①资金使用的时间分布是否与项目实施计划的安排相对应；

　　②总成本分摊商品和劳务上的比例是否适当，即物资材料费用和工资费用的比例是否适当；

　　③所有的成本开支是否都被分成适当的细目；

　　④是否存在有可能被推迟使用的成本；

　　⑤是否存在有可能被替代、压缩甚至被取消的成本费用。

　　(3)盈利性项目财务评估的主体内容

　　对于盈利性房地产项目，如商品住宅、酒店、宾馆、综合服务楼等，财务评估的重点是审核评价作为项目预期盈利能力评价指标的财务内部收益率、财务净现值等重要的指标体系，并对这些指标体系所依据的各类分解指标逐一加以评析。其内容大致如下：①审查项目成本分解指标的条件及其数额；②审查项目收益表和项目资金表，以对照项目年度财务预测；③项目的预期收益能否满足项目在营运、维护、折旧和偿债方面的要求；④审核财务风险分析。

　　(4)非盈利性项目财务评估的主体内容

　　对于市政建设、文教、卫生等非盈利性项目，评估应当着重考虑的内容是：

　　①项目全部预算的合理性；

　　②政府对项目及时提供足够资金的能力。

因此，评估应审查项目的全部成本核算和与项目实施相对应的政府预算及其现金分配系统的效率。

(5)消费者对项目财务的影响

消费者对项目财务的影响，实际上就是市场对项目产出的态度，或者产成品在市场上的命运。财务评估要考虑消费者对项目的影响，因为这种影响往往制约着，甚至决定着项目的预期收益。这方面评估内容主要有两方面：

①消费者支付的能力，即消费者购买力。如对于商品住宅项目，财务评估就有必要考虑消费者的家庭收入和支出的分布情况，估计他们以信贷购房的偿付能力，与此同时，应当考虑政府对低收入者的住房消费补贴及其幅度。

②消费者对项目的兴趣程度。对于盈利性的房地产项目，财务评估应当分析消费者对项目产生的兴趣能否吸引或刺激他们使用该项目。如果消费者对该项目的兴趣大，就可以考虑该项目的重复建设。

4. 国民经济方面

项目国民经济方面的评估是评估小组所要考察的重要内容，它是决定项目实施与否的重要环节。这方面评估主要有以下几方面内容：

(1)审议项目是否代表了，至少是考虑了国家的经济目标，即项目是否能够合理地使用国家的经济资源并能够产生实际的经济效益，而不是仅仅考察项目实施在财务上的可行性。要达到这一目标，就要严格审查项目是否具有正确无误的宏观经济分析，并重新评审宏观经济分析的三个基本要素：社会折现率和影子价格、外汇使用及影子汇率、影子工资及就业影响。

(2)对项目计划进行修改的可能性，这种修改以节约国家的经济资源和提高项目的经济报酬为目的。对于计划修改的可能性，评估小组可以从项目的规模、构成、时间安排和实施计划等环节上加以研究。

(3)审查该项目能否与它所从属的行业或部门的发展政策保持一致，或者是不是这个发展政策的具体体现。

(4)审查项目的外部效果和无形效果的种类，验证这些效果的预期效益数量的严密性和合理性。

(5)审查项目决策过程中的投资风险分析、决策论证是否严密。其中应当具体考察的问题包括风险类型是否合理，潜在风险的程度和范围估计是否充分而合理，项目决策论证的方法是否有效，论据是否全面等。

5. 组织管理方面

(1)调查评议项目在组织机构方面的背景材料

主要有：①在房地产行业部门内与本项目有关的分部门、职能部门和地区机构与本部门的历史关系及目前的公共关系；②拟议的项目参与机构在权力和影响方面的近期状况；③项目实施以后，参与项目的机构或团体对项目预期效益的受益分配状况的合理性；④影响项目组织机构和管理安排的众多因素，如社会的、组织的、历史的、法律的因素；⑤政府及其有关的机构或部门，诸如规划部门、财政部门、工商税务部门等对项目实施在组织上的承诺。

（2）审议项目的组织及其结构在行政管理上对项目实施过程的控制安排及其方法

具体内容包括：①管理机构的评议；②对管理机构职责、权限和责任的评议；③各机构或部门实体的功能与作用及其相互间的合作关系；④职员的配备评议。

6. 环境方面

（1）开发项目或开发区域在地质、地形、地貌条件上是否符合拟定建筑物的要求，对于不符合的因素，在技术上是如何处理的，处理方法是否可靠；

（2）地区的水文地质和气象是否对项目有重大影响，如有影响，防治措施是否可靠；

（3）项目选址是否符合城市规划的要求；

（4）项目所在地区的基础设施、公用设施是否已具备了开发建设的条件，或者政府在规划上是否有近期的建设项目与之配套；

（5）项目的征地、拆迁和人员安置的方案是否合理，经济上是否合算，有无更好的方案；

（6）评估小组有必要到现场察看实地现状，审核其是否与项目提供的资料相一致。

第五节　房地产市场调查与预测

房地产市场研究是对房地产市场进行调查分析和制定市场对策的一种活动。主要目的是掌握房地产市场现状和预测未来状况，为开发企业确定开发经营战略和投资决策提供可靠的依据。

一、房地产市场调查

房地产市场调查是房地产市场研究的基础。房地产市场调查为房地产市场研究和分析提供可靠的依据，没有调查就没有研究和分析，也不能预测，不能为房地产开发提供决策依据。

（一）房地产市场调查的含义及作用

房地产市场调查，是运用科学的方法，有目的、有计划地搜集、系统地整理和分析与房地产市场相关的信息和资料，进而对房地产市场进行研究和预测，并为企业房地产营销决策服务的信息管理活动。

房地产开发项目只有在充分进行市场调查和分析的基础上，才能设计完善的产品开发方案，才能制定有效的投资策略，对房地产开发企业正确定位房地产项目，正确制定营销策略，健全企业决策机制，及时挖掘市场机会，提高企业经营效益具有极其显著的重要性。

（二）调查内容

房地产市场调查是运用科学的方法，系统地搜集、整理和分析市场购买力、购买对象、顾客习惯、竞争形式等相关的信息资料的活动。它的主要内容有以下几方面：

1. 市场需求调查

满足房地产市场需求是开发企业开发经营活动的根本目的，也是房地产市场经营活动的中心环节。市场需求调查的主要内容包括以下几项：

（1）潜在需求量

潜在需求量是指一定时期、一定地区内房地产购买力的实际水平。例如，某时、某地有多少企业、事业单位和个人，可能拿出多少资金购买商品住宅。

（2）市场占有率

了解整个行业和同类产品在市场上的销售量，本企业和竞争企业的市场占有率。

（3）销售趋势分析

研究顾客的购买行为，分析房地产市场的需求变化，以便发现新的市场机会，不失时机地调整本企业的销售方向，使之适应房地产市场发展变化的要求。

（4）人口

人口是市场潜在需求量的决定因素，它的发展趋势、流动性情况与房地产市场密切相关。人口资料包括人口数量、人口地区分布、人口流动性和家庭规模等。

（5）收入水平

收入水平以及与之紧密联系的消费结构是预测市场需求的重要因素。收入调查内容包括收入现状（总收入、可自由支配的收入、实际收入）和收入的发展趋势。实际收入增加，意味着人们生活水准的提高，要求更多的享受资料和发展资料。

2. 顾客和购买能力的调查

没有顾客，就不存在购买，如果顾客只有主观的购买愿望，而没有相应的购买能力，这些顾客仍不能成为现实的购买者。由于房地产商品的特点，一般只有掌握足够资金的单位或个人才可能成为现实的购买者。因此，谁是主要的顾客？谁是忠实的购买者？谁是购买决策者？购买者满足程度如何？这些都是调查的主要内容。

3. 竞争调查

有商品生产就必然有竞争者，开发企业欲在竞争中求得生存和发展，就必须调查企业的竞争能力。竞争调查的主要内容包括产品竞争能力调查、竞争对手调查和市场转换调查。

4. 有关的经济形势调查

国家宏观经济形势对开发企业的开发经营有着决定性的影响。如果经济增长过快而引起通货膨胀，物资供应紧张、资金短缺等现象将直接影响房地产市场，特别是为转变这一状况而采取的金融体制改革等措施给房地产业带来的影响是巨大的。物资短缺、能源紧张的局面也将会加大开发成本，降低开发企业的经济效益。

5. 房地产经营条件调查

即调查影响房地产经营的一切主、客观因素，包括两个方面：

（1）房地产经营企业的内部条件

如组织管理状况、职工队伍素质、技术装备程度、业务经营水平等。

（2）房地产经营企业所处的客观环境

如国民经济的结构及发展水平、国民经济管理体制及其配套改革情况、房地产经济体制改革的进展等。

(三)调查方法

对房地产市场进行调查，总体上可分为四种方法：全面调查、重点调查、典型调查、抽样调查。企业一般从商业报纸、杂志、上级主管部门的资料等公开的资料中收集某一开发区的开发信息；特殊情况下，企业要派人主动设法收集购买者的经济状况、购买者的心理和需求、竞争对手情况等信息。

二、市场预测

(一)房地产市场预测的含义及作用

房地产市场预测是指运用科学的方法和手段，根据房地产市场调查提供的信息资料，对房地产市场未来及其变化趋势进行测算和判断，以满足确定房地产开发经营战略的需要。

正确的房地产市场预测可以帮助房地产开发企业把握国家宏观经济政策走势，把握市场的总体动态和各种环境因素的变化趋势，正确地分析和判断消费者对不同房地产产品需求的变化，从而指导房地产开发企业制定科学的开发战略，调整目标市场的营销策略，提高企业的管理效益，增强企业核心竞争力。综上所述，市场预测对房地产开发具有十分重要的作用。

(二)房地产市场预测的内容

1. 房地产行情预测

房地产行情预测是在国民经济发展趋势大气候的基础上，对房地产目标市场的运行状态进行分析，揭示房地产的景气状态、周期波动规律。主要预测内容包括国家经济总量的变化、货币投放状况、物价变化、国民收入状况、市场消费结构及发展趋向。

2. 房地产市场需求预测

房地产市场需求预测是在房地产调查的基础上，对特定区域和特定时期的房地产市场产品的需求变化趋势、需求潜力、需求水平、需求结构等因素的分析和预测。主要预测内容是产品的社会拥有量、社会购买力以及社会饱和点，判断当前市场整体需求情况，同时还要研究影响市场需求潜量的各种可控因素和不可控因素，可控因素包括企业对产品、定位、分销促销政策变化，不可控因素包括人口、分配政策、购买心理等。

3. 供给能力预测

房地产市场供给预测是对特定区域和特定时期的市场整体供应变化趋势、供给水平、供给结构等因素和企业自身产品供给能量和潜力等数据进行分析预测。主要预测内容包括行业供给能力预测、企业发展能力预测和服务能力预测，行业供给能力预测分析从事房地产同类产品生产厂家有多少，生产规模有多大，成本高低，管理水平及技术状况如何等；企业发展能力预测分析房地产企业生产规模、技术条件、资源及能源供给、运输、人才、资金来源等方面发展趋势；服务能力预测分析客户对服务的需求及房地产企业所能提供的售前、售中、售后服务。

4. 房地产市场供求趋势的预测

房地产市场供求预测是在有机结合市场需求和市场供给预测的基础上，把握国家关于房地产产业的调整政策导向，判断市场运行走向和房地产市场产品的供求趋势。主要预测内容包括市场供求总量的平衡状态，市场供求结构的均衡情况，市场供求态势失衡的原因探索。

5. 消费者购买行为预测

消费者购买行为预测是通过房地产市场调查中的消费者调研结果，来分析消费者的消费能力、消费水平、消费结构等，了解不同层次消费者的消费特点和需求差异，判断消费者的购买习惯、消费倾向等的变化趋势，研究消费者的购买行为。

6. 产品营销及销售前景预测

产品营销及销售前景预测是在房地产营销的历史数据和信息资料的基础上，对房地产产品在房地产整体市场和特定区域的销售规模、销售结构、销售品种、变化趋势、房地产占有率、营销费用与营销利润、市场潜量和销售潜量进行分析预测。

7. 产品生命周期预测

产品生命周期预测是对企业拟开发的新产品以及正在生产的产品进行分析，判断其所处于产品市场周期的阶段，以此来调整不同产品的不同市场策略和生产策略。

8. 技术发展预测

技术发展预测是对建筑和装修的新材料、新技术和新工艺及其在房地产产品上的应用进行分析和预测。技术发展带来的影响，会在一定程度上改变用户对当前房地产产品的需求，从而对房地产市场发生重大影响。主要预测内容包括对新技术、新材料、新工艺、新设备所具有的特点、性能、应用领域、应用范围、应用速度、经济效益，以及它们对房地产产品生命周期的影响进行预测。

9. 市场竞争格局预测

市场竞争格局预测是对开发商品房的同类竞争企业的经营行为进行分析预测，对其不同种类商品房供应量的分布、开发区域格局以及房屋的成本、品质、价格、品牌知名度和满意度等要素构成的竞争格局及其变化趋势进行分析预测。

(三) 市场预测的基本步骤

1. 确定预测目标和预测期限。

对于房地产市场预测，确定预测目标和预测期限是进行预测工作的前提。例如，在对地区房地产市场的预测中，需求量、消费者水平这些均是预测目标。预测可根据预测用户的要求，分为月、季、半年、一年等期限的预测。

2. 确定预测因子。

根据确定的预测目标，选择可能与预测目标相关或有一定影响的预测因素。例如，在对地区房地产市场的需求预测中，人均消费支出、租售价格、开发成本等均是预测因素。

3. 进行市场调查。

收集各因素的历史和现状的信息、数据、资料，并加以整理和分析。

4. 选择合适的预测方法。

有的预测目标，可以同时使用多种预测方法独立地进行预测，最后使用组合预测法求出最终的预测值。

5. 理论抽象或创立模型。

在根据经济理论对宏观经济现象进行分析的基础上，寻找规律。

6. 对预测的结果进行分析。

例如，对结果进行经济分析和预测精度分析。

7. 根据房地产市场经济的最新发展动态和掌握的最新的房地产市场信息，对原预测结果进行判断，修改或调整原来的预测值。

8. 写出预测报告。

第六节　房地产开发项目投资估算

一个房地产开发项目从可行性研究到竣工投入使用，需要投入大量的资金，在项目的前期阶段，为了对项目进行经济效益评价并作出投资决策，必须对项目的投资进行估算。投资估算的范围包括：土地费用、前期工程费、房屋开发费、管理费、财务费、销售费用及有关税费等项目全部成本和费用投入，各项成本费用的构成复杂，变化因素多，不确定性大，依建设项目的类型不同而有其自身的特点，因此，不同类型的建设项目之成本费用的构成有一定差异。

一、房地产开发项目成本与费用构成

房地产开发项目成本及费用由开发直接费和间接费两大部分组成，具体构成如下：

（一）开发直接费

1. 土地费用，包括土地出让金或征地费、城市建设配套费、拆迁安置补偿费。

2. 前期工程费，包括规划勘测设计费、可行性研究费、三通一平费。

3. 房屋开发费，包括建安工程费、公共配套设施建设费、基础设施建设费、其他费用。

（二）开发间接费

开发间接费包括：（1）管理费；（2）销售费用；（3）财务费用；（4）其他费用；（5）不可预见费；（6）开发期税费。

二、房地产开发项目成本费用估算方法

（一）土地费用

土地费用是指为取得项目用地使用权而发生的费用。由于目前存在着有偿出让和行政划拨两种获取土地使用权的方式，所以，对土地费用的估算要依实际情况而定。

1. 土地出让金

国家以土地所有者身份将土地使用权在一定年限内有偿出让给土地使用者，并由土地使用者向国家支付土地使用权出让金。土地出让金的估算一般可参照政府近期出让的类似地块的出让金数额并进行时间、地段、用途、临街状况、建筑容积率、土地出让年限、周

围环境状况及土地现状等因素的修正得到，也可以依据城市人民政府颁布的城市基准地价，根据项目用地所处的地段等级、用途、容积率、使用年限等项因素进行修正得到。

2. 土地征用费

根据《中华人民共和国土地管理法》(以下简称《土地管理法》)的规定，国家建设征用农村土地发生的费用主要有：土地补偿费、土地投资补偿费(青苗补偿费、地上附着物补偿费)、安置补助费、新菜地开发建设基金等。国家和各省市对各项费用的标准都作出了具体的规定，因此，农村土地征用费的估算可参照国家和地方有关标准进行。

3. 城市建设配套费用

城市建设配套费是因政府投资进行城市基础设施，如自来水厂、污水处理厂、煤气厂、供热厂和城市道路等的建设而由受益者分摊的费用。在北京市，该项费用包括大市政费和"四源费"。这些费用的估算可根据各地的具体规定或标准确定。

4. 拆迁安置补偿费

在城镇地区，国家或地方政府可以依照法定程序，将国有储备土地或已经由企事业单位或个人使用的土地划拨给房地产开发项目或其他建设项目使用。因划拨土地使原用地单位或个人造成经济损失的，新用地单位应按规定给予合理补偿。拆迁安置补偿费实际包括两部分费用，即拆迁安置费和拆迁补偿费。

拆迁安置费是指开发建设单位对被拆除房屋的使用人，依据有关规定给予安置所需的费用。一般情况下，应按照拆除的建筑面积给予安置，被拆除房屋的使用人因拆迁而迁出时，作为拆迁人的开发建设单位，应付给搬家费或临时搬迁安置费。

拆迁补偿费是指开发建设单位对被拆除房屋的所有权人，按照有关规定给予补偿所需的费用。拆迁补偿的形式可以分为产权调换、作价补偿或者产权调换与作价补偿相结合的形式。

(二)前期工程费

前期工程费主要包括：开发项目的前期规划、设计、可行性研究、水文地质勘测费用以及"三通一平"等土地开发工程费支出。

项目的规划、设计、可行性研究所需的费用支出一般可按其占项目总投资的百分比估算。一般情况下，规划设计费为建安工程费的3%左右，可行性研究费占项目总投资的1%~3%。水文、地质勘探所需的费用可根据所需工作量结合有关收费标准估算，一般为设计概算的0.5%左右。

"三通一平"等土地开发费用主要包括：地上原有建筑物、构筑物拆除费用，场地平整费用和通水、通电、通路的费用。这些费用可根据实际工作量，参照有关计费标准估算。

(三)房屋开发费

房屋开发费包括建筑安装工程费、公共配套设施建设费和基础设施建设费。

1. 建筑安装工程费

它是指直接用于工程建设的总成本费用，主要包括：建筑工程费(结构、建筑、特殊装修工程费)、设备采购及安装工程费(给排水、电气照明及设备安装、空调通风、弱电设备及安装、电梯及其安装、其他设备及安装等)和室内装饰家具费等。

2. 公共配套设施建设费

指居住小区内为居民建设的各种非营利性公共配套设施的建设费用。主要包括居委会、托儿所、幼儿园、停车场、锅炉房、热力站、变电室、煤气调压站、自行车棚、信报箱等的建设费用。

3. 基础设施建设费

指建筑物 2m 以外和项目用地规划红线以内的各种管线和道路工程，包括自来水、雨水、污水、煤气、热力、供电、电信、道路、绿化、环卫、室外照明等设施的建设费用，以及各项设施与市政设施干线、干管、干道的接口费用。

在可行性研究阶段，房屋开发费，尤其是建筑安装工程费的估算，可以采用单元估算法、单位指标估算法、工程量近似匡算法、概算指标估算法等，也可根据类似工程经验估算。

①单元估算法，是指以基本建设单元的综合投资乘以单元数得到项目或单项工程总投资的估算方法。如以每间客房的综合投资乘以客房数估算一座酒店的总投资；以每张病床的综合投资乘以病床数估算一座医院的总投资等。

②单位指标估算法，是指以单位工程量投资乘以工程量得到单项工程投资的估算方法。一般来说，土建工程、给排水工程、照明工程可按建筑平方米造价计算；采暖工程按耗热量(千卡/小时)指标计算；变配电安装按设备容量(千伏安)指标计算；集中空调安装按冷负荷量(千卡/小时)指标计算；供热锅炉安装按每小时产生蒸汽量(立方米/小时)指标计算；各类围墙、室外管线工程按长度(米)指标计算；室外道路按道路面积(平方米)指标计算等。

③工程量近似匡算法，是指采用与工程概预算类似的方法，先近似匡算工程量，再配上相应的概预算定额单价和取费标准，近似计算项目投资。

④概算指标估算法，是指采用综合的单位建筑面积和建筑体积等建筑工程概算指标计算整个工程费用。常用的估算公式是：

$$直接费 = 每平方米造价指标 \times 建筑面积$$
$$主要材料消耗量 = 每平方米材料消耗量指标 \times 建筑面积$$

(四) 管理费

管理费是指企业行政管理部门为管理和组织经营活动而发生的各种费用，包括公司经费、工会经费、职工教育培训经费、劳动保险费、待业保险费、董事会费、咨询费、审计费、诉讼费、排污费、房地产税、土地使用税、开办费摊销、业务招待费、坏账损失、报废损失及其他管理费用。

(五) 销售费用

销售费用是指开发建设项目在销售其产品过程中发生的各项费用以及专设销售机构或委托销售代理的各项费用。包括销售人员的工资、奖金、福利费、差旅费，销售机构的折旧费、修理费、物料消耗费、广告宣传费、代理费、销售服务费及销售许可证申领费等。

(六) 财务费用

财务费用是指企业为筹集资金而发生的各项费用，主要为借款或债券的利息，还包括金融机构手续费、融资代理费、承诺费、外汇汇兑净损失以及企业筹资发生的其他财务费用。利息的计算可参照金融市场利率和资金分期投入的情况按复利计算。利息以外的其他融资费用一般占利息的 10% 左右。

（七）其他费用

其他费用主要包括临时用地费以及标底审查费、招标管理费、开发管理费、工程质量监督费、工程费用等。这些费用一般按当地有关部门规定而定。

（八）不可预见费

不可预见费根据项目的复杂程度以前项费用之和的 3%~7% 估算。

（九）开发期税费

开发建设项目投资估算中应考虑项目征收的费用。在一些大中型城市，各项税费应根据当地有关法规标准征收，其内容包括契税、市政支管线分摊费、供电贴费、建材发展基金、人防工程费等。

三、房地产开发项目租售方案

租售方案一般应包括以下几个方面的内容：

1. 项目出租、出售还是租售并举，出租面积和出售面积的比例；
2. 可出租面积、可出售面积和可分摊建筑面积及各自在建筑物中的位置；
3. 出租和出售的时间进度安排和各时间段内租售面积数量的确定；
4. 租金和售价水平的确定；
5. 收款计划的确定。

第七节　房地产开发资金筹措

筹集资金很重要的就是取得贷款，但借款是有风险的。由于财务杠杆作用的存在，它可能会使投资者由于借款而增加盈利，也可能使投资者由于借款而蒙受更大的损失。另外，当借款到期而市场不旺时，企业可能不得不低价出售房地产或者由于筹资过多而利息负担过重等。因此，把握好资金筹集的各个方面非常重要。

一、开发资金运动的过程及资金流动的特征

纵观房地产开发全过程，房地产开发资金随着房地产开发经营活动的进行而不断运动，并且在房地产开发过程中的不同阶段表现为不同的形式。在房地产开发的前期准备阶段，开发商以货币资金购入具备开发条件的土地，或先将货币资金用于完成"三通一平"等工作，等待合适时机开发。这样，货币资金就转化为储备资金。在房地产开发建设阶段，开发商一方面将购入的土地投入开发工程，储备资金转化为生产资金；另一方面，开发商用货币资金直接支付工程进度款及其他开发费用，这部分货币资金直接转化为生产资金。在预销售阶段，开发商可能通过预售部分房屋，在开发过程中收回部分投资，从而又

使部分生产资金直接转化为货币资金；房屋交付后，生产资金转为成品资金，开发商通过销售继续收回投资，这样成品资金又转化为货币资金。所以，房地产开发资金在运动过程中不断改变其形态，从货币资金开始，分别转化为储备资金、生产资金和成品资金，最后又回到货币资金形态。这样周而复始的循环就形成房地产资金的运动过程。

（一）资金占用量大

由于房地产开发需要耗用大量的土地资源、人力资源以及各种材料和设备等工业产品，而城市经济的发展、土地的稀缺性及市场需求的拉动又使这些资源和产品价格昂贵，使房地产开发需占用大量的资金，并进一步影响到房地产流通和消费领域，从而使房地产再生产和资金运动的各个环节都要大规模地占用资金。这种资金运用规模，如果仅仅是依赖于自有资金，不仅容易发生财务风险，甚至可能难以实现。如果其中某一环节有资金缺口，就会使资金运动受阻，影响再生产过程的顺利进行，房地产的价值和使用价值也难以实现。

（二）资金占用时间长，周转速度慢

由于房地产开发建设周期长，往往在半年、一年，甚至更长时间内，只有资金投入，没有资金回收。如采用出售方式，资金回收和周转速度相对较快。但前提必须是市场需求旺盛，产品适销对路，否则产品滞销，交易困难，同样会延长资金占用时间。若采用出租方式，由于必须以租金方式逐年、分期收回资金，所以资金占用量虽然可以逐渐减少，但全部收回资金所需时间相当长。

（三）资金运动受区域范围的影响

房地产区位的固定性，加上房地产的流通和消费的地域性，使其资金运动受区域范围的显著影响，资金运动往往局限于某一城市或某一区域内。

房地产开发资金的上述特点，带来了房地产开发项目资金运用与资金来源之间的尖锐矛盾，主要表现在：

1. 资金投入的一次性与资金积累的长期性的矛盾；
2. 资金运用的集中性、大额性与资金来源的小额性、分散性的矛盾；
3. 资金回收缓慢与再生产中资金投入的连续性的矛盾等。

这些矛盾最集中的表现为：由于房地产开发周期长、流动性差，资金运动过程中的各种资金状态转化的速度慢，房地产资金投入与回收在时间上、数量上极端地不平衡。因此，通过各种渠道有效地筹集资金，保证房地产开发资金投入与回收在时间上、数量上的协调平衡，从而保证资金的循环运动和开发项目建设的顺利进行，具有十分重要的意义。

二、开发资金筹集的基本原则

尽管企业的财务状况不相同，各项目的投资计划与工程建设进度也不尽相同，但房地产开发资金运动的特点决定了筹集房地产开发资金必须遵循以下基本原则：

（一）安全性原则

衡量安全性的指标主要是风险程度，一方面，筹集资金要考虑利率变动、汇率变动的风险，同时要考虑到影响企业财务状况和偿债能力的举债规模、偿债日期、利率高低等各种因素；另一方面，从筹集资金的目的看，筹集资金主要是为了更好地实现资金平衡，使开发项目顺利进行，并最终取得预期利润。因此，筹集资金应以不改变既定目标或以顺利实现既定目标(如进度目标、利润目标等)为原则。任何由于筹集资金而可能影响既定目标的因素都是不安全因素，筹集资金必须以筹资风险尽可能小为原则。

(二)经济性原则

由于房地产开发资金需求量极大，资金筹集的成本(包括有关费用)直接影响开发项目的效益及资金周转，因此，筹资成本必须尽可能低。一般来说，筹资成本不能高于开发项目可能的投资效益。

(三)可靠性原则

主要是指资金来源的保证程度要高。从房地产资金运动的特征可以看出，在一定的时点保证一定数量的资金投入尤为重要。因此，筹集资金的渠道、方式、时间、数量等必须是切实可靠的。

三、开发资金筹措的目的

无论房地产项目规模大小，开发企业均需要筹集大量的资金来保证项目的顺利建设，然而企业仅靠现有的资本存量，即自主投资，不仅投资风险相对较大，而且往往难以实现项目目标。因此，在房地产开发项目中，企业迫切需要筹措所需开发资金，积累资本增量，扩大企业资产规模，增加企业竞争能力和收益能力，以实现房地产项目开发的目标，推动企业可持续发展。

与此同时，房地产开发项目筹措开发资金可以有效调整原有资本结构，使资本结构合理化，充分发挥杠杆作用，保证权益资本和债务资本的适当比例，进而提高企业和项目的盈利能力和偿债能力。

四、开发资金的筹集渠道

由于房地产开发资金需求量特别大，房地产开发商的自有资金一般不可能完全满足需要，通过哪些渠道落实资金就成为房地产开发商必须解决的一个重要问题。随着我国房地产市场的逐步完善，房地产金融业的逐步发展，房地产开发资金的筹集渠道也越来越多。通常，房地产开发商的资金筹集渠道主要有：自有资金、银行贷款、发行债券及预收房款等形式，对股份制企业而言，发行股票也是有效的筹资方式。

(一)自有资金的筹集

房地产开发商对任何房地产开发项目都必须投入大量的自有资金，这是房地产开发的基本条件之一。通常，开发商可以筹集的自有资金包括现金和其他速动资产，及近期可收回的各种应收款。有时企业内部一些应计费用和应交税金，通过合理安排，也可应付临时的资金需求。

一般情况下，开发商不可能在银行存有大量的货币资金等待开发项目，货币资金只是自有资金筹集的一方面，速动资产的变现也是重要的资金来源之一。它包括企业持有的各种银行票据、股票、债券等(可以转让、抵押或贴现而获得货币资金),以及其他可以立即售出的建成楼宇等。至于各种应收款,包括已订合同的应收售楼款及其他应收款。

只要开发项目的预期收益高于企业自有资金的机会收益(如银行存款利息等)或速动资产变现损失(包括机会损失)等,开发商都可以根据自身的能力,适时投入自有资金。

(二)银行贷款

任何房地产开发商要想求得发展,都离不开银行和其他金融机构的支持。而且由于"杠杆效应"的存在,任何开发商都不可能、也不愿意完全靠自有资金周转而不利用银行或其他金融机构的借贷资金。

1. 房地产开发企业流动资金贷款

房地产开发企业流动资金贷款是房地产金融机构给开发企业发放的生产性流动资金贷款,其贷款对象是在规定贷款范围内、具有法人地位、实行独立经济核算的从事房地产开发活动的企业。一般来说,企业应具备以下贷款条件:①必须具有开发企业资格证书,必须持有工商营业执照;②必须在贷款银行开立账户,持有贷款证;③必须拥有一定量的自有资金;④必须具有开发计划,必须具有有关部门下达的年度投资计划和开发项目的有关批准文件;⑤必须具有健全的管理机构和财务管理制度;⑥必须具有还本付息的能力等。

另外,贷款银行对企业的实有资本、信誉、拟开发项目的成本和效益情况、开发商在建工程情况(是否超能力开发)等也将进行审核。

2. 考核房地产开发企业财务状况和还本付息能力的主要指标

(1)短期偿债能力指标

①流动比率,这是衡量企业短期偿债能力的一个重要指标,计算公式为:

$$流动比率 = \frac{流动资产总额}{流动负债总额} \times 100\%$$

②速动比率,这是衡量企业近期支付能力的一个指标,计算公式为:

$$速动比率 = \frac{速动资产总额}{流动负债总额} \times 100\% = \frac{流动资产总额 - 存货}{流动负债总额} \times 100\%$$

③现金比率,也称变现比率,这是衡量即期偿付能力的指标,计算公式为:

$$现金比率 = \frac{现金 + 短期证券}{流动负债}$$

(2)长期偿债能力指标

①资产负债率,这是衡量企业利用债权人提供的资金进行经营活动的能力,并反映债权人发放贷款的安全程度的指标,计算公式为:

$$资产负债率 = \frac{负债总额}{资产总额} \times 100\%$$

②产权比率,这是衡量债权人投入的资金受所有者权益保障程度的指标,计算公式为:

$$产权比率 = \frac{负债总额}{所有者权益总额} \times 100\%$$

③已获利息倍数,这是衡量企业是否有充足的收益支付利息费用能力的指标,计算公

式为：

$$已获利息倍数 = \frac{税前利润 + 利息费用}{利息费用} \times 100\%$$

（3）盈利能力指标

①资产总额收益率，这是衡量企业利用资产获取利润能力的指标，计算公式为：

$$资产总额收益率 = \frac{净利润}{平均资产总额} \times 100\%$$

$$平均资产总额 = \frac{资产总额年初数 + 资产总额年末数}{2} \times 100\%$$

②所有者权益收益率，这是衡量企业所有者权益获利能力的指标，计算公式为：

$$所有者权益收益率 = \frac{净利润}{平均所有者权益} \times 100\%$$

$$平均所有者权益 = \frac{所有者权益年初数 + 所有者权益年末数}{2} \times 100\%$$

此外，反映企业盈利水平的指标还有销售利润率、资本金利润率、销售毛利率等。

房地产开发企业流动资金贷款一般要经过贷款申请、贷款评估与贷款审核、核定贷款额度与期限、签订贷款合同和担保合同等过程，并办妥有关手续，最后由银行按贷款合同规定发放贷款。

3. 房地产开发项目贷款

房地产开发项目贷款是指房地产金融机构对具体房地产开发项目发放的生产性流动资金贷款。它的特点是贷款只能用于规定的开发项目，贷款对象是一些投资额大、建设周期长的开发项目，如大型住宅小区等，承担项目开发的房地产开发企业是开发项目贷款的债务承担者。

开发项目贷款除必须符合房地产开发企业流动资金贷款条件外，还必须具备以下条件：

（1）贷款项目必须列入当年的开发计划；

（2）必须具备批准的设计文件，并通过银行的项目评估；

（3）必须前期工作准备就绪，落实施工单位，具备开工条件。

与房地产开发企业流动资金贷款不同，开发项目贷款时，银行参与项目的选择，参与可行性研究工作，并进行项目评估，未经评估的项目一般不承诺贷款。银行参与项目设计及概算的审查，并根据项目有关情况参与销售价格的评估。银行参与项目年度计划的安排，并根据计划执行情况，编制年度贷款计划，核定贷款额度。

房地产开发项目贷款程序与流动资金贷款程序基本相同。

4. 房地产抵押贷款

房地产抵押贷款是指借款人以借款人或第三人合法拥有的房地产以不转移占有的方式向银行提供按期履行债务的保证而取得的贷款。当借款人不履行债务时，银行有权依法处分作为抵押物的房地产并优先受偿。当处分抵押房地产后的资金不足以清偿债务时，银行有权继续向借款人追偿不足部分。

可以设定抵押权的房地产有：依法取得的土地使用权；依法取得的房屋所有权及相应的土地使用权；依法取得的房屋期权；依法可抵押的其他房地产等。以划拨方式取得的土地使用权设定抵押权的，依法处分该房地产后，应当从处分所得的价款中缴纳相当于应缴纳的土地出让金的款额后，贷款银行方可优先受偿。

房地产抵押贷款的对象可以是符合条件、具有可抵押房地产的法人，也可以是具有可抵押房地产、并具有完全民事行为能力的自然人。

房地产抵押贷款的条件除一般贷款的基本条件外，最主要的就是拥有可抵押的房地产。房地产抵押是建立贷款关系的前提，也是取得贷款的条件。

房地产抵押贷款的程序与房地产开发企业流动资金贷款程序基本相同，不同之处在于：

（1）房地产抵押贷款的额度由贷款银行根据借款人的资信程度、经营收益、申请借款金额和借款时间长短确定，但最高不超过抵押物现行作价的70%，并且抵押物的现行作价一般由具备专业资格的房地产评估机构评估确定。

（2）抵押合同由借款人或抵押人与贷款银行双方共同签订，抵押合同是房地产抵押贷款合同不可分割的文件。

（3）房地产抵押贷款合同、房地产抵押合同签订后，必须办理抵押登记手续，若按规定需公证的，贷款合同和抵押合同必须经过公证机关公证。

（三）债券筹资

发行公司债券是房地产开发商的资金来源之一。债券资金与银行贷款一样，同属企业外来资金，但可使用时间较长。由于公司债券较政府债券风险大，因此其利率要高于政府债券利率。其发行主体为房地产股份有限公司、国有独资房地产公司和两个以上国有企业或者两个以上的国有投资主体设立的房地产有限责任公司。

1. 发行企业债券的一般条件

（1）企业规模达到国家规定的要求；

（2）企业财务会计制度符合国家规定；

（3）具有偿债能力；

（4）企业经济效益好，发行债券前连续3年盈利；

（5）所筹集的资金用途符合国家产业政策；

（6）债券利率不得高于国务院限定的水平；

（7）国务院规定的其他条件。

对房地产企业而言，在此一般条件上，还有一系列的限制性规定。

2. 企业债券的发行程序

（1）由公司权力机构作出决定。有限责任公司或股份有限公司发行债券由董事会制定方案，股东大会或股东会作出决议；国有独资公司由国家授权投资的机构或国家授权部门作出决定。

（2）报请国务院证券管理部门批准。申请时应提交下列文件：①公司登记证明；②公司章程；③公司债券募集办法；④资产评估报告和验资报告。

（3）公告债券募集办法。在债券募集办法中一般还包括该公司债券经证券主管机关指定的评估机构评定的债券等级。

(4)债券承销机构承销。

(四)股票筹资

对股份公司而言，发行股票是有效的筹资渠道之一，其发行主体限于房地产股份有限公司，包括已经成立的房地产股份有限公司和经批准拟成立的房地产股份有限公司。

1.股票发行条件

设立房地产股份有限公司申请公开发行股票，应当符合设立股份有限公司申请公开发行股票的一般规定：

(1)符合国家产业政策；

(2)发行的普通股限于一种，同股同权；

(3)发起人认购的股本数不低于总股本的规定比例；

(4)向社会公众发行的部分不低于股本总额的规定比例；

(5)证券委规定的其他条件。

2.原有企业改组申请公开发行股票的，还应具备以下两个条件

(1)发行前一年末，净资产在总资产中的比例不低于规定要求；无形资产在净资产中的比例不高于规定要求。

(2)近3年连续盈利。增资扩股发行股票，除上述条件外，还应当具备以下条件：①前一次发行的股份已募足，并间隔一年以上；②最近3年连续盈利，并可向股东支付股利；③公司预期利润率可达同期银行存款利率；④证券委规定的其他条件。

(五)其他筹资方式

1.各类信托基金

各类信托基金除将部分资金用于购买可以确保其利息收入的政府债券等风险较小、收益水平相对较低的投资外，仍有愿望将基金的一部分用于有一定风险性、但收益相对较高，又有相对较高安全保证的房地产投资，作为其投资组合的一部分。开发商可以约定的利益向各类基金组织融资，也可以吸收其投资入股。尽管其利率水平相对高于银行贷款，但对资金需求量很大的房地产开发企业而言，仍不失为一条有效的筹资渠道。

2.预收购房定金或购房款

房地产开发进行到一定的程度时，政府允许房地产企业预售房屋。预售房屋对于购房者来说，只需支付少量定金或部分房款，即可以享受未来一段时间的房地产增值收益；而对开发商来说，预售部分房屋既可以筹集到必要的建设资金，又可降低市场风险。适时、适价地预售部分房屋是必要的，尤其对自有资金实力不强的开发商来说，成功地组织预售是房地产开发成败的关键。

3.寻找经济实力雄厚的承包商

一方面，可以在资金临时短缺时，争取由承包商垫付部分费用(当然，这种方式应慎用)，而将部分融资困难和风险分担给承包商。同时，延期支付工程款的利息通常不会超过银行贷款利率。另一方面，对于一些预期效益好的开发项目或具有投资价值的房地产，开发商可以吸引承包商投资参与房地产开发，承包商和开发商共担融资风险和市场风险。此外，寻找有实力的合作伙伴合作，共同开发房地产项目也是一条有效的筹集资金的

方式。

　　以上是房地产开发过程中，房地产开发商通常使用的资金筹集的渠道。一般情况下，在进行具体项目的开发建设时，上述各种渠道是综合运用的。例如，开发商将汇集到的自有资金用于支付地价款和各项前期费用，达到开工条件；在取得土地使用权后，将土地使用权抵押取得贷款，用于建筑物的建造。当达到预售条件后，收回部分售楼款或定金，再加上其他渠道筹集的资金，将楼宇开发完毕，交付使用。如果开发商拟将楼宇建成后以出租经营为主，则开发商重点要考虑长期融资，在投入使用后，以每年的租金收入逐年还本付息。由于以出租为主的开发项目投资回收期很长(一般要 10 年左右)，只有实力很强又有银行或财团支持的大型房地产开发企业才愿做。

　　另外，需要说明的是，由于房地产开发资金的筹集一般必须以房地产开发企业——法人为主体进行，因而前面从企业角度介绍了开发资金筹集的各种渠道。而实际上，我们在进行开发项目的可行性研究、资金筹集方案的比较时，一般都是以具体项目为主体而展开的。对具体开发项目而言，其资金筹集渠道主要有：自有资金(项目资本金)、借入资金和预收定金或购房款三种形式，项目资本金可能来自投资开发企业的自有资金，也可能来自投资开发企业通过发行债券、股票取得的资金或房地产开发项目贷款，也可能是来自共同投资开发企业的自有资金。因此，由于主体不同，资金筹集渠道是有区别的。当然，除自有资金外，其他渠道基本相同。

　　(六) 对金融机构的选择

　　随着我国金融体制的改革，金融业务打破了过去几家银行垄断的局面，地方性银行和开办信贷业务的非银行金融机构、外资银行、中外合资银行纷纷涌现，这为开发商选择金融合作伙伴提供了较大的选择空间。在选择金融合作伙伴时，要考虑到以下因素：①最好选择国际交往信誉好、政府和公众都很信任的大型金融机构合作；②有良好的服务质量和办事效率；③收费合理，存贷利息、佣金或手续费用等均能给予优惠待遇；④便于资金调动和转移。

　　开发工程量大、营业额高而又有较好资信的开发商，也是众多金融机构争夺的对象，开发商可利用金融机构之间的竞争来选择合作伙伴，根据金融机构的特点和性质建立相应的业务往来。

第八节　房地产投资风险分析

一、房地产投资风险的含义

　　所谓风险，是指未来可能发生的危险或遭受损失的可能性，它是与收益相伴相随的，且与收益成正相关关系。

　　根据风险理论的研究，风险的一般定义是人们对未来行为预期的不确定性可能引致后果与预定目标发生的负偏离。这种负偏离是指在特定的客观条件下，在特定的期间内，某一个实际结果与预期结果可能发生差异的程度，差异程度越大，风险就越大，反之风险则越小。这种偏离可由两个参数来描述，一是发生偏离的可能性，即事件发生的概率；二是发生偏离的方向与大小即后果。因此，风险用数学函数可以表示为：

$$R=f(P, C)$$

式中，R——某事件的风险；P——事件发生的概率；C——事件发生的后果。

风险是一个相对概念，可以理解为投资的实际收益小于预期收益的差额。一般而言，预期收益越大，风险也越大，风险较小的投资，预期收益也低。风险与收益成正相关关系。

事实上，风险反映一种特殊的事件，这种事件会带来多个不确定的结果，而且每一个不确定结果的出现都有一个可测定的概率值。因此，风险是一个事件的不确定性和它可能带来的不确定结果的综合效应。

房地产投资风险，则是指从事房地产投资而造成损失的可能性的大小或程度，这种损失包括投入资本损失及实际收益小于预期收益的差额损失等。

虽然可以获取较高投资收益、具有保值功能，但房地产投资与其他投资形式一样仍然存在着风险，尤其是房地产投资具有所需资金量大、周期长，其实物形态为不动产，房地产市场竞争是不完全竞争，信息不完全对称等特点，使房地产投资更具有不确定性。为此，投资者在进行房地产投资时，应谨慎耐心地进行选择和科学地作出决策，以最大限度地规避投资风险，获取最大额度的投资利润。

二、房地产投资风险特征

由于房地产投资具有周期长、投入资金量大、变现能力差等特点，因而房地产投资风险也具有其自身的特点，具体如下：

（一）多样性

由于住宅投资的整个过程涉及社会、经济、技术等各个方面，因而其风险也表现出多样性，相互间的变化也呈现出极其复杂的关系。

（二）变现能力差

由于其投入资金量大、周期长，并且房地产市场是个不完全市场，房地产也不像其他资产如存款、国库券、股票等可以随时变现，因而其变现风险也较大。

（三）补偿性

由于房地产投资具有风险，因而投资者一般对承担的这一风险在经济上要求补偿，这一补偿也叫风险溢价或风险回报。资本的特性决定了它比一般的行业要求更高的回报率，比社会平均利润率更高。

三、房地产投资风险的类型

由于受各种因素的影响，房地产投资存在着不同的风险。一般来说，房地产投资的风险主要有以下几种：

（一）市场风险

市场风险是指房地产市场状况变化的不确定性给房地产投资者带来的风险。它主要有如下几种类型：

1. 市场供求风险

市场供求风险是指投资者所在地区房地产市场供求关系的变化给投资者带来的风险。市场是不断变化的，房地产市场上的供给与需求也在不断变化，而供求关系的变化必然造成房地产价格的波动，具体表现为租金收入的变化和房地产本身价格的变化，这种变化会导致房地产投资的实际收益偏离预期收益。更为严重的情况是，当市场内某种房地产的供给大于需求达到一定程度时，房地产投资者将面临房地产商品积压的严峻局面，导致还贷压力与日俱增，很容易最终导致房地产投资者破产。

2. 变现风险

变现风险是指急于将商品兑换为现金时由于折价而导致资金损失的风险。由于房地产不能移动，销售过程复杂，因此其流动性很差，其拥有者很难在短时间内将房地产兑换成现金。具体来讲，首先，房屋是固定在土地上的，其交易的完成只能是所有权或使用权转移，而其实体是不能移动的；其次，房地产价值量大、占用资金多的特点，也决定了房地产的交易的完成需要一个相当长的时间过程。这些都影响了房地产的流动性和变现性。因此，房地产投资者在急需现金的时候，无法将其手中的房地产很快脱手，不能想卖就卖。与此同时，即使投资者能较快地完成房地产交易或买卖，也难以以合理的价格成交，从而会大大影响其投资收益。所以，房地产不能流动及其变现上的困难，给房地产投资者带来了变现及收益上的风险。

3. 购买力风险

受社会经济等发展变化情况的影响，在收入水平一定及购买力水平普遍下降的情况下，人们会把有限的购买力用到最必需的消费商品上，从而降低对房地产商品的消费需求，这样，即使房地产本身具有保值功能，但人们降低了对它的消费需求，这会导致房地产投资者的出售或出租收入减少，从而使其遭受一定的损失。

4. 未来市场变化风险

市场情况千变万化，尤其是未来市场发展情况更是有着许多不确定性。对于房地产开发投资者来说，未来房地产市场销售价格的变化、成本的增加、市场吸纳能力的变化，都会对开发商的收益产生巨大的影响；对置业投资者来说，未来租金的变化、市场出租率的变化、物业毁损造成的损失、资本化率的变化、物业转售时的收入等也会对投资者的收益产生巨大影响。

（二）经营风险

经营风险是指由于决策失误或经营管理不善而造成的实际经营结果与期望值偏离的可能性。这种风险既与企业内在因素有关，也与外在经济环境因素的影响有关。经营风险主要包括：

1. 决策风险

决策风险一方面是由于投资者得不到准确充分的市场信息而可能导致经营决策的失误。根据经济学理论，完全的自由竞争市场应具备商品同质、信息充分、厂商可自由出人、交易双方人数众多等条件。也就是说，在完全自由竞争的市场上，无论是买者还是卖者都不会垄断市场。房地产市场与完全自由竞争市场存在着较大的差距，房地产的买者和卖者都不能掌握当前价格的完全信息，也很难准确预测未来房地产的价格。另一方面是由于投资者对房地产交易所涉及的法律条文、城市规划条例及税负规定等不甚了解而造成的投资或交易失败。

2. 财务风险

财务风险是指由于房地产投资主体财务状况恶化而使房地产投资者面临着不能按期或无法收回其投资报酬的可能。产生财务风险的原因主要有：一是购房者因种种原因未能在约定的期限内支付购房款而致使房地产投资者的资金周转发生严重危机，直至无法实现其正常收益；二是投资者运用财务杠杆，即大量地使用贷款，实施负债经营。虽然这种方式拓展了投资的利润空间，但同时也增大了投资的不确定性，加大了收不抵支、收不抵债的可能性。

3. 管理风险

管理风险主要是因企业管理人员管理能力不强、经验不足，合同条款不清楚、不按照合同履约，员工素质差、工作积极性低，管理机构不能充分发挥作用等造成的房地产开发成本上升、房地产销售差、空置率过高、经营费用增加、营业净收入（或利润）低于期望值等给房地产投资者造成的损失。

（三）金融风险

金融风险主要是指国家房地产信贷政策和利率调整等产生的风险。利率调整是国家对经济进行宏观调控的主要手段之一。国家通过调整利率可以引导资金的投向，从而起到宏观调控的作用。利率的升高会对房地产投资产生两个方面的影响：一是对房地产实际价值的折减，利用升高的利率对现金流折现，会使投资项目的财务净现值减小，甚至出现负值；二是利率升高会加大投资者的债务负担，导致还贷困难。利率提高还会抑制市场上的房地产需求数量，从而导致房地产价格下降，房地产投资者资金压力加大。

长期以来，房地产投资者所面临的利率风险并不显著，因为尽管抵押贷款利率在不断上升，但房地产投资者一般比较容易得到固定利率的抵押贷款，这实际上是将利率风险转嫁给了金融机构。但目前房地产投资者越来越难得到固定利率的长期抵押贷款，金融机构越来越强调其资金的流动性、盈利性和安全性，其放贷的策略已转向短期融资或浮动利率贷款，我国各商业银行所提供的住房抵押贷款几乎都采用浮动利率。因此，如果融资成本增加，房地产投资者的收益就会下降，其投资物业的价值也就跟着下降。房地产投资者即便得到的是固定利率贷款，在其转售物业的过程中也会因为利率的上升而受到不利的影响，因为新的投资者必须支付较高的融资成本，从而使其置业投资的净经营收益减少，相应地新投资者所能支付的购买价格也就会大为降低。

（四）经济风险

经济因素包括经济发展状况，储蓄、消费、投资水平，财政收支及金融状况，物价（特别是建筑材料价格），建筑人工费，居民收入等，这些经济因素的变化和房地产业发展的变化会给房地产投资带来风险。

1. 宏观经济风险

宏观经济形势的发展变化，如经济发展下滑，投资过热，出现经济泡沫，金融危机等，会给房地产投资者造成经济损失。

2. 通货膨胀风险

通货膨胀直接降低投资的实际收益率，如房地产投资者将房地产以固定利率的分期付款方式出售或以固定租金方式长期出租房地产，投资者将承担物价上涨所带来的损失。由于房地产投资资金量大、周期长，当物价上涨较快时，投资者面临的通货膨胀风险就更大了。因此，投资者可以通过调整价格和租期即采取浮动租金、浮动利率或缩短租期等方式，在一定程度上减少通货膨胀风险；投资者在进行投资决策时，应充分考虑通货膨胀的影响，适当调整其要求的最低收益率。

3. 房地产周期风险

周期风险是指房地产业的周期波动给投资者带来的风险。正如经济周期的存在一样，房地产业的发展也有周期性的循环。房地产业的周期可分为复苏与发展、繁荣、危机与衰退、萧条四个阶段。当房地产业从繁荣阶段进入危机与衰退阶段，进而进入萧条阶段时，房地产业将出现持续时间较长的房地产价格下降、交易量锐减、新开发建设规模收缩等情况，给房地产投资者造成损失。房地产价格的大幅度下跌和市场成交量的萎缩，使一些实力不强、抗风险能力较弱的投资者因金融债务问题而破产。

(五)政策风险

政策风险是指由于国家或地方政府有关房地产投资的各种政策变化而给投资者带来的损失。房地产投资是一项政策性极强的业务，政府的土地供给政策、地价政策、税费政策、住房政策、价格政策、金融政策、环境保护政策等，均对房地产投资者收益目标的实现产生巨大的影响，从而给投资者带来风险。避免这种风险的最有效方法是选择政府鼓励的、有收益保证的或有税收优惠政策的项目进行投资。

(六)政治风险

政治风险主要由政变、战争、经济制裁、外来侵略、罢工、骚乱等因素造成。房地产的不可移动性，使房地产投资者要承担相当程度的政治风险。政治风险一旦发生，不仅会直接给建筑物造成损害，而且会引起一系列其他风险的发生。因此，政治风险是房地产投资中危害最大的一种风险。

(七)自然风险

自然风险是指由于人们对自然力失去控制或自然本身发生异常变化(如地震、洪涝、火灾、暴风雨、滑坡、崖崩、冰雹等)而给投资者带来损失的可能性。这些灾害因素往往又被称为不可抗拒因素，一旦发生，就必然会形成对房地产业的巨大破坏，从而给投资者带来很大的损失。当然，投资者可通过事先向保险公司投保来降低损失。

房地产投资存在不同种类的风险，但从不同类型的房地产投资来看，其风险大小有所不同。一般来说，土地投资受到的影响因素比较多，包括各种经济的和非经济的因素，不确定性比较强，风险很大。对住宅、工业厂房、写字楼和商业用房而言，它们的风险呈现一种递增趋势，即其风险从高到低的次序为：商业用房、写字楼、工业厂房、住宅。

四、房地产投资风险分析流程

风险分析流程一般可以分为三个阶段：风险识别、风险估计和风险评价。

风险分析是针对风险的识别、估计和评价进行的全面的、综合的分析过程，其主要组成如图2-1所示。

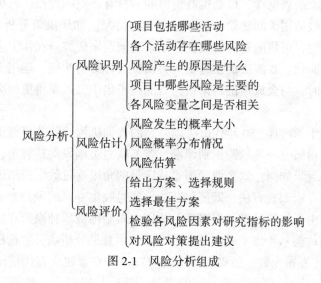

图 2-1　风险分析组成

（一）风险识别

进行房地产投资风险管理，首先必须识别风险，房地产投资风险识别，就是在各种风险发生过程中，对风险的类型及风险生成的原因进行判断分析，以便实现对投资风险的计量和处理。

1. 风险识别的概念

风险识别就是从系统的观点出发，将引起风险的极其复杂的事物分解成比较简单的、容易被识别的基本单元。从错综复杂的关系中找出因素间的本质联系，在众多的影响中抓住主要因素，分析它们引起投入产出变化的严重程度。

在此阶段主要分析：

（1）在投入与产出过程中有哪些风险应当考虑？

（2）引起这些风险的主要因素是什么？

（3）这些风险的后果及其严重程度如何？

风险识别过程通常由风险分析人员与房地产的规划、设计人员及有关专家一同进行。主要方法是通过调查、分解、讨论等提出所有可能存在的风险因素，并且分析和筛除那些影响微弱、作用不大的因素，然后研究主要因素间的关系。

2. 房地产投资风险识别方法

在实际工作中，各种风险往往交织在一起，而且引起风险的原因也错综复杂。为了能及时地发现或预测到这些风险并采取有效的措施，化解、缓和、减轻、控制这些风险，减少它们的危害程度，需要掌握一些专门的识别方法，以对各种可能发生的风险进行分析。具体方法如下：

（1）头脑风暴法

头脑风暴法通过小组会议形式，让每位与会成员畅所欲言，鼓励大家提出新思想、新观点、新方法，并促使大家讨论、争鸣和交流，以便相互启发，在与会成员之间产生更多更好的主意和想法。这种方法的实质是通过相互讨论，产生思维共振，激发与会成员的灵感和思想，激发大家的创见性，以获得有价值的、具有新意的观点、思想和创意。

头脑风暴法一般适用于问题简单、目标明确的情况。如果决策分析的问题较为复杂，是一个综合决策问题，可将问题分解成几个子系统问题来研究。在作了适当的分解后，要分析的问题得到了简化，要解决的任务更为突出、目标更为明确。运用头脑风暴法进行有关风险识别的讨论时，与会成员的讨论指向若能趋于集中，效果将更加突出。

（2）德尔菲法

德尔菲法最早于20世纪50年代由美国著名的咨询机构兰德公司提出并使用。当时美国空军委托兰德公司研究一项风险识别课题，若苏联对美国发动核袭击，哪一个城市被袭击的可能性最大？后果如何？这个课题很难从定量的角度通过数学模型进行分析。因而兰德公司设计出一种专家调查方法，即德尔菲法，通过收集专家的预测意见，综合处理后得到分析结果。当时由于该项目极具保密性，故以古希腊阿波罗神殿所在地德尔菲将这一方法命名为德尔菲法。德尔菲法实质上是一种专家预测意见分析法，它选定与预测分析课题有关的领域和专家(专家人数一般确定20人左右)，与专家建立直接信函联系。通过信函(通常设计成调查表格或问卷)收集专家的意见，然后加以综合、整理，再匿名反馈给各位专家，再次征求意见，这样反复经过4~5轮，逐步使专家的意见趋向一致，最后获得结论性的意见。它具有三个显著的特点：

①匿名性。参加的专家之间互相匿名，没有横向联系。消除了专家的心理压力和受权威影响的可能性；

②统计性。这是指对各种反馈信息进行统计处理。将统计后不同的意见及理由反馈给每位专家，让他们再次提出意见；

③收敛性。多次反复使得意见逐步收敛，可根据需要在某方面停止反复，最后得到趋于一致的结果。

（3）幕景分析法

幕景分析法是一种能在风险分析中帮助分析者辨识引起风险的关键因素及其影响程度的方法。所谓幕景是指对一个决策对象(比如一个房地产投资项目)的未来某种状态的描述，包括用图表、曲线或数据进行的描述。现代的大型风险决策问题，一般都必须依赖计算机完成其复杂的计算和分析任务。应用幕景分析，则是在计算机上实现各种状态变化条件下的模拟分析。当某种因素发生变化时，它对整个决策问题会发生什么影响？影响程度如何？有哪些严重后果？分析结果像电影上的镜头一样可以一幕一幕地展现出来，供分析人员进行比较研究。幕景分析的结果一般可分为两类：

一类是对未来某种状态的描述；另一类是描述一个发展过程，预测未来一段时期内目标问题的变化链和演变轨迹。比如，对一项投资方案进行风险分析，幕景分析可以提供未来三年内该投资方案最好、最可能发生和最坏的前景，并详细给出在这三种不同情况下可能发生的事件和风险，为决策者提供参考依据。

幕景分析法可以被看作是扩展决策者的视野，增强他们对未来分析能力的一种思维程序。因此特别适用于以下几种情况：

(1)提醒房地产投资决策者注意措施或政策可能引起的风险及后果；

(2)建议需要监视的房地产投资风险范围；

(3)研究某些关键性因素对未来房地产投资决策过程的影响；

(4)当存在各种相互矛盾的结果时，应用幕景分析可以在几个幕景中进行选择。

但这种方法也有很大的局限性，即所谓"隧道眼光"现象，也就是好像从隧道中观察外界事物一样，看不到全面情况。因为所有幕景分析都是围绕着分析者目前的考虑、现实的价值观和信息水平进行的，容易产生偏差，这一点需要分析者和决策者有清醒的认识，可考虑与其他方法结合使用。

(二)风险估计

风险估计就是对识别出的风险进行测量，给定某一风险发生的概率。对风险进行概率估计的方法有两种：一种是根据大量试验，用统计的方法进行计算，这种方法所得数值是客观存在的，不以人的意志为转移，称为客观概率。另一种为主观概率，是根据合理的判断和当时能搜集到的有限信息以及过去长期的经验而由有关专家对事件的概率作出的一个合理估计。

由于在实际可行性研究中进行风险分析时，所遇到的事件通常不可能做试验。又因事件是将来发生的，因而不可能作出准确的分析，很难计算出客观概率。但由于决策的需要，必须对事物出现的可能性作出估计。所以，主观概率在风险估计中的应用近年来已日益引起人们的重视。对于大型房地产项目，由于缺乏历史资料的借鉴，风险估计人员经常利用主观概率估计的方法对辨识出的风险进行估计。

另外，对大型房地产项目进行经济风险分析时，由于该项目的特征可以通过它的投入、产出流反映出来，因而各种风险因素的直接作用后果将使得项目在各个时期的投入、产出流发生变化，实际投入、产出流与预测值发生偏差将最终导致投入、产出的偏差。因此，在风险估计阶段的主要任务，就是在综合考虑主要风险影响的基础上，对随机投入、产出流的概率分布进行估计，并对各个流之间的各种关系进行研究。

(三)风险评价

风险评价就是评价风险对预期目标的影响，提出应采取的相应措施，以供决策者参考。风险评价是整个风险分析的核心所在。风险评价的方法很多，大致可分为两类：第一类属于规范的决策方法，它能给出方案选择的规则并选出最佳方案；第二类方法只是用来检验各种风险因素对指标的影响，而不进行方案的选择。现行的各种项目评价规范所采用的方法均属于后一类，而广为应用的是，依据统计量的方法，先计算出目标概率统计量，再根据这些统计量并参考其他管理技术评价的方法得出最后结论。常用的统计量包括均值、方差、变异系数等。

(四)风险分析与风险决策的关系

风险分析的三部分是一个完整的整体，相辅相成，缺少任何一个部分，风险分析都是不完整的。风险分析与决策密切相关，是决策的科学依据。风险分析的目的是提高决策的正确性，因此风险分析是决策过程中必不可少的部分。但风险分析不能取代决策，它是一种分析风险的技术，然而风险分析中的评价和采取相应的措施实质已包括了决策的成分，从这个角度来看，风险分析中的评价又包含有决策的成分。充分而有效的风险分析能大大提高决策的可靠性和正确性，从而将决策失误和损失的可能性降到最低。

五、房地产投资风险评价方法

目前比较常用的房地产投资风险评价方法有调查和专家打分法、盈亏平衡分析、敏感性分析法、蒙特卡罗法这四种方法。

(一)调查和专家打分法

调查和专家打分法是一种最常用的、最简单的、易于应用的分析方法。它的应用由两步组成：

1. 辨识出某一特定房地产项目可能遇到的所有风险，列出风险调查表(见表2-1)；

2. 用专家经验对可能的风险因素的重要性进行评价，综合成整个项目风险。步骤如下：

(1)确定每个风险因素的权重，以表征其对项目风险的影响程度。

(2)确定每个风险因素的等级值，按高风险、较高风险、一般风险、较低风险、低风险五个等级，分别以 1.0、0.8、0.6、0.4 和 0.2 打分。

(3)将每项风险因素的权重与等级值相乘，求出该项风险因素的得分。再求出房地产项目风险因素的总分。显然，总分越高说明风险越大。

表 2-1　　　　　　　　　　　　　　　**风险调查表**

可能发生的风险因素	权重 (W)	风险因素发生的可能性(C)					$W \times C$
		很大 1.0	比较大 0.8	中等 0.6	不大 0.4	较小 0.2	
当地政局不稳	0.05						0.03
物价上涨	0.15						0.12
业主支付能力	0.10						0.06
技术难度	0.20						0.04
工期紧迫	0.15						0.09
材料供应	0.15						0.12
汇率浮动	0.10						0.06
无后续项目	0.10						0.04
						$\sum W \times C$	= 0.56

如表 2-1 中所示，$\sum W \times C$ 叫风险度，表示一个项目的风险程度。$\sum W \times C = 0.56$，

说明该项目的风险属于中等水平，可以投标，报价时风险费用也可取中等水平。

为进一步规范这种方法，可根据以下标准对专家评分的权威性确定一个权重值。

该权威性的取值建议在 0.5~1.0，1.0 代表专家的最高水平，对于其他专家，取值可相应减少。投标项目最后的风险度值为：每位专家评定的风险度乘以各自的权威性的权重值，所得之积合计后再除以全部专家权威性的权重值的和。

该方法适用于决策前期。这个时期往往缺乏项目具体的数据资料，分析主要依据专家经验和决策者的意向，得出的结论也不要求是资金方面的具体值，而是一种大致的程度值。它只能是进一步分析的基础。

（二）盈亏平衡分析

盈亏平衡分析也称为量本利分析、盈亏临界分析和收支平衡分析，它是研究房地产项目在一定时期内的开发数量、成本、税金、利润等因素之间的变化和平衡关系的一种分析方法。各种不确定因素的变化会影响投资方案的经济效果，当这些因素的变化达到某一临界值时，就会影响方案的取舍。盈亏平衡分析的目的就是找出这个临界值，即盈亏平衡点，判断项目对不确定性因素的承受能力并以此为基础进行分析。

盈亏平衡分析可以分为线性盈亏平衡分析和非线性盈亏平衡分析。

1. 线性盈亏平衡分析

线性盈亏平衡分析适用于可以假设房地产产品的总销售收入和生产总成本与产销量呈线性关系的情况。在运用盈亏平衡分析时，首先要划分房地产的固定成本和可变成本，固定成本是指在一定的规模限度内不随开发数量的变动而变动的费用，如土地取得费等；可变成本是指随开发数量的变动而变动的费用，如建安工程费等。

总成本费用是固定成本与可变成本之和，它与产品数量 Q（开发数量）的关系可以被近似认为是线性关系，即：
$$C = C_F + C_V = C_F + VQ$$
式中，C 表示总的成本费用，C_V 为可变成本，C_F 为固定成本，V 为单位可变成本。

设销售收入（扣除销售税金及其附加）为 S，单位产品销售税金及其附加为 t，销售单价（含销售税金及其附加）为 P，则有：$S = PQ - tQ$

设利润为 E，则有：
$$E = S - C = (PQ - tQ) - (C_F + VQ) = (P - V - t)Q - C_F$$

当盈亏平衡时，$E = 0$，则有：$E = (P - V - t)Q - C_F = 0$

设盈亏平衡时的开发数量为 Q^*，则有：$Q^* = C_F \div (P - V - t)$

如果项目的设计或计划开发量为 Q_0，则项目的风险率 r 为：
$$r = (Q^* \div Q_0) \times 100\%$$

风险率 r 反映了项目由于外界条件变化而具有的风险程度。r 值越大，项目的风险程度就越大。

如图 2-2 所示，销售收入线 S 与总成本线 C 的交点称为盈亏平衡点 BEP，也就是房地产项目盈利与亏损的临界点。在 BEP 的左边，$0 \leq Q < Q^*$，总成本大于销售收入，该项目亏损；在 BEP 的右边，$Q > Q^*$，销售收入大于总成本，该项目盈利；在 BEP 点上，即 $Q = Q^*$，该项目既不盈利也不亏损。

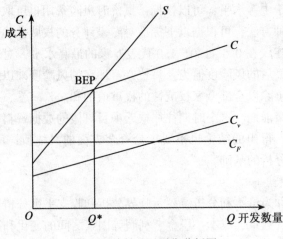

图 2-2 线性盈亏平衡分析图

2. 非线性盈亏平衡分析

在实际情况中，销售收入和生产成本与产销量的关系并不是线性关系。当销售量超过一定范围，市场需求趋于饱和时，销售收入随产量的增加其上升的幅度会越来越小；当产量超过一定范围时，由于生产条件及其他因素的变化，单位可变成本会随产量的增加而变动。这时，产品成本和销售收入就不是产量或销量的线性函数了，就不能用上面所说的线性盈亏平衡分析，这种情况应该采用非线性盈亏平衡分析法进行分析。

（三）敏感性分析法

1. 敏感性分析的基本概念

敏感性分析是研究项目的主要因素发生一定变化时其对经济评价指标的影响。在敏感性分析中，有一些因素稍有改变就可以引起某一经济评价指标的明显变化，这些因素被称为敏感因素；也有一些因素，当其改变时，只能引起某一经济指标的一般性变化，甚至变化不大，这些因素被称为不敏感因素，敏感性分析的主要目的就是通过分析找出敏感因素，并确定其对项目经济评价指标的影响程度，为投资决策提供依据。常规的投资项目的经济评价以其净现值（NPV）和内部收益率（IRR）作为主要指标：

$$NPV = \sum_{t=0}^{n} (CI - CO)_t (1 + i)^{-t}$$

$$\sum_{t=0}^{n} (CI - CO)_t (1 + IRR)^{-t} = 0$$

式中：CI——项目现金流入量；CO——项目现金流出量；$(CI-CO)_t$——第 t 年的净现金流量；i——行业平均收益率；n——分析计算期。

对于房地产项目经济评价的结果，当 NPV≥0 或 IRR≥i 时，认为是可以考虑接受的（不亏本的），从盈利的角度分析我们希望 NPV 尽可能大或 IRR 尽可能高。

在进行敏感性分析时，一般使某些敏感因素按一定比例变化，计算其对应的评价指标 NPV 或 IRR 的结果，观察它们是否依然能够满足 NPV≥0 或 IRR≥i，如果不能满足，说明该敏感因素的变化对拟建的房地产项目构成了威胁，应对该敏感因素进行控制或对项目进行调整。也可以通过分析计算项目经济评价指标达到临界点（NPV＝0或IRR＝i）时允许某个敏感因素变化的幅度来进行敏感性分析，掌握敏感因素允许的变化区间，采取相应的对策。

2. 房地产投资项目敏感性分析的步骤

房地产投资项目敏感性分析及其计算过程比较复杂，可按以下主要步骤进行：

（1）选择经济评价指标

在对项目进行分析、计算过程中，首先要选择最能反映项目经济效益的指标作分析、计算对象。根据房地产投资项目的特点及国家建委的有关规定和要求，通过选择净现值、内部收益率、投资回收期等经济评价指标作为敏感性分析计算的对象。

（2）选择需要分析的不确定性因素

在敏感性分析、计算时，一般选择房地产产品产（销）量、房地产售（租）价格、成本（经营成本、原材料价格成本等）以及固定资产总投资等不确定性因素作为分析和计算的变量。

（3）确定变量的变化范围并计算其变动幅度

确定上述变量在某种情况下的变化范围是一种模糊的，本身误差性比较大的估计。常用的方法是根据企业历年来的统计资料、房地产开发经营特点以及房地产行业的专家经验对市场的调查预测作出综合估计。例如在房地产开发经营过程中，开发成本可能上涨5%或下降5%；销售价格可能下降10%或上升10%等。对这样一些估计值或变量，通过一系列财务基础计算表和计算公式，求出最能反映房地产项目经济效益指标的各相应的变化值和变动幅度。

（4）确定项目对风险因素的敏感程度

由于各变量在其变化范围内的变化引发经济评价指标的变动，给房地产开发项目带来了投资风险，因而找出对投资效益影响明显的风险因素以及确定项目对风险因素的敏感程度，以便在以后的开发经营过程中加以控制，就显得十分重要。具体方法是，将诸多条件变化后的项目盈利能力（即主要经济效益指标）计算结果与原先计算出的结果进行比较，确定项目对各风险因素的敏感程度，从而确定项目所能承受未来风险的能力。

3. 房地产投资项目敏感性分析的局限性

敏感性分析，作为一种有效的"测试工具"，可以帮助我们确定影响项目经济效益的敏感因素，并计算出它对经济指标的影响程度，使投资者在房地产开发经营过程中，有目的地重点控制那些最为敏感的风险因素，以便及早采取对策，增强项目的抗风险能力。但是，敏感性分析也存在一定的局限性，主要有以下三点：

（1）敏感性分析对项目的风险因素只能作程度上的评价，而不能对其作大小测定。

（2）对各种风险因素的变化范围的确定是模糊的、人为的，没有给出这些因素发生变化的概率，主观性强，缺乏科学性。

（3）此方法与盈亏平衡分析方法一样，在多方案比较情况下其结果可作为项目选优的依据。但在单方案评价情况下，其结果的作用仅限于对项目本身在实施过程中的风险进行评价。

由于敏感性分析存在着上述局限性，所以在进行房地产投资项目的风险分析时，需要将其与其他方法结合应用，方能提高分析效果。

（四）蒙特卡罗法

蒙特卡罗法即蒙特卡罗模拟或随机模拟，又称统计试验法。它是一种模拟技术，即通过对每一随机自变量进行抽样，代入数据模型中，确定函数值，这样独立模拟试验许多次，得到函数的一组抽样数据，由此便可以决定函数的概率分布特征，包括函数的分布曲线，以及函数的数学期望、方差、均方差等重要的数学特征。

1. 蒙特卡罗法的优点

在国内应用较为普遍的房地产风险分析方法有敏感性分析法和临界点分析法，其中敏感性分析法测算项目结果对关键变量取值变化的敏感度，临界点分析法测算房地产项目达到允许的最低经济效益的极限值时不确定性因素的临界值，并以不确定性因素的临界值组合显示项目的风险度。但是这两种方法都没有考虑概率或相关性。

蒙特卡罗分析是基于项目评估中的基本报表——财务现金流量表的一种分析方法。这种方法考虑了概率和相关性问题，能够确定每个变量对项目结果可能产生的影响。它也考虑了工期延误和其他事件可能对项目结果造成的损害，有助于评价项目的净期望现值、项目结果概率分布以及项目失败的概率。通过按项目结果的影响和发生概率对变量进行排序，蒙特卡罗法有助于分析人员设计更好的项目，找出应在项目实施过程中监控的变量。

2. 蒙特卡罗法的分析过程，如图 2-3 所示

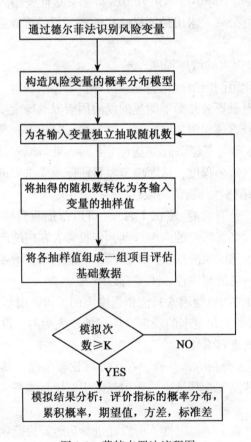

图 2-3　蒙特卡罗法流程图

六、房地产投资风险的规避与控制

房地产投资风险的规避与控制应针对不同类型、不同概率和不同规模的风险，采取相应的措施和方法，避免房地产投资风险或是将房地产投资过程中的风险减小到最低程度。

（一）风险回避

风险回避是指房地产投资者通过对房地产投资风险的识别和分析，发现某项房地产投资活动可能带来风险损失时，事先就避开风险源或改变行为方式，主动放弃或拒绝实施这些可能导致风险损失的投资活动，以消除风险隐患。

风险回避可以在房地产投资风险事件发生之前完全消除其给投资者造成某种损失的可能性，彻底避免风险损失，但其应用却有着很大的局限性。首先，风险回避只有在投资者对风险事件的存在与发生、对损失严重性完全确定时才有意义，然而投资者不可能对房地产投资中所有风险都能进行准确的识别和衡量。其次，采用风险回避能使公司遭受损失的可能性降为零，却同时也使获利的可能性降为零。因此，这是一种消极的方法，一般被保守型投资者采用。再次，并不是所有的风险都能够通过回避来进行处理。例如，房地产开发过程中潜在的各种经济风险、市场风险和自然风险是难以回避的。因此，一般来说，只有在某些迫不得已的情况下，才采用风险回避。

（二）风险预防

风险预防是指投资者在房地产风险发生前采取某些具体措施以消除或减少引致风险损失的各项风险因素，实现降低风险损失发生概率的目的，同时起到减小风险损失程度的作用。风险预防主要是要对风险进行科学、正确的预测，即通过全面的市场调查和充分的市场研究，在获取尽可能详细的、高质量的信息资料的基础上采取有效预防措施。风险预防是房地产投资风险管理中最实用的一种，在整个房地产开发过程的各个阶段都具有广泛的应用价值。

风险预防一般包括的措施有：防止危险因素的产生；减少已经存在的危险因素，并对其进行监控；对风险因素进行时间和空间上的隔离；加强投资方的保护能力；稳定、修复和更新受损对象；风险预防的评价；对下一步的预防目标进行审核与规划。

（三）风险组合

风险组合是指通过多项目或多类型的投资来分散投资风险。"不要把所有的鸡蛋都放在一个篮子里"。对于投资者来说，就是说要懂得分散投资以达到分散风险、降低风险的目的，在风险和收益之间寻求一种最佳的均衡投资组合。这种组合有不同项目类型的组合、不同房地产投资方式的组合、不同地区的项目组合和不同时间的项目组合等。由于不同投资项目的风险及收益能力是不尽相同的，因而实行多项目或多类型投资组合，可以获得比将所有投资资金集中于一个项目或一种方式上更稳定的收益。当然，在进行投资组合时，还应注意各项目及房地产投资类型的相关性不能太强，否则就起不到降低风险的作用。

（四）风险转移

风险转移是指房地产投资者以某种合理、合法的方式将风险损失转给他人承担。房地产风险的转移可以采用很多方法，主要有契约性转移、房地产保险和项目资金证券化等。

1. 契约性转移

在房地产投资中，契约性转移主要包括预售、预租和出售一定年限的物业使用权等。投资者在开发过程中采取预售、预租这两种销售方式，一方面可以把价格下降、租金下降带来的风险转移给客户、承租人；另一方面，可以把物业空置带来的风险转移给客户、承租人。出售一定年限的物业使用权是把物业一定年限的使用权出售出去，到期后投资者收回物业的使用权。这种做法一般多见于商业物业，且出售的年限较长。出售一定年限的物业使用权可以为投资者筹集大量资金，而且也能为投资者转移不少风险。

2. 房地产保险

购买房地产保险也是风险转移的一种方式。房地产保险是指以房屋及有关利益或责任为保险标的物的保险。投资者通过对项目开发经营过程中的风险做出预测，向保险公司投保，以合同的形式将一些自然灾害、意外事故等所引起的风险转移给保险公司。它是一种及时、有效、合理的分摊经济损失和获得经济补偿的方式。

3. 项目资金证券化

项目资金证券化是指将房地产项目的直接投资资金转化为有价证券的形态，使投资者与标的物之间由直接的物权关系转变为以有价证券为承担形式的债权债务关系。房地产项目资金证券化能较好地转移风险，它一般有两种途径：一是发行股票、债券等有价证券筹集项目资金，将投资风险转移给股东或把在持有期内因利率变动所引起的融资成本加大的风险转移给债券持有者；二是投资者将项目资金交给房地产投资信托机构，由投资信托机构去开发经营项目，投资信托机构将项目投资资金证券化，并对相应的有价证券收取相应的利润。这样投资者就把自己开发经营所引起的风险转移给了房地产投资信托机构。

(五) 风险自留

风险自留指房地产投资者以其自身的财力来负担未来可能的风险损失。风险自留包括自我承担风险和自我保险风险。

自我承担风险是指当某些风险不可避免或因冒该风险可能获得较大利润时，企业自身将这种风险保留下来，自己来承担风险所致的损失。在实践中，它有主动自留和被动自留之分。主动自留是指通过风险分析，明确风险的性质及其预期变现损失，对多种预计处置方式的优劣了解之后，投资者主动选择风险自留措施，同时做好财务准备。被动自留是在风险变动带来损失之后，被迫自身承担损失的风险处置方法，这种方法往往带来严重的财务后果。

自我保险风险是企业自身通过预测其拥有的风险损失发生的概率与程度，并根据企业自身的财力，预先提取基金以弥补风险所导致损失的积极性自我承担。自我保险风险是主动自留的一种特例。它一般用来处理那些损失较大的房地产风险，通常是根据对未来风险损失的测算，采取定期摊付和长期累积的方式在企业内部建立起风险损失基金，用以补偿这些风险所带来的损失。

思考题

1. 简述房地产开发的主要工作阶段。

2. 简述房地产投资决策的基本要素。
3. 房地产开发地段的影响因素有哪些？
4. 简述房地产开发项目可行性研究的主要内容。
5. 房地产开发项目成本与费用构成有哪些？
6. 简述开发资金的筹集渠道。
7. 房地产投资有哪些风险？
8. 如何规避与控制房地产投资风险？

第三章 房地产土地开发与建设

第一节 房地产开发用地的获得

一、土地的概念与特点

土地是指地球的陆域表层，包括内陆水域、沿海滩涂及岛屿，它是一个自然、经济的综合体。

国家编制土地利用总体规划，将土地分为农用地、建设用地和未利用地，严格限制农用地转为建设用地，控制建设用地总量，对耕地实行特殊保护。这里所称农用地是指直接用于农业生产的土地，包括耕地、林地、草地、农田水利用地、养殖水面等；建设用地是指建造建筑物、构筑物的土地，包括城乡住宅和公共设施用地、工矿用地、交通水利设施用地、旅游用地、军事设施用地等；未利用地是指农用地和建设用地之外的土地。

建设用地根据其利用性质和功能划分为居住用地、公共设施用地、工业用地、仓储用地、对外交通用地、道路广场用地、市政公用设施用地及绿地。

居住用地是城市居住小区、居住街坊、居住组团和生活单元区等类型的成片的或零星用地，主要用于普通住宅、公寓、别墅以及为居住服务的公共服务设施、道路(含停车场)、绿地建设等，居住用地在城市开发建设用地中占有很大比例。公共设施用地是城市居住区级及以上的行政、经济、文化、教育、卫生、体育以及科研、设计等机构和设施的用地，主要用于商业物业和特殊物业，通常区位条件好，交通便利，地价高。工业用地是城市工矿企业的生产车间、库房及其附属设施的用地，城市开发区会设置不少极具开发潜力和商业价值的工业用地。仓储用地是指用于库房、堆场、包装加工用房及其附属设施的用地，未来在交通枢纽和货物集散地开发仓储物流业前景光明。对外交通用地是指铁路、港口、机场和高速公路等城市对外交通运输及其附属设施的用地。道路广场用地是指用于城市道路、广场、停车场等的建设用地。市政公用设施用地是指城市的市政公用设施，包括其建筑物、构筑物及管理维修设施所占用的城市土地，主要由供应设施(供水、供电、供气、供热)、交通设施、邮电设施、环境卫生设施等构成。绿地主要指城市的公共绿地，包括各种公园(含水域)及街头绿地，绿地具有强烈的公益属性，表现出巨大的环境效益和社会效益。

建设用地按照对土地进行人为投入的形式及程度的不同可分为生地、毛地和熟地。

生地是指已完成土地使用批准手续(包括土地使用权出让手续)可用于建设的土地，该建设用地无基础设施；或者有部分基础设施，但尚不具备完全的三通(通路、通水、通电)条件，同时地上地下待拆除的房屋、构筑物尚未搬迁拆除。

毛地是指已完成土地使用批准手续(包括土地使用权出让手续)，具有三通(通路、通水、通电)或者条件更完备的基础设施，但未进行动拆迁的可用于建设的土地。毛地一般位于城市内部，特别是一些旧城区。

熟地是指经过开发方案的选择、规划与设计，场地平整，已具备一定的供水、排水、供电、通讯、通气、道路等基础设施条件和完成地上建筑物、构筑物动拆迁的形成建设用地条件的土地，能满足开发前所确定的建设要求。

土地的特性包括自然特性和经济特性两方面。土地的自然特性是指土地面积的有限性、土地位置的固定性、土地质量的差异性(多样性)、土地永续利用的相对性(土地功能的永久性)等。土地的经济特性是指土地供给的稀缺性、土地用途的多样性、土地用途变更的困难性、土地增值性、土地报酬递减的可能性、土地利用方式的相对分散性、土地利用后果的社会性等。总体而言，土地数量有限，土地资源稀缺，除特殊情况(如填海造地)外，土地是不可再生的，有限性和不可再生性是土地最显著的特点。土地集聚资本的特性是土地的又一重要特点，对土地的各个连续的投资能带来收益，这种连续投资和它带来的辐射作用为产生土地级差收益带来了可能性。增加对土地的投入，不仅能提高该地段的经济价值，而且能给相邻领域带来好处，对城市土地投入所带来的辐射作用十分突出。

二、我国土地制度

1979 年经济体制改革以来，我国土地制度的重要变化之一，就是城市土地的国有制在法律上得到确认。1982 年 12 月，第五届全国人民代表大会第五次会议通过的《中华人民共和国宪法》规定："城市的土地属于国家所有。农村和城市郊区的土地，除由法律规定属于国家所有的以外，属于集体所有；宅基地和自留地、自留山，也属于集体所有。任何组织或者个人不得侵占、买卖、出租或者以其他形式非法转让土地"。1988 年，《中华人民共和国宪法》又一次进行修正，在有关土地的条文中，添加了"土地的使用权可以依照法律的规定转让"的内容。这样土地所有权与土地使用权两权分离的格局便被确定下来。1988 年 12 月 29 日实施的《中华人民共和国土地管理法》(以下简称《土地管理法》)和 1998 年 12 月 27 日国务院发布的《中华人民共和国土地管理法实施条例》进一步细化了《中华人民共和国宪法》等对土地所有权的规定，并对国家建设征用集体土地的条件、审批权限、程序、补偿办法等作出了明确具体的规定。1990 年 5 月 19 日颁布的《中华人民共和国城镇国有土地使用权出让和转让暂行条例》(以下简称《城镇国有土地使用权出让和转让暂行条例》)进一步明确了城镇国有土地使用权是一项独立的经济权利，在有效期内，该权利可以出售、交换、赠与、出租和用于抵押。至此，中国城市土地的产权制度大局初定。

随着土地制度的不断制定，我国关于农村土地适度规模经营的政策法规也在进一步完善。1982 年《中华人民共和国宪法》明确规定农村土地归农村集体所有。1988 年《土地管理法》规定："农民集体所有的土地的使用权不得出让、转让或者出租用于非农业建设；但是，符合土地利用总体规划并依法取得建设用地的企业，因破产、兼并等情形致使土地使用权依法发生转移的除外"；而且指出"国家为了公共利益的需要，可以依法对土地实行征收或者征用并给予补偿"。2003 年 3 月 1 日实施的《中华人民共和国农村土地承包法》规定："农村土地承包采取农村集体经济组织内部的家庭承包方式，不宜采取家庭承包方式的荒山、荒沟、荒丘、荒滩等农村土地，可以采取招标、拍卖、公开协商等方式承包"。中国农村土地制度已初步成形，但为了适应快速发展的城镇化建设的需要，中央政府仍在积极探索和制定农村土地利用相关法律条例。

我国土地的公有制，即城市土地国家所有、农村土地集体所有，从根本上消灭了凭借土地所有权进行的剥削，为合理配置土地资源、提高土地利用效率提供了最大可能和切实保证，亦为国家拥有土地收益、实现社会财富的公平分配创造了条件。但是，由于土地使用与管理制度未得到相应的加强，加之在计划经济体制下形成的国家指令性行政划拨，土地使用者无偿无限期使用，禁止土地使用权在使用者之间转移的土地使用制度，使土地公有制的优越性在相当长的时期内没有得到很好的发挥。

土地使用权的获得是进行房地产开发经营的基础，一个项目进行选址、可行性研究、立项后，就应按规定取得土地使用权。目前，房地产开发企业主要通过划拨、出让和转让三种形式取得土地使用权。

三、土地使用权划拨

土地使用权划拨也称行政划拨，是指县级以上人民政府在土地使用者缴纳补偿、安置等费用后将该幅土地交付其使用，或者将土地使用权无偿交付给土地使用者使用的行为。

土地使用权划拨，是指通过行政划拨方式取得土地使用权。土地使用权划拨具有以下几个基本特征：

第一，土地使用权划拨具有行政性。土地使用权划拨实质是行政划拨，国家在对土地使用权进行划拨时，行使的是行政权力。国家行政机关与地方申请人在法律地位和权利义务上是不对等的。

第二，土地使用权划拨具有无偿性。通过划拨方式取得的土地使用权，虽然土地使用者要缴纳补偿、安置等费用，但不必向国家支付地租性质的费用，也无须支付土地使用权出让金。补偿、安置等费用不是土地使用权的代价，而只是补偿土地使用者的损失和重新安置等费用。

第三，土地使用权划拨具有无限期性。《城市房地产管理法》第 23 条第 2 款规定："依照本法规定以划拨方式取得土地使用权的，除法律规定外，没有使用期限的限制"。但是，土地所有权人可以根据需要收回土地使用权。

第四，土地使用权划拨的流转具有限制性。通过划拨方式取得的土地使用权，除符合法律规定条件外，不得转让、出租和抵押。《城市房地产管理法》规定，通过划拨方式取得的土地使用权在流转时，首先要经过市、县人民政府土地管理部门和房产管理部门的批

第三章　房地产土地开发与建设

准，然后要与土地管理部门签订土地使用权出让合同，并补交土地使用权出让金。

（一）国有土地使用权划拨的适用范围

国土资源部根据《中华人民共和国土地管理法》和《中华人民共和国城市房地产管理法》的规定，制定了《划拨用地目录》。

该目录规定的划拨用地范围如下：

1. 国家机关用地和军事用地，包括党政机关和人民团体用地和军事用地。

2. 城市基础设施用地和公益事业用地，包括城市基础设施用地、非营利性邮政设施用地、非营利性教育设施用地、公益性科研机构用地、非营利性体育设施用地、非营利性公共文化设施用地、非营利性医疗卫生设施用地、非营利性社会福利设施用地。

3. 国家重点扶持的能源、交通、水利等基础设施用地，包括石油天然气设施用地、煤炭设施用地、电力设施用地、水利设施用地、铁路交通设施用地、公路交通设施用地、水路交通设施用地、民用机场设施用地。

4. 法律、行政法规规定的其他用地，如特殊用地。《划拨用地目录》对上述各类用地还有更详细的划分。同时规定，对符合本目录的建设用地项目，由建设单位提出申请，经有批准权的人民政府批准，方可以划拨方式提供土地使用权，对国家重点扶持的能源、交通、水利等基础设施用地项目，可以以划拨方式提供土地使用权；对以营利为目的，非国家重点扶持的能源、交通、水利等基础设施用地项目，应当以有偿方式提供土地使用权；以划拨方式取得的土地使用权，因企业改制、土地使用权转让或者改变土地用途等不再符合本目录的，应当实行有偿使用。

（二）土地使用权划拨的方式

土地使用权的划拨一般有两种方式：一种是土地使用者不缴纳任何费用，土地使用者无偿取得土地使用权；另一种是土地使用者缴纳征地拆迁中所需的有关补偿和安置费用后，由政府将土地使用权交给土地使用者。具体的土地征用补偿费包括以下几种：

1. 土地补偿费

土地补偿费是指国家征用集体所有的土地时直接对土地支付的补偿费用，其实质是对土地收益的补偿。土地收益是集体经济组织通过占用、经营土地而获得的经济利益。国家征用集体所有的土地首先必须对集体经济组织失去土地后所损失的土地收益给予补偿。其标准为：耕地补偿为该耕地被征用前 3 年平均年产值的 6~10 倍，非耕地的补偿由各省、自治区、直辖市参照征用耕地的补偿费标准规定。

2. 地上附着物补偿费

地上附着物补偿费是包括地上的各种建筑物、构筑物，如房屋、水井、道路、管线、水渠等的拆迁和恢复费用及被征用土地上林木的补偿或砍伐费等。《土地管理法》规定，被征用土地，在拟定征地协议以前已种植的青苗和已有的地上附着物，也应当酌情给予补偿。但是，在征地方案协商签订以后抢种的青苗、抢建的地上附着物，一律不予补偿。被征用土地上的附着物和青苗补偿标准，由省、自治区、直辖市规定。实践中，可按下列办法执行：地上附着物补偿费标准：根据"拆什么，补什么；拆多少，不低于原来水平"的原则补偿。对所拆迁的房屋，按房屋原有建筑物的结构类型和建筑面积的大小给予合理的补偿。补偿标准按当地现行价格分别规定。农村集体经济组织财产被拆迁的，由用地单位按原标准支付适当的拆迁补偿费；需要拆除的，按其使用年限折旧后的余值，由用地单位支付补偿费。但是，拆除违法占地建筑和超出批准使用期限的临时建筑，不予补偿。其具体标准由各省、自治区、直辖市规定。

3. 青苗补偿费

青苗补偿费是指国家征用土地时，农作物正处在生长阶段而未能收获，国家应给予土地承包者或土地使用者的经济补偿或其他方式的补偿。《土地管理法》规定，被征用土地，在拟定征地协议以前已种植的青苗和已有的地上附着物，也应当酌情给予补偿。但是，在征地方案协商签订以后抢种的青苗、抢建的地上附着物，一律不予补偿。被征用土地上的附着物和青苗补偿标准，由省、自治区、直辖市规定。农作物最高按一季产值计算，如果是播种不就或投入较少，也可按一季产值的一定比例计算。

4. 安置补助费

安置补助费是指国家征用农地时，为了妥善安排被征地单位的生产和群众生活所支付的费用，包括劳动力安置费和生活补偿费。征用耕地的安置补助费，按照需要安置的农业人口数计算。需要安置的农业人口数，按照被征用的耕地数量除以征地前被征地单位平均每人占有耕地的数量计算。每一个需要安置的农业人口的安置补助费标准，为该耕地被征用前3年平均年产值的4~6倍。但是每公顷被征用耕地的安置补助费，最高不得超过被征用前3年平均年产值的15倍。征用其他土地的安置补助费标准，由省、自治区、直辖市参照征用耕地的安置补助费标准具体制定。

5. 临时建设用地补偿费

如开发项目因施工需要临时使用被征用土地范围外的集体所有的土地，开发企业也应向集体经济组织支付补偿费，即支付临时建设用地补偿费。在临时使用的土地上，开发企业不得修建永久性建筑物。使用期满，开发企业应当恢复土地的原状，及时归还。

6. 征地中的有关税费

征地中的税费主要包括耕地占用税、新菜地开发基金、耕地开垦费、征地管理费、土地登记费、不可预见费、土地测量费等行政事业收费与经营性收费。

（三）土地使用权划拨的程序

一般来说，土地使用权划拨的程序如下：

1. 由土地行政主管部门对建设项目用地有关事项进行审查，提出建设用地预审报告；

2. 按照《中华人民共和国城市规划法》（以下简称《城市规划法》）和《中华人民共和国土地管理法实施条例》的规定，建设单位申请建设用地，应持建设项目建议书等有关批准文件，向城市规划管理部门提出办理建设用地规划许可证的申请，在取得建设用地规划许可证后方可向县级以上人民政府土地管理部门申请用地；

3. 由土地行政主管部门审查，拟定供地方案，报县级以上人民政府批准；

4. 供地方案经批准后，由县级以上人民政府向建设单位颁发建设用地批准书，并由土地行政主管部门核发国有土地划拨决定书；

5. 土地使用者依法申请土地登记，并由市、县人民政府颁发《国有土地使用证》。

四、土地使用权出让

土地使用权出让是指国家以土地所有者的身份将一定年限的土地使用权出让给土地使用者，并由土地使用者向国家支付土地使用权出让金的行为，它反映了国家所有者与土地使用者之间的经济关系和法律关系。土地使用权出让是在国有土地范围内进行的，集体所有的土地必须办理征用手续转化为国有土地后才能出让。

（一）土地使用权出让的方式

土地使用权出让有协议出让、招标出让、拍卖出让、挂牌出让四种方式。

1. 协议出让

协议出让是指国家以协议方式将国有土地使用权在一定年限内出让给土地使用者，由土地使用者向国家支付土地使用权出让金的行为。简而言之，协议出让是指出让方和受让方通过协商的方式有偿出让土地使用权，它主要适用于非营利项目和政府为调整经济结构而实施产业政策需要给予扶持、优惠的项目。其程序为：

（1）受让方申请并提交有关证明文件；

（2）双方就出让地块的有关情况进行协商；

（3）签订合同，支付出让金；

（4）办理权属登记，领取土地使用证。

受让方在办理出让手续时需提供的资料有：出让土地使用权呈报表、人民政府或有关部门的证明文件、出让地块的地理位置和规划设计、征地及拆迁补偿方案、土地开发建设方案、土地使用条件、出让合同草案、土地管理部门的审查意见。

2. 招标出让

招标出让是指在规定的期限内，由符合规定条件的单位或者个人以书面形式，投标竞争某块土地的使用权，由招标小组按要求择优确定土地使用者的一种方式。它主要适用于一些大型区域发展用地、小区成片开发用地等。其程序为：

（1）公布招标文件及有关资料。

（2）投资者进行投标。即投标者在规定的时间、地点将密封标书投入指定的标箱。标书内容应当包括土地开发利用方案，出让金数额、付款方式等。

（3）支付保证金。即投标者按照规定的日期、地点、金额正式交付保证金，未中标者保证金如数退还。

（4）开标、评标、决标。由出让方同有关部门聘请专家组成评标委员会，评标委员会主持开标、评标和决标，确认无效标书，对有效标书进行评审。

（5）签约。即中标者在规定日期内持中标证明书与出让方签订出让合同，并支付定金。中标者原交付的保证金可抵充出让金。

（6）领证。即中标者支付合同规定的全部出让金后，向土地管理部门申请办理使用权登记手续，并领取土地使用证。

3. 拍卖出让

拍卖出让是指在指定的时间、公开场所由土地管理部门代表政府就某块土地的使用权公开叫价竞争，按"价高者得"的原则，确定土地使用权受让人的一种方式。它主要适用于竞争性强的房地产业、金融业、商业、旅游业等用地。其程序为：

（1）发布拍卖公告。公告内容包括拍卖地块的位置、面积、规划用途、容积率、使用年限，发放有关资料的日期和进行拍卖的地点、日期。

（2）领取入场证。参加竞投者应当在拍卖日期前规定的时间内到土地管理部门交验有关证件，交纳保证金，领取有统一编号的入场证。

（3）拍卖。由拍卖人在规定的时间、地点主持拍卖，竞投者以举牌方式应价，应价最高者为土地受让人。

（4）签约登记。由最高应价者与出让方签订出让合同，按规定交付出让金，并办理土地登记手续。

4. 挂牌出让

挂牌出让是土地使用权出让的一种新方式，根据我国国土资源部 2002 年发布的十一号令《招标拍卖挂牌出让国有土地使用权的规定》，挂牌出让国有土地使用权是指出让人发布挂牌公告，按公告规定的期限将拟出让宗地的交易条件在指定的土地交易场所挂牌公布，接受竞买人的报价申请并更新挂牌价格，根据挂牌期限截止时的出价结果确定土地使用者的行为。

（1）挂牌出让的特点

与招标、拍卖方式相比，挂牌出让方式既有相同之处，也有自己的特点：

1）公开竞争。挂牌出让也是一种公开的形式，要在有关媒体上事先发布挂牌公告，并在指定的地点通过"挂牌显示"，公布交易条件。同时，公开出价，即出让人在规定的期限内接受竞买人的报价申请，并在报价栏内更新挂牌价格，同一竞买人也可多次报价，这一特点与拍卖方式基本相同。

2）有一定的挂牌期限。与拍卖不同的是，挂牌接受报价要有一定的期限。按照《招标拍卖挂牌出让国有土地使用权的规定》，挂牌时间不得少于 10 个工作日，挂牌期间可根据竞买人竞价情况调整增价幅度。这就不像拍卖那样，起拍后在短时间内通过激烈的竞争便可落槌成交。因此，挂牌出让有较长的期限，使竞买人有充分的时间分析市场情况，决定加价策略，从而使每一次加价更有理性。

3）价高得胜。与拍卖相同，挂牌出让成交的确认依据，除主体资格等方面的要求外，价格是唯一的确认依据。即根据挂牌期限截止时的出价高低确定竞得人（如挂牌期限截止时仍有两个或两个以上的竞买人要求报价的，则进行现场竞价）。

4）简便、节省。招标方式一般周期较长，而且要组织复杂的招标班子以及评标委员会，而拍卖则必须委托专门的拍卖机构进行。因此招标、拍卖不仅组织工作复杂，而且费用高，而挂牌方式则简便易行，成本较低。

（2）挂牌出让的程序

1）发布挂牌公告。与招标、拍卖出让相同，出让人应当在挂牌起始日至少前 20 日发布挂牌公告，公布挂牌出让宗地的基本情况和挂牌的时间、地点等。挂牌公告的内容与招标和拍卖公告的内容基本相同。

2）挂牌公布出让宗地基本情况和挂牌出让基本要求。在挂牌公告规定的挂牌起始日，出让人将挂牌宗地的位置、面积、用途、使用年期、规划要求、起始价、增价规则及增价幅度等，在挂牌公告规定的土地交易场所挂牌公布。

3）符合条件的竞买人填写报价单报价。

4）出让人确认该报价后，更新显示挂牌价格。

5）出让人继续接受新的报价。

6）出让人在挂牌公告规定的挂牌截止时间确定竞得人。挂牌期限届满，按照下列规定确定是否成交：①在挂牌期限内只有一个竞买人报价，且报价高于底价，并符合其他条件的，挂牌成交；②在挂牌期限内有两个或者两个以上的竞买人报价的，出价最高者为竞得人；报价相同的，先提交报价单者为竞得人，但报价低于底价者除外；③在挂牌期限内无应价者或者竞买人的报价均低于底价或均不符合其他条件的，挂牌不成交。在挂牌期限截止时仍有两个或者两个以上的竞买人要求报价的，出让人应当对挂牌宗地进行现场竞价，出价最高者为竞得人。

7）签约。以挂牌方式确定竞得人后，与招标拍卖方式相同，出让人应当与竞得人签订成交确认书。竞得人按照成交确认书约定的时间，与出让人签订《国有土地使用权出让合同》。

8）登记、领证。与招标拍卖方式要求一样，受让人依照《国有土地使用权出让合同》的约定付清全部国有土地使用权出让金后，应当依法申请办理土地登记，领取国有土地使用权证书。

根据《招标拍卖挂牌出让国有土地使用权规定》，商业、旅游、娱乐和商品住宅等各类经营性用地，必须以招标、拍卖或者挂牌方式出让。除此以外用途的土地的供地计划公布后，同一宗地有两个以上意向用地者的，也应当采用招标、拍卖或者挂牌方式出让。

（二）土地使用权出让的年限

按照《中华人民共和国城镇国有土地使用权出让和转让暂行条例》的规定，我国土地使用权出让的最高年限为40~70年，其中居住用地最高年限为70年；工业用地最高年限为50年；教育、科技、文化、卫生、体育用地最高年限为50年；商业、旅游、娱乐用地最高年限为40年；综合或者其他用地最高年限为50年。每一幅土地的实际使用年限，在最高年限内，由出让方确定或由出让方、受让方双方商定。

出让合同规定的土地使用权期满时，土地使用者可以申请续期使用，但必须重新支付土地出让金，并重新签订土地使用权出让合同。

（三）出让方和受让方的权利与义务

根据国家法律法规，土地使用权出让方为国家，具体为国家授权的县级以上人民政府；受让方为土地使用权申请者。各自的权利和义务如下：

1. 出让方的权利和义务

（1）出让方的主要权利：出让方对受让方在签订国有土地使用权出让合同后，未按约定支付出让价款的，有权解除合同，并可请求违约赔偿；在合同履行过程中，出让方负责对受让方利用土地情况进行监督检查，对不按合同规定期限和条件开发、利用土地的受让方，有权根据情节给予警告、征收土地闲置费、罚款直至无偿收回土地使用权；合同规定的出让年限届满，土地使用者未申请续期或申请续期未批准的，出让方无偿收回土地使用权。在特殊情况下，也可以根据社会公共利益的需要，依照法定程序和补偿办法提前收回土地使用权。

(2)出让方应履行的义务：受让方缴纳土地出让金后，出让方必须按照合同规定的面积和标准交付土地使用权，并协助受让人依法登记土地使用权；向受让方提供土地概况、建筑密度、容积率、环境保护、园林绿化、交通条件、消防设施、供电、供水等资料和文件；出让方应保证受让方依照合同所取得的权利不受他人干涉。

2. 受让方的权利和义务

(1)受让方的主要权利：有按出让合同规定开发、利用土地的权利；出让方未按规定提供土地使用权，受让方有权解除合同并要求出让方支付违约赔偿金；取得土地使用权后，经投资和综合开发，达到法律规定最低要求，即有权依法转让和出租。

(2)受让方应履行的义务：受让方应在签订土地使用权出让合同后规定的期限内，支付全部土地使用权出让金；应及时向土地管理部门办理登记，领取土地使用证；受让方应当依照土地使用权出让合同的规定和城市规划的要求，开发、利用、经营土地；受让方需要改变出让合同规定的土地用途的，应征得出让方同意并经政府有关部门批准，按照有关规定重新签订土地使用权出让合同，调整土地使用权出让金，并办理登记；土地使用期满，依法返还土地；接受出让方对合同履行情况的监督、检查。

(四)出让土地使用权终止

出让土地使用权因土地使用权出让合同规定的使用年限届满、提前收回、违反合同及土地灭失等原因而终止。

1. 因土地使用权期满终止

土地使用权期满，土地使用权及其地上建筑物、其他附着物所有权由国家无偿取得。土地使用者应当交还土地使用证，并依照规定办理注销登记。当然，土地使用权期满，土地使用者可以申请续期。需要续期的，应当按照规定重新签订合同，支付土地使用权出让金，并办理登记。

2. 因土地使用权提前收回终止

国家对土地使用者依法取得的土地使用权不提前收回。在特殊情况下，根据社会公共利益的需要，国家可以依照法律程序提前收回，并根据土地使用者已使用的年限和开发、利用土地的实际情况给予相应的补偿。

3. 因违反出让合同有关规定终止

土地使用者违反出让合同有关规定，国家可无偿收回土地使用权。例如，《中华人民共和国城镇国有土地使用权出让和转让暂行条例》第十四条规定："土地使用者应当在签订土地使用权出让合同后六十日内，支付全部土地使用权出让金。逾期未全部支付的，出让方有权解除合同，并可请求违约赔偿。"第十七条规定："土地使用者应当按照土地使用权出让合同的规定和城市规划的要求，开发、利用、经营土地。未按合同规定的期限和条件开发、利用土地的，市、县人民政府土地管理部门应当予以纠正，并根据情节可以给予警告、罚款直至无偿收回土地使用权的处罚。"

4. 因土地灭失终止

土地灭失是指由于非人力和自然力的原因，使土地性质彻底改变或地貌彻底改变。土地灭失将导致土地使用权人实际不再享有土地使用权。

第二节　土地使用权转让、出租与抵押

一、土地使用权转让

（一）土地使用权转让概念

土地使用权转让是指土地使用者将土地使用权再转移的行为，包括出售、交换和赠与。换言之，土地使用权转让就是原受让方对已经获得土地使用权的土地按规定投入一定资金进行开发，通过有偿的出售、交换和无偿的赠与等方式，把土地使用权连同地上附着物转让给新的受让者。新的受让者则承袭原受让者与当地政府建立的土地使用权让受双方的经济关系及相应的权利义务。

（二）土地使用权转让形式

土地使用权转让形式有出售、交换和赠与三种。

1. 出售。土地使用权出售，即土地使用权买卖，指土地使用者将土地使用权转移给他方，他方为此支付土地使用权转让金的行为。它的主要特征是，土地使用权出售方必须把土地使用权转移给购买方，而购买方则按照等价交换原则向出售方支付相应的土地使用权转让金。买受人负有支付土地使用权转让金的义务，出卖人负有转移土地使用权的义务。买卖双方均享有一定的权利，又都承担相应的义务。

2. 交换。土地使用权交换，也叫土地使用权互易，指当事人双方约定互相转移土地使用权或一方转移土地使用权，另一方转移货币以外的物的行为。土地使用权交换中，不仅双方互相转移款项以外的财产权，而且必须至少有一方给付土地使用权，他方给付土地使用权或其他款项以外的物或权利。因此，土地使用权交换有两种情形，一种是双方互相给付土地使用权；另一种是一方给付土地使用权，他方给付其他款项以外的物或权利。如果一方支付款项，其性质则成买卖，不属交换。所以从法律性质看，土地使用权交换与买卖相同，均为双务有偿合同。

3. 赠与。土地使用权赠与指赠与人自愿把自己的土地使用权无偿转移给受赠人的行为。与土地使用权出售、交换不同，土地使用权赠与为无偿单务合同。赠与人对受赠人负有无偿给予土地使用权的义务，受赠人无偿接受土地使用权而不提供任何代价，其基本特征是无偿。它与遗赠的区别是：赠与是赠与人生前将土地使用权转移给受赠人；遗赠则是被继承人以遗嘱的方式，把自己拥有的土地使用权在其死后转移给他人。

以上三种形式的土地使用权转让行为的主要法律后果是转移土地使用权。由于我国实行土地登记制度，所有土地权属变更必须办理土地权属变更登记手续，更换证书。因此，土地登记是土地使用权转移发生法律效力的要件，土地使用权转移的时间为办理土地变更登记完毕时。进行了土地变更登记，土地使用权发生转移，其享有的权利和义务亦随之转移。

（三）土地使用权转让原则

1. 随之转移原则

当土地使用权发生转移时，出让合同规定的全部权利和义务同时也随之转移。《中华人民共和国城镇国有土地使用权出让和转让暂行条例》第二十一条规定："土地使用权转让时，土地使用权合同和登记文件中所载明的权利、义务随之转移。"根据这一规定，土地使用权在合同期限内可以多次转让，但无论转移到谁手里，政府和土地使用者仍是出让关系，新的土地使用者仍要履行出让合同登记文件中所载明的权利和义务。这就是所谓的"认地不认人"的原则。

2. 房产与地产相一致原则

该原则明确了土地使用权和地上建筑物产权，只要一个转移，另一个也随之转移。《中华人民共和国城镇国有土地使用权出让和转让暂行条例》第二十三条规定："土地使用权转让时，其地上建筑物、其他附着物所有权随之转让。"第二十四条规定："地上建筑物、其他附着物的所有人或者共有人，享有该建筑物、附着物使用范围内的土地使用权。土地使用者转让地上建筑物、其他附着物所有权时，其使用范围内的土地使用权随之转让，但地上建筑物、其他附着物作为动产转让的除外。"这是由土地和房屋的相互依存关系决定的。土地是房屋的载体，房屋是土地的附着物，只有取得土地的使用权，才能拥有房屋所有权，而房屋所有权的转移，必然伴随着土地使用权的让渡。

3. 效益不可损原则

土地使用权和房屋所有权的转让，都不得损害土地及地上建筑物的经济效益。确立这一原则的目的是为了制止损害土地整体效益、违反城市规划要求的行为发生。这一原则主要体现在：一是分割转让，即作为同一权利客体的土地的一部分及该部分土地的地上建筑物、其他附着物的单独转让，应当经市、县人民政府土地管理部门和房产管理部门批准，并依照规定办理过户登记。二是对转让价格的控制。土地使用权转让价格明显低于市场价格的，市、县人民政府有优先购买权；土地使用权转让的市场价格不合理上涨时，市、县人民政府可以采取必要的措施。这是为防止在土地使用权转让中发生损害他人和国家利益的行为，如故意在书面合同中压低价格或逃避应向国家履行的义务。政府保留了优先购买权就会促使当事人正当交易，防止哄抬地价，扰乱土地市场。三是对改变转让土地用途的管理。土地使用权转让后，需要改变土地使用权出让合同规定的土地用途的，要经土地管理部门和城市规划部门批准，重新签订土地使用权出让合同，调整土地使用权出让金，并办理登记，以避免损害土地整体利益和违反城市规划要求。

（四）土地使用权转让条件

国家允许土地使用权转让，但是作为土地的所有者或土地资源的管理者，国家要求土地使用权有条件地转让。土地使用权转让的条件，概括起来主要有以下几点：

1. 出让的土地使用权

即必须是出让的土地使用权才能进行转让。通过出让方式取得的土地使用权是一种具有独立意义的"物权性使用权"，它包括了所有权中一定程度的占有、使用、收益和处分权能。这些权能又表现为在出让期限届满之前，对土地拥有使用、转让、出租、抵押的权利。相反，划拨土地使用权是无偿无限期取得的，是一种"债权性使用权"，原则上不允许转让、出租、抵押，但通过划拨取得土地使用权的公司、企业、其他经济组织和个人，在与土地管理部门签订出让合同并补交出让金后，可以进行转让、出租、抵押。具备这样的条件后，实际上原来划拨的土地使用权已经变为出让的土地使用权，具有了物权性质。

2. 根据合同规定进行投资开发与利用

即必须依照土地使用权出让合同规定的期限和条件对土地进行投资开发、利用。期限不是指土地使用权出让年限，而是指使土地达到出让合同规定的开发、利用状态所需的时间。这里的条件是多种要求的总和，如地块的用途、建筑面积、建筑物的高度和层数，以及转让土地使用权所需达到的投资额度等。

3. 应签订合同

即土地使用权转让应当签订合同。土地使用权转让合同是指土地使用权转让方与受让方确立土地使用权转让中权利与义务关系的协议。依法订立的土地使用权转让合同，对当事人具有法律效力，双方必须全面履行合同条款中规定的各自应承担的义务，任何一方不得擅自变更和解除。

4. 办理过户登记

即土地使用权转让必须办理过户登记。过户登记是指依法取得土地使用权或地上建筑物、附着物所有权的受让人，凭有效的土地使用权转让合同及其他合法文件到法定机关办理土地使用权或地上建筑物、其他附着物所有权变更登记手续，以依法确定土地使用权或地上建筑物和其他附着物所有权的行为。过户登记分为两类：一类是土地使用权过户登记，另一类是房产过户登记。一般地讲，前一类过户登记应由市、县土地管理部门负责办理，后一类过户登记应由市、县房产管理部门负责办理。目前，我国许多城市已将土地和房产管理部门合并，这为过户登记工作带来较大的便利。

(五)土地使用权转让程序

1. 提交转让申请。在符合法定的转让条件后，现土地使用者方可向当地的土地主管部门提出土地使用权转让的申请。提交申请时应提交已经符合转让条件的相关证明，以及与受让方签订的转让合同等文件。

2. 审查批准。审查批准是土地使用权转让最重要的程序之一。这一程序性规定是一种强制性规范，即任何土地使用权的转让如果未经主管部门批准同意，都将是无效的。在这一程序中，土地主管部门除了要审查土地使用权转让是否已经符合法定转让条件外，还应当审查转让方和受让方所签订的转让合同是否与此前土地部门与转让方签订的《国有土地使用权出让合同》有实质性的冲突；是否改变了土地使用用途；审查双方的成交价格，必要时委托评估机构对转让价格进行评估。

3. 交纳有关税费。以出让方式获得土地使用权时，应按有关规定缴纳土地增值税、契税等各项税费。以划拨方式取得的土地使用权的转让，还应向当地市、县人民政府补交土地使用权出让金或者以转让、出租、抵押所获收益抵交土地使用权出让金。

4. 登记、发证。上述程序完成后，市、县人民政府土地管理部门应当为转让双方办理过户登记手续，并为新的受让人颁发土地使用证。

二、土地使用权出租

（一）土地使用权出租的概念

关于国有土地使用权出租的概念，我国现行的法规文件有不同的规定。

一是国务院 1990 年发布的《中华人民共和国城镇国有土地使用权出让和转让暂行条例》第二十八条为土地使用权出租所下的定义："土地使用权出租是指土地使用者作为出租人将土地使用权随同地上建筑物、其他附着物租赁给承租人使用，由承租人向出租人支付租金的行为。"根据这一定义，土地使用权出租实际上是指土地使用者以出让方式取得土地使用权后，将土地使用权再出租给他人，即出租主体是通过出让方式取得土地使用权的使用者。这种土地租赁行为与土地使用权转让一样，都是土地二级市场的交易行为。它与土地使用权转让的区别是：出租是权利的行使，是把属于自己的土地使用权租赁给他人使用，并收取租金，出租者仍需继续履行出让合同规定的权利和义务；转让是权利的让与，意味着将土地使用权转移，原使用者有关权利和义务完全转移给新的使用者，不再履行出让合同。

二是 1999 年 7 月由国土资源部印发的《规范国有土地租赁若干意见》对国有土地租赁作出的定义："国有土地租赁是指国家将国有土地出租给使用者使用，由使用者与县级以上人民政府土地主管部门签订一定年期的土地租赁合同，并支付租金的行为。"同时指出："国有土地租赁是国有土地有偿使用的一种形式，是出让方式的补充"。根据这一定义，土地使用权的出租主体是国家，这种租赁行为是土地一级市场的交易行为。

（二）土地使用权出租的条件和范围

《中华人民共和国城镇国有土地使用权出让和转让暂行条例》和《规范国有土地租赁若干意见》虽然在出租方主体方面的规定有些差异，但对于出租的条件限制以及可出租范围则有相同之处，所设条件均较严格，范围较窄。《中华人民共和国城镇国有土地使用权出让和转让暂行条例》第二十八条第二款规定："未按土地使用权出让合同规定的期限和条件投资开发、利用土地的，土地使用权不得出租。"国土资源部印发的《规范国有土地租赁若干意见》明确规定："对原有建设用地因发生土地转让、场地出租、企业改制和改变土地用途后依法应当有偿使用的，可以实行租赁。"

1. 出租的土地使用权是国家有偿出让的具有物权性质的土地使用权

只有通过有偿出让取得的土地使用权，才是一项独立的财产权利，才可以作为商品进行出租，而通过行政划拨取得的土地使用权，不是一项独立的财产权利，不得任意出租。可见，土地使用权出让是出租的前提条件，要出租土地使用权首先要进行土地使用权的出让。

2. 按照土地使用权出让合同对土地进行了投资开发和利用

土地使用权出让的目的是开发、利用土地，未依照土地使用权出让合同规定的期限和条件开发、利用土地的，不得出租土地使用权。

3. 出租人与承租人应当签订租赁合同

土地使用权租赁合同，即当事人约定一方将土地连同地上建筑物、其他附着物交与他方使用，他方支付租金的合同。土地使用权出租是通过签订土地使用权租赁合同来确定出租方与承租方的权利义务关系的。土地使用权租赁合同的签订和履行的过程，就是土地使用权出租的客观过程。租赁合同不得违反国家法律、法规和土地使用权出让合同的规定，否则，租赁合同无效。

4. 出租人和承租人应当依照规定办理登记

出租登记是指依法取得土地使用权和地上建筑物、其他附着物所有权的受让人、承租人，凭土地使用权租赁合同及其他合法文件，到法定机关办理土地使用权和地上建筑物及其他附着物出租手续，以依法确定土地使用权和地上建筑物及其他附着物租赁关系的行为。一般地讲，土地使用权出租登记由市、县人民政府土地管理部门负责办理，地上建筑物、其他附着物出租登记由市、县房产管理部门负责办理。

（三）土地年租制

土地年租制在我国现行法律中没有明确规定，但目前在许多城市中都已实行。年租制是国家将土地使用权租赁给土地使用者，并按年向土地使用者收取地租。年租制与批租制（出让制）的实质是一致的，都是国家凭借土地所有权实现对地租的占有，二者的根本区别在于国家由批租制一次性预收几十年的地租改为按年收取。土地年租制主要是对企业用地实行的土地有偿使用方式，它将出让金"化整为零"，适合企业承受能力。

三、土地使用权抵押

（一）土地使用权抵押概念

土地使用权抵押是指土地使用权人以土地使用权作为履行债务的担保向银行抵押取得贷款的行为。抵押期间，债权人对债务人的土地使用权不转移占有，土地使用权继续由债务人使用受益，当债务不履行时，债权人变卖设定抵押的土地使用权，并就其变卖价款优先受到清偿。

（二）土地使用权抵押权的法律特征

1. 土地使用权抵押权是以不转移占有的方式设立的担保物权。担保物权包括留置权、质权、典权和抵押权等，前三者均以转移占有的方式设定，而抵押权则以不转移占有的方式设定。土地使用权人在以其拥有的土地使用权设定抵押后，仍可继续占有、使用土地，并在具备法定条件后转让使用权。

2. 土地使用权抵押权具有附从性。抵押权是为担保债权实现而设立的，它与所担保的债权形成主从关系，对其具有附从性。根据《中华人民共和国担保法》第五十二条规定，抵押权与其担保的债权同时存在，债权消灭的，抵押权也消灭。因此，抵押权以主债权的存在为前提，它随同主债权的处分而发生转移或变化，因主债权的消灭而消灭。但主债权的部分消灭，并不导致抵押权的部分消灭。

3. 土地使用权抵押权具有公示性和对抗性。法律规定，无论是以动产还是以不动产设定抵押担保，均应到法定的登记机关进行抵押登记。抵押登记（公示）的作用一是使抵押为不特定的公众所了解，二是产生对抗第三人的法律效力。虽然未经登记的抵押合同未必无效，但在实现抵押权时如就同一债务还有其他债权人，抵押权人无优先受偿权。或者抵押人未履行通知或告知义务而将抵押物转让时，如未经登记，抵押权也不得对抗新的受让人。而设定抵押权的目的不仅是担保主债权的实现，更在于可以使主债权优先得到清偿。因此，抵押权设立的公示要求是必需的，这也符合物权公示的基本要求。也只有经过公示程序的抵押权才具有对抗第三人的效力。

4. 土地使用权抵押权具有绝对性和排他性。所谓抵押权的绝对性和排他性是指抵押权设定后，只要主债务未得到清偿，无论抵押物位于何处，流于何人之手，抵押权均可对抗第三人包括新所有人。即使在抵押权存续期间，土地使用权发生了合法的转让，新的土地使用权人也不得以自己不是债务人为由对抵押权人行使权利提出抗辩。抵押权只因抵押物的灭失、债务的清偿、抵押权人放弃抵押权而消灭。也有人将其称为抵押权的追及性。无论是动产还是不动产，抵押权的这一特性都是一样的。

(三)可以设定抵押权的土地使用权范围

根据我国法律规定，并非所有的土地使用权都可设定抵押权。

根据《中华人民共和国担保法》、《中华人民共和国城市房地产管理法》以及《中华人民共和国城镇国有土地使用权出让和转让条例》，能够设定抵押权的土地使用权的范围主要有：

1. 可以独立作为抵押物的土地使用权

(1)以出让方式取得的国有土地使用权；

(2)以划拨方式取得的土地使用权，在办理出让手续后，补交土地使用权出让金或者以转让、出租、抵押所获收益抵交土地使用权出让金，经土地主管部门批准可以设定抵押的；

(3)依法承包并经发包方同意抵押的荒地(荒山荒沟、荒丘、荒滩等)使用权。

2. 必须与地上建筑物一并抵押的土地使用权

(1)乡村企业的土地使用权(地上应有厂房或经营用房)；

(2)农村宅基地使用权(地上有房屋等建筑物)；

(3)划拨土地使用权(房屋已经建成)。

(四)土地使用权抵押的设定

土地使用权抵押因债权人要求债务人就其为履行债务提供担保，而债务人承诺以其拥有的土地使用权为自己履行债务的担保而设立。这一设立过程主要经过两个步骤，一是签订书面抵押合同，二是进行抵押登记。

1. 土地使用权抵押合同。根据法律的规定，抵押合同应当采用书面形式。抵押合同除应具备一般合同的必备条款外，还应具备以下主要内容：①被担保债权的种类、数额；②债务人履行债务的期限；③土地使用权的取得方式、具体位置、面积、"四至"；④土地使用权的评估值及抵押率；⑤土地的占管人、占管方式和责任，意外毁损、灭失的风险责任；⑥抵押土地使用权的权证保管；⑦抵押权消灭的条件；⑧抵押权人处分土地使用权的方式；⑨争议的解决方式；⑩双方商定的其他内容。

2. 土地使用权的抵押登记。按照有关规定，土地使用权抵押合同签订后 30 日内，抵押合同的当事人应当到土地管理部门办理抵押登记手续。抵押合同签订后如不办理登记手续，虽然并不必然导致抵押合同无效，但却不能产生对抗第三人的效力。也就是说，抵押合同签订后，如该抵押权的实现不与任何其他债权人或利害关系人的权利发生冲突，则抵押权人仍然可以依据已订立的抵押合同，以该抵押物折价或拍卖所得实现债权。但若与债务人(抵押人)的其他债权人权利发生冲突，即其他债权人也对债务人有清偿要求时，或者债务人未履行法定的通知告知义务而将抵押物转让时，则抵押权人的抵押权不具有对抗性，不能优先受偿。可见，抵押合同签订后，是否办理抵押登记对于抵押权人债权的实现和安全至关重要。

（五）抵押权的实现

抵押权的实现是指抵押人到期未能履行债务或者在抵押合同期间宣告解散、破产的，抵押权人有权依照国家法律、法规和抵押合同的规定处分抵押财产。即债务履行期届满抵押权人未受清偿的，可以与抵押人协议以抵押物折价或者以拍卖、变卖该抵押物所得的价款受偿；协议不成的，抵押权人可以向人民法院提起诉讼。抵押物折价或者拍卖、变卖后，其价款超过债权数额的部分归抵押人所有，不足部分由债务人清偿。

《中华人民共和国担保法》对抵押权的实现作了如下规定：

1. 同一财产向两个以上债权人抵押的，拍卖、变卖抵押物所得的价款按照以下规定清偿：①抵押合同已登记生效的，按照抵押物登记的先后顺序清偿；顺序相同的，按照债权比例清偿。②抵押合同自签订之日起生效的，该抵押物已登记的，按照第①项规定清偿；未登记的，按照合同生效时间的先后顺序清偿，顺序相同的，按照债权比例清偿。抵押物已登记的先于未登记的受偿。

2. 城市房地产抵押合同签订后，土地上新增的房屋不属于抵押物。需要拍卖该抵押的房地产时，可以依法将该土地上新增的房屋与抵押物一同拍卖，但对拍卖新增房屋所得，抵押权人无权优先受偿。依照本法规定以承包的荒地的土地使用权抵押的，或者以乡(镇)、村企业的厂房等建筑物占用范围内的土地使用权抵押的，在实现抵押权后，未经法定程序不得改变土地集体所有和土地用途。

3. 拍卖划拨的国有土地使用权所得的价款，在依法缴纳相当于应缴纳的土地使用权出让金的款额后，抵押权人有优先受偿权。

4. 为债务人抵押担保的第三人，在抵押权人实现抵押权后，有权向债务人追偿。

5. 抵押权因抵押物灭失而消灭。因灭失所得的赔偿金，应当作为抵押财产。

（六）抵押权灭失

在下列情况下，抵押权灭失。

1. 债务清偿；

2. 抵押权人放弃抵押权；

3. 当事人之间约定消灭抵押权；

4. 土地灭失；

5. 抵押物归抵押权人所有。

抵押权因债务清偿或者其他原因而灭失的，应当依照规定办理注销抵押登记。

第三节　拆迁、安置、补偿

　　房地产开发过程中的拆迁、安置、补偿工作，是房地产开发的重要准备工作，它不仅关系到房地产开发工作的速度和质量，还关系到房地产开发的经济效益、社会效益和环境效益。房地产开发过程中的拆迁、补偿与安置工作，不仅体现了城市建设与管理水平，同时也体现了城市的文明程度。

　　拆迁安置是指根据国家建设需要，对所征用的土地上原有单位、住户（包括居民户、农民户）和其他地上物进行合理的迁移、安置、拆除等工作。在我国，由于各省、市、自治区的情况差异较大，拆迁安置没有统一的规定。

一、房屋拆迁的原则

（一）依法原则

　　房屋拆迁工作，涉及拆迁人和被拆迁人的利益，涉及城市改造、建设等许多问题，依法进行是实施拆迁工作的前提。首先，拆迁人必须是取得拆迁许可证的单位；其次，拆迁项目应列入城市规划。

（二）利益双赢原则

　　拆迁是为了更好地建设。拆迁人希望获得更大的经济效益、社会效益或环境效益；被拆迁人希望得到生产或生活条件的改善，两者的关系既是矛盾的，又是统一的，要处理好两者之间的关系，需坚持的重要原则就是双赢原则。

（三）信誉原则

　　《城市房屋拆迁管理条例》中明确规定，拆迁人应当按照有关规定对被拆迁人给予补偿、安置，拆迁人应当讲求信誉。在房地产方面的纠纷案件中，有很大比例是拆迁人与被拆迁人之间就拆迁问题而发生的。很多房地产开发商不讲信誉，在拆迁安置工作中弄虚作假，这很容易使矛盾激化，导致恶性案件的发生。讲求商业信誉是企业发展的根本，是企业可持续发展的前提。

（四）国家利益至上原则

　　房屋拆迁关系中最突出的是国家利益同公民、法人和其他社会组织利益之间的关系，必须坚持国家利益高于一切的基本原则。

　　国家利益至上原则主要体现在：被拆迁方在具体拆迁活动中，必须服从国家建设的需要，按时搬迁，保障国家建设项目的建设需要。

二、房屋拆迁的程序

　　开发企业可以自行拆迁，也可委托拆迁，被委托的拆迁机构必须是取得《房屋拆迁资格证书》的拆迁机构。根据有关规定，自行拆迁的开发企业应到当地拆迁主管部门办理核准手续；而委托拆迁的开发企业应与被委托的拆迁单位签订拆迁委托合同，并报主管部门鉴证。城市房屋拆迁应遵循下列程序：

（一）调查核实

开发企业收到征地批文后，首先要到派出所、房管站抄录征地范围内的常住人口，以及全部房产情况，按表格逐一登记，并上门丈量核查。核查的内容有私房业主契证面积，住户使用面积，厅、房、厨厕、走廊等面积，以及人口结构、年龄、健康状况、职业、工作单位等情况。

（二）逐户走访

开发企业应成立拆迁小组，并以小组为单位，对所有的被拆迁人逐户走访，全面进行宣传接触，摸清具体要求，做好记录。并按如下分类：要求一次搬迁，做永久安置的；要求回迁，需要解决临时过渡或投亲靠友的；要求放弃产权，租回使用面积的；要求临时铺面，继续营业的；其他等。

（三）编制拆迁计划

根据调查核实的情况和国家、地方有关的拆迁补偿、安置规定，分析被拆迁人动迁难度。主要考虑哪些被拆迁人较容易动迁，哪些是"钉子户"，哪些被拆迁人可以进行交叉动迁，先动哪些被拆迁人，什么时间较为适宜等，从而编制拆迁计划和拆迁方案。

（四）申请拆迁

开发企业持建设用地文件，拆迁计划和拆迁方案，向当地拆迁主管机关提出申请，经审查批准并领到拆迁许可证后，方可进行拆迁。申请领取房屋拆迁许可证，应向当地的人民政府房屋拆迁管理部门提交以下资料：①建设项目批准文件；②建设用地规划许可证；③国有土地使用权批准文件；④拆迁计划和拆迁方案；⑤办理存款业务的金融机构出具的拆迁补偿安置资金到位证明。房屋拆迁主管部门在接到上述资料后的30天内，对申请事项进行审查，对符合条件的，颁发房屋拆迁许可证。

（五）发出拆迁公告

拆迁许可证一经批准发放，拆迁主管机关应将拆迁人、拆迁范围、拆迁期限等以公告或其他形式予以公布，公告一经发出即产生法律效力。拆迁主管机关和开发企业应及时做好宣传、解释工作。被拆迁人应服从城市建设需要，在规定时限内完成搬迁，不得故意拖延。

房屋拆迁公告一旦公布，房屋拆迁范围内的单位和个人，就不得进行下列活动：①新建、扩建、改建、装修地上地下建筑物、构筑物；②改变房屋和土地使用用途；③房屋调换、租赁、买卖、抵押和户口迁入、分户以及发放营业执照等。

（六）签订协议

在公告规定时限内，开发企业与被拆迁人应按国家和本地区关于安置、补偿的规定，签订协议书。安置、补偿协议应明确补偿办法、数额、安置面积、地点、拆迁过渡方式、时限及违约责任。

协议经双方同意，可送拆迁主管机关备案或公证机关公证。

（七）实施拆迁

在被拆迁人搬迁之后，开发企业在批准的拆迁范围和期限实施拆迁。拆迁实施方式可以采取自行拆迁或委托拆迁。开发企业自行拆迁的，其主要拆迁业务人员须在拆迁主管机关进行培训，并取得拆迁资格证书后方能上岗。开发公司委托拆迁的，被委托人应是拆迁主管机关审查合格的专营拆迁业务的单位。

开发企业与被拆迁人未就安置或临时过渡达成协议，或者未对被拆迁人进行具备基本生活条件的安置或提供过渡用房的，不得擅自强行拆除被拆迁人使用的房屋。

（八）拆迁争议的解决与拆迁的强制执行

根据国家有关规定，拆迁补偿安置协议订立后，被拆迁人或者房屋承租人在搬迁期限内拒绝搬迁的，拆迁人可以依法向仲裁委员会申请仲裁，也可以依法向人民法院起诉。诉讼期间，拆迁人可以依法申请人民法院先予执行。

被拆迁人或者房屋承租人在裁决规定的期限内未搬迁的，由房屋所在地的市、县人民政府责成有关部门强制拆迁，或由房屋拆迁管理部门依法申请人民法院强制拆迁。

三、房屋拆迁安置

房屋拆迁安置是指因拆迁人拆除房屋，致使被拆迁人（使用人）丧失了原有的生活、生产、经营空间，拆迁人按规定向房屋使用人提供正常的生活、生产、经营用房或安置，包括临时过渡性的安置以及最终永久性的安置。其对象为在拆迁范围内有正式户口的公民和在拆迁范围内具有营业执照的单位、个人或者正式办公的机关、团体、企事业单位。

（一）房屋拆迁安置的形式

拆迁人对被拆除房屋使用人的安置，可以根据实际情况，采取一次性安置和临时过渡安置两种形式。其中一次性安置主要指拆迁人一次性将被拆除房屋的使用人直接迁入已准备好的安置房，或将安置款交与被拆迁房屋的使用人。临时过渡安置是指由拆迁人先对被拆除房屋使用人进行临时安置，过渡一段时间后，再由拆迁人对其进行最终安置。临时过渡安置可以由拆迁人提供周转房，也可以由原使用人自行寻找过渡房。对自行过渡安置者，拆迁人应该付给临时安置补助等费用。

拆迁安置采取何种形式，拆迁双方应当在拆迁补偿安置协议中予以明确，对临时过渡安置的，亦应明确规定过渡期限及违约处理。

（二）房屋拆迁安置的标准

1. 拆除单位和个人非住宅使用的房屋，按原建筑面积安置。

2. 拆除单位和个人居住用房，由拆迁人根据原住房和安置房屋的地段、结构、质量、设备条件、家庭人口、原住房面积等不同情况分别处理。

（1）安置房屋的结构、质量、设备条件等和被拆迁户原住房屋类型相似的，一般按照被拆迁户原住房面积予以安置。对从较好地段迁到较差地段的被拆迁户，可酌情增加安置的房屋面积，但人平均增加不超过一定的建筑面积。

（2）部分出租、部分自住的私房被拆迁的，如果所有人不要求保留房屋产权的，由拆迁人按该拆迁房屋的实际居住状况和规定标准，分别对房屋所有人和使用人进行安置。

（3）全部出租的私房，所有人如果不要求保留房屋产权的，由拆迁人按规定安置使用人，对私房所有人只作价补偿，不再安置。

（4）对按照原面积安置后，居住仍有困难的，可以适当增加其面积，其安置面积的价格结算各地有不同的办法。

（三）拆迁安置中的有关费用

在拆迁过程中，开发企业应向被拆迁人支付以下几种安置补助费：

1. 被拆迁人搬家补助费。主要是指拆迁人付给被拆迁人（使用人）搬迁房屋时所发生的交通费和力资费，一般按户计算，对欠到位的安置与过渡性安置，在数额上应有所区别。

2. 临时安置补助费。由于拆迁人的责任使拆除房屋使用人在过渡期限的，对自行安排住处的使用人，从逾期之日起应适当付给临时安置补助费。

3. 过渡安置房租费。由拆迁人租用房屋给被拆迁人居住而支付费用，在规定的过渡期内不发生临时安置补助费。

4. 拆除非住宅性质房屋造成停产、停业引起经济损失的补助费等。

四、拆迁补偿

拆迁补偿是指拆迁人在其用地范围内拆除房屋及附属物，产生损失而给予的各种经济补偿。

（一）拆迁补偿对象

拆迁人应当对被拆迁房屋的所有权人进行补偿。所有权人既包括自然人，也包括法人或其他社会机构。只在拆除合法建筑时予以补偿；拆除违章建筑不予补偿；拆除临时建筑根据实际情况处理。

（二）拆迁补偿方式

拆迁补偿方式有两种：一是货币补偿；二是产权调换。

1. 货币补偿

所谓货币补偿是指拆迁人以支付货币的方式，赔偿被拆迁人因拆除房屋所造成的经济损失。货币补偿的金额是以被拆除房屋市场评估价为标准计算的。货币补偿标准确定的基本原则是等价补偿。根据被拆迁房屋的区位、用途、建筑面积等因素，以房地产市场评估的办法确定补偿金额。目前常用的房地产评估方法有市场比较法、收益法、成本法、假设开发法等。

2. 产权调换

所谓产权调换是指拆迁人用异地或者再建设的房屋与被拆迁人的房屋进行交换，被拆迁人在原来的房屋被拆迁后仍然保留相应房屋的产权。

产权调换的价格根据被拆迁房屋的评估价和产权调换房屋的市场价格的差价来确定，产权调换的实质是先由拆迁人按被拆除房屋的市场评估价对被拆迁人进行补偿，再由被拆迁人按照市场价购买拆迁人提供的产权调换的房屋，然后进行差价结算，多退少补。

（三）不同类型房屋的补偿方式

1. 拆迁私有房屋的补偿

拆迁私有房屋，拆迁人应事先书面通知被拆迁房屋的所有人，征求是否按调换房屋产权的形式进行补偿的意见。如私房所有人在境外的，由代理人负责征求所有人意见；无代理人的，由房屋使用人征求所有人意见。私房所有人应在规定的期限内将是否调换房屋产权的书面意见，以及房屋产权和土地使用权的有关证件交拆迁人；如无正当理由逾期不答复的，作放弃调换房屋产权处理，由拆迁人对被拆迁房屋作价补偿。其中经房地产主管部门审核同意，由拆迁人向公证机关申请办理证据保全后，可先行拆迁腾地，而私房所有人是否调换房屋产权的答复期限可适当延长。

私房所有人同意调换房屋产权的，拆迁人应参照被拆迁房屋的建筑面积，用新建或其他房屋调换房屋产权，并根据房屋估价标准，按调换房屋的面积、结构差异，算出差额款后予以补偿。调换房屋的差额款应一次付清，私房所有人只有在付清差额价款后，才能取得新房所有权证。

如果被拆迁私房所有人不要求调换房屋产权而要求用公房安置的，拆迁人按拆除房屋估价标准给予补偿。如果被拆房屋所有人既不要求调换房屋产权，也不要求用公房安置的，拆迁人除按估价给予经济补偿外，还可给予奖励。

两人以上共有的被拆迁私房，按共有财产予以保留产权，不要求保留产权的按估价标准予以补偿。

2. 拆除公有房屋的补偿

拆除出租的公有居住房屋，实行产权调换。

新建或调换安置的房屋产权交给原房屋所有人的，因新建或调换安置房屋扩大建筑面积和提高结构质量所增加的费用，由拆迁人承担。房屋原出租人与承租人建立的租赁关系应继续保持，并按规定重新办理租赁手续。

拆迁公有非居住房屋的，凡新建房屋产权交给原房屋所有人的，不另行补偿；因新建安置房屋扩大建筑面积和提高房屋结构质量所增加的费用，由拆迁人按被拆除房屋的估价标准作价补偿给原房屋所有人。

3. 拆除单位的非居住房屋的补偿

拆迁人拆除单位的非居住房屋，除市政建设工程外，按本地规定补偿有关费用。

对于按照规划要求调整产业结构或工业布局而关、停、并、转的被拆迁人，拆迁人按规定的标准给予补偿，如被拆迁人委托拆迁人代建，那么补偿费不再支付给被拆迁人；因扩大建筑面积、用地面积和提高房屋结构质量而增加的费用，由被拆迁人支付给拆迁人。

4. 拆迁公益事业房屋的补偿

公益事业一般是指科教、文化、卫生、社会公共福利性非生产性事业，公益事业多为非营利的社会福利事业。公益事业的房屋及其附属物，一般是指市政基础设施、文教卫生以及社会公共福利性、非生产性事业单位使用的房屋及其附属物，包括医院、学校、文化馆、养老院及体育场(馆)等，但不包括上述单位兴建的非公益性用房部分。拆除公益事业的房屋及其附属物，其数量、位置应当由城市规划行政主管部门根据城市总体发展要求，进行总体安排。或根据实际情况，经拆迁人与被拆迁人协商同意，采用货币作价方式按被拆除房屋的重置价格予以补偿，通过评估确定其价值。

5. 拆迁有产权纠纷房屋的补偿

有产权纠纷的房屋，是指房屋产权关系还有异议或争议，产权人还未确定的房屋。按规定，凡拆迁范围内有产权纠纷的房屋，产权纠纷当事人应在房地产主管部门公布的规定期限内，尽快解决产权纠纷，协商一致后再由产权人与拆迁人协商解决拆迁补偿问题。如果拆迁纠纷不能在规定期限内协商解决的，被拆迁人就丧失了就拆迁补偿安置与拆迁人进行协商的权利。拆迁人根据有关规定，提出拆迁补偿安置方案，报房地产主管部门批准后实施房屋拆迁。在拆除房屋前，房地产主管部门应组织拆迁人对该拆除房屋进行勘察，做好记录，并向公证机关办理证据保全。勘察记录的内容一般包括房屋的结构、间数、面积、朝向、成新、评估的价格等。

6. 拆迁设有抵押权房屋的补偿

设有抵押权的房屋，是指在抵押关系中作为抵押标的物的房屋。依照国家有关担保的法律规定，凡拆除设有抵押权的房屋实行产权调换的，抵押权人和抵押人应重新签订抵押协议。如果抵押权人和抵押人在房地产主管部门公布的规定期限内不能重新订立抵押协议，由拆迁人提出补偿安置方案，报请房地产主管部门批准后实施拆迁。在拆迁房屋前，拆迁人应对被拆除的设有抵押权的房屋进行勘察记录，并向公证机关办理证据保全。凡拆除设有抵押权的房屋实行作价补偿的，在补偿前，抵押人和抵押权人应重新设立抵押权。

7. 拆除违章建筑和临时建筑的补偿

违章建筑是指在城市规划区内，未取得建设工程规划许可证件或者违反建设工程规划许可证的建设规定，严重影响城市规划的建筑。违章建筑的认定属于规划行政主管部门的职权范围，某一建筑是否属于违章建筑，必须由房屋所在地规划行政主管部门进行判断。拆迁人或者拆迁主管部门都没有认定权利，也没有必要自行认定。在拆迁过程中，拆除违章建筑不予补偿。对经规划部门处罚，允许保留的，待补办手续后按合法建筑给予补偿（这类建筑一般按某一建造年份进行时间界定）。

临时建筑是指必须限期拆除的、结构简易的、临时性的建筑物和构筑物以及其他设施，临时建筑都应当有规定的使用期限。拆迁人对拆除"超过批准期限"的临时建筑不予补偿是符合法律规定的，也符合公平原则。未超过批准期限的临时建筑是合法建筑。拆除未到期限的临时建筑，会给临时建筑所有人带来一定的经济损失，因此，也应当按使用期限的残存价值参考剩余期限给予适当补偿。

（四）城市房屋拆迁纠纷的处理

1. 行政裁决

从民事法律的角度看，房屋拆迁补偿安置协议必须在有关当事人意思表示一致时才能成立。当事人可能对补偿方式和补偿金额、安置用房面积和安置地点、搬迁期限、搬迁过渡方式和过渡期限等事项持有不同看法，从而使拆迁补偿安置协议一时无法达成。为避免有关当事人各执己见、相互扯皮，影响拆迁工作的顺利进行，《城市房屋拆迁管理条例》规定：拆迁人与被拆迁人或者拆迁人、被拆迁人与房屋承租人达不成拆迁补偿安置协议的，经当事人申请，由房屋拆迁管理部门裁决。实施裁决的房屋拆迁管理部门是县级以上地方人民政府房屋拆迁管理部门。房屋拆迁管理部门属被拆迁人的，由同级人民政府裁决。裁决的内容包括补偿方式和补偿金额、安置用房面积和安置地点、搬迁期限、搬迁过渡方式和过渡期限等事项。裁决应当自收到申请之日起 30 日内作出。

2. 依法起诉

若拆迁当事人对裁决不服，可以在接到裁决书之日起 15 日内向人民法院起诉。如果拆迁当事人对有关拆迁的其他决定不服，也可直接起诉，由法院判决。

为了不影响拆迁工作的顺利进行，在拆迁人已对被拆迁人给予货币补偿或者提供了拆迁安置用房、周转用房的情况下，诉讼期间不停止拆迁的执行。

3. 强制拆迁

在现实的城市房屋拆迁工作中，有极少数被拆迁人或房屋承租人对补偿安置提出过高要求，无理拒绝执行房屋拆迁管理部门作出的裁决。《城市房屋拆迁管理条例》规定：对在裁决规定的搬迁期限内未搬迁的被拆迁人或者房屋承租人，可以实施强制拆迁，而不论其是否正在进行补偿安置方面的诉讼。当然，参与各方都应以积极的态度妥善处理并解决在拆迁工作中所遇到的各种问题，避免引起社会问题。

第四节　房地产开发项目的规划设计

在房地产开发中，规划是指制定项目建设的方案，设计是指项目建设施工图纸的绘制。随着人民生活水平的提高，城镇居民对住房的需求由居住型转向小康型，除对住房自身的综合质量要求提高外，更看重的是住房周围的环境。同时，随着城镇住房制度改革的深入和住房实物分配制度的取消，单位零星建造住房将逐步停止，住房建设将更多地实行综合开发。房地产开发项目的规划设计也应按照居住区的规模，严格执行国家规定的标准，遵循日照充分、通风良好、安静整洁、庭院雅观等原则，合理确定建筑、道路、广场、院落、绿地和建筑小区之间及其与人的活动之间的相互关系，合理确定居住建筑类型和居住建筑群体布置，体现舒适、方便、卫生、安全、经济、美观等要求。

一、房地产开发项目规划设计的主要内容

(一)居住区建筑规划设计

1. 居住建筑的规划布置原则

房地产项目规划设计在居住建筑群体的布置方面应遵循以下原则：

(1)要有适当的人口规模。多层住宅组团以 500 户左右为宜，高层住宅的组团户数可多一些。住宅组团的公共服务设施的服务半径以 100m 左右为宜。

(2)日照充分。大部分住宅应南北向布置，小部分东西排列，使每套住宅都有一二间房能满足日照要求。保证住宅之间的日照间距，尽量减少遮挡。

(3)通风良好。住宅布置应保证夏季有良好的通风，防止冬季冷风直接灌入，并有利于组团内部的小气候条件的改善。

(4)安静整洁。排放污染物的建筑如饭店、锅炉房等，不应紧靠住宅群。住宅区级道路只为住宅区内部服务，不能作为过境交通线。垃圾站与住宅楼要保持一定距离。

(5)美观舒适。要有一定的绿化面积，布置建筑小品，开辟儿童及老人的休息场所，创造优美的居住外环境。

2. 建筑类型的选择

房地产项目建筑类型直接影响工作、生活，同时也是决定建设投资、城市用地及城市面貌的重要因素。因此，建筑类型的选择要在满足城市规划要求的同时，综合考虑项目自身的技术经济条件。

居住区一般由多个单体建筑工程组成，居住建筑的规划应按照方便生活、环境优美和可持续发展的原则，科学合理地部署各单体建筑工程，并综合考虑各类因素，正确选择和合理确定各建筑工程的层高和层数、住宅的长度和体型、户室比、进深和面宽、住宅建筑净密度、住宅面积净密度等，以取得最佳的综合效益。各单体建筑工程在居住区的布置，一般可根据居住区的特点采取行列式、周边式、混合式、自由式等几种形式。

3. 建筑布局

建筑容积率是居住区规划设计方案中主要的技术经济指标之一。一般来讲，规划建设用地范围内的总建筑面积除以建筑容积率就等于规划建设用地面积。

规划建设用地面积指允许建设的用地范围，其居住区外围的城市道路、公共绿地、城市停车场等均不包括在内。建筑容积率和居住建筑容积率的概念不同，前者包括用地范围内的所有建筑面积，而后者只包括居住建筑面积，因此在指标的数值上前者高于后者。

容积率高，说明居住区用地内房子建得多，人口密度大。一般来说，居住区内的楼层越高，容积率也越高。以多层住宅（6 层以下）为主的居住区容积率一般在 1.2~1.5，高层、高密度的居住区容积率往往大于 2。在房地产开发中，为了取得更高的经济效益，一些开发商千方百计地要求提高建筑高度，争取更高的容积率。但容积率过高，会出现楼房高、道路窄、绿地少的情形，将极大地影响居住区的生活环境。

容积率的高低，只是一个简单的指标，有些项目虽然看上去容积率不高，但是为了增大中庭园林或是地下车库，而使得楼座拥挤。

在房地产项目规划中，应使住宅布局合理。为保证每户都能获得规定的日照时间和日照质量，要求条形住宅纵向外墙之间保持一定距离，即为日照间距。北京地区的日照间距条形住宅采用 $1.6 \triangle h \sim 1.7 \triangle h$（$\triangle h$ 为前排住宅檐口和后排住宅底层窗台的高差）。如果住宅的日照间距不够，北面住宅的底层就不能获得有效日照。

（二）公共建筑规划

公共建筑一般包括教育、医疗卫生、文化体育、金融、邮电、市政公用、物业管理等几类设施。其布置应根据居住区的规模，按配套齐全、分散与集中相结合的原则进行，其基本要求是：

1. 适当集中，使居民一次行动能达到多种目的；

2. 缩短服务半径，使居民花费尽可能少的时间就可以享受服务；

3. 符合人流走向；

4. 发挥服务潜力，力争兼顾区内外服务；

5. 不干扰住户。

（三）道路规划

居住区内道路分为居住区道路、小区道路、组团道路和宅间小路。居住区道路既要满足车辆和居民的正常通行，又不影响居住区的正常生活。

1. 房地产项目道路功能

房地产项目道路是城市道路系统的组成部分，不仅要满足房地产项目内部的功能要求，而且要与城市总体取得有机的联系。房地产项目道路内部功能要求包括以下几方面：

(1)满足居民日常生活方面的交通活动需要

如职工上下班、学生上下学，购物、生活及其他活动，这些活动一般以步行或骑自行车为主。

(2)方便市政公用车辆的通行

如邮电传递，消防、救护车辆的通行，家具的搬运，垃圾的清除等。

(3)满足货运需要

如房地产项目内公共服务设施及街道工厂货运交通的需要。

2. 道路规划原则

(1)房地产项目道路主要为区内服务，不应有过境交通穿越，以保证房地产项目内居民的安全和安宁。内部不应有过多的车道出口通向城市干道，出口间距150~200m。

(2)道路走向应符合人流方向，方便居民出入。住宅与车站的距离不宜大于500m。

(3)尽端式道路长度不宜超过200m，在尽端处应留有回车空间。

(4)住宅单元入口至最近车行道之间的距离一般不宜超过60m，如超出时，宅前小路应放宽到2.6m以上，以便必须入内的车辆通行。建筑物外墙与行人道边缘距离应不小于1.5m，与车行道边缘应不小于3m。

(5)道路应结合地形布置，尽可能结合自然分水线和汇水线设计，以减少土石方工程量。

(6)在旧住宅区改造时，应充分利用原有道路系统及其他设施。

(四)绿化规划

1. 房地产项目绿化系统分类

(1)公共绿地包括房地产项目公园、居住小区公园、住宅组群的小块绿地。

(2)公共建筑和公共设施绿地如医院、影剧院周围的绿地。

(3)宅旁和庭院绿地。

(4)道路绿化。在房地产项目内干道、小路两旁种植乔木或灌木丛，起遮阳、通风、防尘、隔噪声等作用。

2. 房地产项目绿化布置原则

(1)形成完整系统

应根据功能和使用要求，采取重点与一般，集中与分散，点、线、面相结合的原则进行布置，形成系统并与周围的城市绿化相协调。

(2)节约用地

充分利用自然地形和现状条件，尽可能利用劣地、坡地、洼地等不利用地作为绿化用地，化不利因素为有利因素。

(3)美化和丰富环境

合理选种和配置绿化品种，花草结合，常绿树与落叶树结合，力求四季常青，以提高居住环境的质量。

居住区内绿地应包括公共绿地、宅旁绿地、配套公建所属绿地和道路绿地等。其中居住区内的公共绿地，应根据居住区不同情况设置相应的中心公共绿地，包括居住公园(居住区级)、小游园(小区级)和组团绿地(组团级)，以及儿童游戏场和其他的块状、带状公共绿地等。居住区绿地的基本要求是形式系统，节约用地，注意景观。居住区公共绿地的总指标应根据居住人口规模分别达到：组团不少于 0.5 平方米/人，小区(含组团)不少于 1 平方米/人，居住区(含小区与组团)不少于 1.5 平方米/人。同时居住区的绿化覆盖率，新区建设不低于 30%，旧区改造不低于 20%。

(五)建筑设计

建筑设计是对单个建筑工程的总体定性，其具体操作要遵守国家的有关规范、规程、规定和标准。建筑设计一般分为初步设计、技术设计和施工图设计三个阶段。对技术上比较简单的项目，也可按初步设计、施工图设计两个阶段进行。居住建筑设计主要有：住宅建筑的平、立、剖面设计，住宅结构设计，住宅建筑装修和室内设备的设计，住宅工程概算和预算的设计。

二、主要技术经济指标

(一)基本技术指标及其规定

1. 建筑基地面积

基地面积计算必须以城市规划管理部门划定的用地范围为准。基地周围、道路红线以内的面积，不计算面积。基地内如有不同性质的建筑，应分别划定建筑基地面积。

2. 建筑面积

建筑面积亦称"建筑展开面积"，是建筑物各层面积的总和。建筑面积包括使用面积、辅助面积和结构面积。

建筑面积是购房者和开发商都比较关心的问题，建设部为此于 2002 年 5 月 1 日下发了通知，对房屋建筑面积作出明确规定。对有关房屋建筑面积计算问题，《房产测量规范》未作规定或规定不明确的，暂按下列规定执行：

(1)计算建筑面积的房屋层高(高度)均须在 2.20m 以上(含 2.20m，以下同)；

(2)外墙墙体中的同一楼层外墙，既有主墙，又有玻璃幕墙的，以主墙为准，计算建筑面积，墙厚按主墙体厚度计算，各楼层墙体厚度不同时，分层分别计算；

(3)屋顶为斜面结构(斜屋顶)的，层高(高度)2.20m 以上的部位计算建筑面积；

(4)不规则建筑物如阳台、挑廊、架空通廊的外围水平投影超过其底板外沿的，以底板水平投影计算建筑面积；

(5)与室内任意一边相通，具备房屋的一般条件，并能正常利用的伸缩缝、沉降缝应计算建筑面积；

(6)对倾斜、弧状等非垂直墙体的房屋，层高(高度)2.20m 以上的部位计算建筑面积，房屋墙体向外倾斜，超出底板外沿的，以底板投影计算建筑面积；

(7)楼梯已经计算建筑面积的，其下方空间不论是否利用均不再计算建筑面积；

(8)公共建筑临街楼房、挑廊下的底层作为公共道路街巷通行的，不论其是否有柱，是否有维护结构，均不计算建筑面积；

（9）2层及2层以上的房屋，建筑面积均按《房产测量规范》中多层房屋建筑面积计算的有关规定执行；

（10）与室内不相通的类似于阳台、挑廊、檐廊的建筑，不计算建筑面积；

（11）室外楼梯的建筑面积，按其在各楼层水平投影面积之和计算。

3. 商品房销售面积

商品房按"套"或"单元"出售，商品房的销售面积即为购房者所购买的套内或单元内建筑面积（以下简称套内建筑面积）与应分摊的公用建筑面积之和；即：

$$商品房销售面积=套内建筑面积+分摊的公用建筑面积$$

套内建筑面积由以下三部分组成：套（单元）内的使用面积，套内墙体面积，阳台建筑面积。

面积的计算按《住宅建筑设计规范》和《建筑面积计算规则》进行。

4. 公用建筑面积

公用建筑面积由以下两部分组成：

（1）电梯井、楼梯间、垃圾道、变电室、设备间、公共门厅和过道、地下室、值班警卫室以及其他功能上为整栋建筑服务的公共用房和管理用房的建筑面积；

（2）套（单元）与公用建筑空间之间的分隔墙以及外墙（包括山墙）墙体水平投影面积的一半。

凡已作为独立使用空间销售或出租的地下室、车棚等，不应计入公用建筑面积部分。作为人防工程的地下室也不计入公用建筑面积。

整栋建筑物的建筑面积扣除整栋建筑物各套（单元）套内建筑面积之和，并扣除已作为独立使用空间销售或出租的地下室、车棚及人防工程等建筑面积，即为整栋建筑物的公用建筑面积。

将整栋建筑物的公用建筑面积除以整栋建筑物的各套套内建筑面积之和，得到建筑的公用建筑面积分摊系数。

各套（单元）的套内建筑面积乘以公用建筑面积分摊系数，得到购房者应合理分摊的公用建筑面积，即：

$$分摊的公用建筑面积=公用建筑面积分摊系数×套内建筑面积$$

5. 建筑高度

平屋顶建筑高度从室外地面至女儿墙顶。坡屋面建筑高度：坡度小于35度（含35度），为室外地面至檐口高度；坡度大于35度，为室外地面至屋脊的高度。

6. 居住建筑层数的划分

一般情况下，1~3层称低层居住建筑，4~6层称多层居住建筑，7~9层称中高层居住建筑，10层及以上为高层居住建筑。

（二）居住区规划技术指标的计算

1. 居住区总用地，包括居住用地、公共建筑用地、道路用地、绿化用地和生产及辅助设施用地。

2. 居住区总建筑面积，包括住房建筑面积、公共配套建筑面积。

3. 住宅建筑净密度，即住房建筑基底面积与居住用地的比率，其公式为：

$$住宅建筑净密度=住房建筑基底面积/居住用地×100\%$$

4. 住宅面积净密度，又称容积率，是指每公顷住宅用地上拥有的住宅建筑面积，反映每公顷居住建筑用地面积平均可建多少平方米住宅建筑面积。其公式为：

$$住宅面积净密度=住宅建筑面积/居住建筑用地面积（平方米/公顷）$$

5. 绿化覆盖率，指居住区用地范围内的各类绿地的总和占居住区用地的比率，即：

$$绿化覆盖率=绿化覆盖面积/规划用地面积×100\%$$

6. 公建比例，指公建配套设施建筑面积占住宅总面积的比率，即：

$$公建比例=公建配套设施建筑面积/建筑面积×100\%$$

7. 人口毛密度，指居住总人口和总用地面积之比，即：

$$人口毛密度=总人口/总用地面积（人/公顷）$$

8. 人口净密度，指居住总人口与居住建筑用地面积之比，即：

$$人口净密度=总人口/居住建筑用地面积（人/公顷）$$

9. 平均造价，指总造价与居住总建筑面积之比，即：

$$平均造价=总造价/居住区总建筑面积（元/平方米）$$

10. 平均层数，指住宅总面积与住宅基底总面积之比。即：

$$平均层数=住宅总面积/住宅基底总面积（层）$$

三、居住区规划设计的基本要求

居住区规划设计应全面考虑本区域的社会经济发展状况，坚持以人为本、生态优化的原则，以可持续发展战略为指导，达到三个效益辩证统一。在具体设计中，除要符合总体规划和国家有关法律法规的要求外，还应满足下列要求：

1. 合理布局，生态优化

居住区开发建设是一个复杂的系统工程，涉及房屋、市政公用设施、绿化、环境卫生、人防、抗震、消防、交通，乃至建筑艺术，因此，在规划设计中必须处理好建筑与城市设计、使用功能与环境、建筑空间组合与建筑艺术的关系，特别是要通过运用新技术、新产品，充分合理地利用当地的生态环境，改善居住区及其周围的环境，综合处理各类基础设施在实物量上、价值量上的比例关系；建立并完善交通系统、供水系统、供热取暖系统、电力系统、通信系统、垃圾收集处理系统。设施配套、减少污染、生态优化是现代居住区规划设计应考虑的基本要求。

2. 把握市场，定位准确

房地产开发投资大，周期长，风险高，特别是居住区开发建设规模大，对开发企业影响严重。因此，居住区开发建设要取得理想的经济效益和社会效益，首先必须根据市场对居住区的性质、标准进行科学的论证和定位。否则，若其建筑的使用性质与标准不符合城镇居民的要求，或与所在地段的等级不匹配，其开发经营也必然无利可言。

3. 立足实际，超前规划

现代科技日新月异，建筑领域的新材料、新产品层出不穷，城镇居民对建筑使用功能的要求越来越高，如要求具有办公自动化、通讯自动化、楼宇自动化的智能化住宅和居住区。因此，开发企业开发各类建筑，既要从实际出发，量力而行，又要有超前意识，对能运用现代新科技建设一步到位的，在规划中要一步到位；对暂时不能到位的，在设计时要预留一定的余地。

4. 以人为本，社会共享

居住区建设的目的在于满足城镇居民日益丰富的物质文化生活需要，其出发点和落脚点都在能适应与满足人的需求上。因此，居住区规划设计要坚持以人为本的原则，始终以"人—建筑—环境"为立足点，规划设计各类房屋和配套设施，特别是建筑的功能、内部空间与总体环境的设计、市政和公共建筑等，都要反映到提高生活质量和环境质量上来。同时，居住区规划设计还应该在设施选择上注意类型、项目、标准的大众化，在位置上注意均衡化，在社区服务与管理上注意整体化，从而促进居住区设施与服务的公平化。

5. 优化方案，提高质量

居住区规划设计是居住区建设的先导，一个好的规划设计方案，意味着开发建设成功了一半。因此，房地产开发主管部门或房地产开发企业必须面向社会公开招标，择优选择规划设计方案。

只要建设项目具备正式批准的项目建议书，具有设计所必需的基础资料，招标申请报告业已得到审批同意即可进行招标。招标文件的内容主要包括：对工程内容、设计范围和深度、图纸内容、图幅、建设周期和设计进度、投标设计单位资格等级的要求等；必需的基础资料供应的内容、方式和时间；投标须知，包括标书编制和投送的要求，组织现场踏勘和进行招标文件说明的时间、地点，投标、开标的时间和地点等；合同的主要条款和要求。投标单位应提供设计资质证书、营业执照、企业简历、主要业绩等证明文件与资料，并按照投标文件规定的具体内容提供投标书，其内容一般应包括方案设计综合说明书、方案设计内容和图纸、建设工程安排意见、主要施工技术要求、工程投资估算和经济分析、设计进度和报价等。

第五节　房地产开发施工建设管理

一、工程招标投标的概念

所谓"招标"是指项目建设单位（业主）将工程项目的内容和要求以书面文件的形式标明，招引项目承包单位（承包商）来报价（投标），经比较，选择理想承包单位并达成协议的活动。招标人必须是依照招标投标法规定提出招标项目、进行招标的法人或者其他组织，招标项目的相应资金或者资金来源必须已经落实，并应当在招标文件中如实说明。

所谓"投标"是指承包商向招标单位提出承包该工程项目的价格和条件，供招标单位选择以获得承包权的活动。投标人是响应招标、参加投标竞争的法人或者其他组织，投标人应当具备承担招标项目的能力。国家有关规定对投标人资格条件有规定的，或者投标文件对投标人资格条件有规定的，投标人应当具备规定的资格条件。

二、工程项目招标投标的基本特征

(一)公平性

招标投标是独立法人之间的经济活动，按照平等、自愿、互利的原则和规范的程序进行，受到法律的保护和监督。在资格预审上业主应对所有投标人都使用同一标准，不应对本地区以外或者其他国家的投标人有所歧视。业主应为所有投标人提供同等的条件，投标人享有同等的权利和义务。只有在公平性的原则下，才能真正体现工程项目招标投标竞争的特点。招标人可以在投标人中间择优选择，有选择就有竞争，投标人需要依靠自身的实力、信誉、服务、价格等优势，通过投标竞争战胜其他对手。

(二)公正性

工程项目的招标投标活动必须按《中华人民共和国招标投标法》及其配套规定的规则和要求进行。司法者和管理者对招标投标中的合法行为予以保护，对违法行为予以惩处。禁止任何人、任何单位在招标投标活动中以其特权或优势获得不公正利益，使对方当事人或国家蒙受不公正的损失。

(三)公开性

工程项目的招标投标活动必须在公开发行的报刊杂志上或政府公共的网站上公布招标公告，打破行业、部门、地区，甚至国别的界限，打破所有的封锁、干扰和垄断，在最大限度的范围内让所有符合条件的投标人前来投标，进行自由的竞争，使招标活动具有较高的透明度。

(四)诚实信用

招标投标当事人在招标投标活动中应当以诚实守信的态度行使权利、履行义务，不得通过弄虚作假、欺骗他人来争取不正当利益，不得损害对方、第三者或者社会公共利益。在招标投标活动中，招标人应当将工程项目实际情况和招标投标活动的程序、安排准确及时地通知投标人，不得暗箱操作，应将合同条款在招标文件中明确并应按事先明确的合同条款与中标人签订合同，不得搞"阴阳合同"，应实事求是地答复投标人对招标文件或踏勘现场提出的疑问。对投标人而言，不得排挤其他投标人的公平竞争，不得以低于成本的报价竞标；中标后，应按投标承诺组织机构人员到位，组织机械设备、劳动力及时到位，确保工程质量、安全，进度达到招标文件要求和投标承诺；不得违反法律规定而将中标项目转包、分包。

公平、公正、公开、诚实信用四大原则相互补充，互为涵盖。公开性是公平性、公正性、诚实信用的前提和保障，是实行公平、公正、诚实信用的必要措施。只有实行公开性的原则，才有利于招标者和投标者在全面了解情况的基础上做出招标投标的决定，以维护双方的合法权益，也有利于社会公众的监督，从而实现公平性、公正性。

三、工程项目的招标方式

根据《中华人民共和国招标投标法》规定，招标方式有两种，即公开招标和邀请招标。

1. 公开招标

公开招标又称无限竞争性招标，是指招标人以招标公告的方式邀请不特定的法人或者其他组织投标。业主在国内外主要报刊上或通过广播、电视、信息网络等媒介发布招标广告，凡有兴趣并符合广告要求的承包商，不受地域和行业的限制，均可以申请投标。

公开招标使得业主选择余地大，有利于保证工程质量，缩短工期，降低造价。公开招标适用于大型的、工艺结构复杂的项目。

2. 邀请招标

邀请招标也称有限竞争招标，是指招标人以投标邀请书的方式邀请特定的法人或者其他组织投标。业主向预先确定的若干家承包单位发出投标邀请函，就招标工程的内容、工作范围和实施条件等做出简要说明，邀请他们来参加投标竞争。邀请招标可以节约招标费用和时间。

四、工程项目的合同类型

(一) 固定总价合同(Lump-sum Contracts)

固定总价合同又称总包干合同、一揽子承包合同。其特点是以图纸和说明书为依据，明确承包的内容和工程总价，并一笔包死。在合同执行过程中，除非业主要求变更原定的承包内容，承包单位一般不得要求变更总价，承包商从业主方面应领取的总款按合同的规定分期付清。这种承包方式业主较省事，对承包商来说，如果设计图纸和说明书都很详细，能够据此比较精确地计算出工程造价，签订合同时考虑得比较周全，就不致有太大的风险。如果设计图纸和说明书不够详细，未知因素太多，或者因建筑材料价格不稳定以及施工环境等因素影响，此合同可能有较大的风险。因此，固定总价合同对于地面工程、房屋建筑和安装检修等工程较适用。因为它免除了大量的工程量实测和结算工作，使承包人能专门建好工程，并使业主对他的付款总额心中有数。但是，对于地下工程，或技术复杂、变化可能性大的工程项目它并不适宜，因为工程量可能发生重大变化，从而导致承包商同业主、监理工程师之间的争议。当然，在总价合同条款中，也列出了施工条件变化时如何调整总价的原则，但具体调整时仍难免有争议。

为了使总价合同的报价实际，在一般总价合同标书中仍列出扩大项目的工程量清单，以便承包商作价时有较明确的根据。

(二) 单价合同(Unit Price Contracts)

单价合同即固定单价合同(Fixed Unit Price Contracts)，亦称工程量清单合同(Bills-of-quantity Contracts)。

单价合同的基础是明确划分出价位的各种工作的名称和工作量，以及各种工作的单位报价。或者在没有施工图就开工，或虽有施工图但对工程某些条件尚不完全清楚的情况下，因不能比较精确地计算出工程量，为避免风险而采用单价合同。

工程量清单中分类详列了整个投标项目的各种工作的名称和估算的工程量，这是标书的重要组成部分，由设计单位编制。各种工作的单价则由承包商在作标时填写。各项工程量报价的综合，加上承包商的各项间接费、临时费等费用，即是该投标项目的总标价。

固定单价合同并不是按标书所列分项金额支付费用给承包商，而是按照实际完成的实测工程量乘以该项工作所报的单价支付。因此，在单价合同实施过程中，完成工程量的实测工作非常重要，业主和承包商都雇用测量师专管此项工作。

固定单价合同所包括的各项工作的单价并不是永远不可变的。当设计工程师所估算的某项工作的工程量同承包商实际完成的工程量有较大的差别时，承包商按标书规定应该大量地增加或减少工程量，这可能引起工程成本大量增加，使承包商损失利益甚至造成亏损。这时，一般的标书都列有专门条款，规定当工程量增加或减少到一定"限度"时，承包商有权提出修改单价。这个"限度"的具体数量，因各种标书条款的具体规定而不一致。一般规定，当实际完成工程量超过或少于原标书中工程量清单所列估计工程量的10%（或15%）时，该项单价可以调整。

（三）成本加固定酬金合同（Cost Plus Award Fee Contracts）

这是承包商和业主商定按工程实际成本加一定酬金，其中酬金包括管理费、利润和奖金，即 $C = C_d + F$，其中 C 为合同价，C_d 为工程实际成本，F 为固定酬金。

采用这种合同形式的业主，大多数对承包商的资信及能力比较了解，愿同他进行议标承包。合同规定，业主除支付实际成本外，还向承包商支付一定数额的"基值费"。在此"基值费"以外，如果承包商在实施合同中达到规定的条件和标准，如使工程全部或某指定部分提前完工，则业主可在"基值费"以外多付给承包商一笔款，这笔多付的款实际上是一种奖励。

（四）成本加浮动酬金合同（Cost Plus Incentive-fee Contracts）

成本加浮动酬金合同，亦称目标成本合同（Cost target contracts）。它的特点是：业主和承包商议定一个目标成本值，当承包商在完成合同后的实际成本低于目标成本时，他将按合同规定取得一定数量的奖金，有的合同甚至明确规定，节约的成本由业主和承包商均等分配。当承包商实施合同的实际成本高于目标成本时，他的奖金数额按合同规定的公式递减。所以，这种合同可以在一定程度上控制工程成本，使业主摆脱成本无法控制的局面。有的合同条文中还明确规定了承包商获得奖金的最高金额和最低金额，使业主和承包商双方的利益关系明确，防止不定因素引起的纠纷。

成本加奖金合同在实施中的缺点是：在议标过程中，业主和承包商很难在工程的目标成本额上达成一致意见，尤其是招标工程的工程量难以确定时，使目标成本额带有很大的主观性，为将来的费用支付埋下了纠纷的根源。

成本加奖金合同中业主支付的工程款计算公式可表示为：

当 $C_d = C_0$ 时，则 $C = C_d + F$

当 $C_d > C_0$ 时，则 $C = C_d + F - \Delta F$

当 $C_d < C_0$ 时，则 $C = C_d + F + \Delta F$

式中，C_0 为目标成本，F 为基本酬金，ΔF 为浮动酬金，C_d 为实际成本，C 为业主支付的工程价款。

　　或者，$C = C_d + P_1 C_0 + P_2(C_0 - C_d)$

式中，P_1 为基本酬金百分数，P_2 为奖惩百分数。

　　(五)成本加固定百分比酬金合同

　　这种合同的特点同前述的成本加固定费合同类似，其不同的地方在于向承包商另支付成本的一定百分比，作为他的管理费开支和利润的包干费用，因为施工管理费是和工期费用开支成比例增加的。

　　成本加固定百分率合同增加成本的危险性比成本加固定费合同大一些。因为成本愈高，承包人提取同一百分率的款数愈大。

五、工程招标程序和内容

　　根据有关规定，工程招标程序和步骤如下：

　　(一)向招投标管理机构报建

　　1. 工程项目的立项批准文件或年度投资计划下达后，建设单位必须按规定向招投标管理机构报建；

　　2. 工程项目报建内容主要包括：工程名称、建设地点、投资规模、资金来源、当年投资额、工程规模、结构类型、发包方式、计划开竣工日期、工程筹建情况等；

　　3. 建设单位填写《建设工程报建登记表》，连同应交验的立项批准等文件资料一并报招投标管理机构审批。

　　(二)核准招标方式和招标范围

　　政府主管部门审查招标人报送的书面材料，核准招标人的自行招标条件和招标范围。对符合规定的自行招标条件的，招标人可以自行办理招标事宜。任何单位和个人不得限制其自行办理招标事宜，也不得拒绝办理工程建设有关手续。认定招标人不符合规定的自行招标条件的，在批复可行性研究报告时，要求招标人委托招标代理机构办理招标事宜。一次核准手续仅适用于一个建设项目。

　　(三)编制招标文件

　　根据《标准施工招标文件》，招标文件主要包括：招标公告(或投标邀请书)；投标人须知；评标办法；合同条款及格式；工程量清单；图纸；技术标准和要求；投标文件格式；投标人须知前附表规定的其他材料，以及对招标文件所作的澄清、修改等。

　　(四)发布招标公告

　　对于公开的竞争性招标，一般要在投标开始前至少 45 天(大型工程可达 90 天)发布招标公告(Announcement of Publication of Tender)，即在国内外有影响的报刊上刊登招标广告(Advertisement)或发布招标通告(Notice)，邀请承包商进行投标资格预审，或对资格预审的招标项目购买招标文件。

　　招标广告或通告的内容一般包括：招标机构名称、邀请目的、招标项目简况(如工程规模、性质、地点、工期等)、资金来源、投标者的资格条件；发售资格预审或招标文件的地点、时间和价格、投标保证金额等。对于选择性招标采取发送招标邀请通知(Notice

Letter)的办法。

（五）资格预审

资格预审（Prequalification）指在投标前业主对愿参加投标的承包商进行财政状况、技术能力、管理水平和资信等方面的审查，以确保投标者具有合格的能力、信誉和可靠性。其做法一般是在规定的时间内，愿参加投标者向招标单位购买资格预审书，填写后在规定的期限内报送招标机构，接受审查。

资格预审的主要内容包括：

1. 投标企业的基本情况。如企业性质、组织机构、法人地位及法律责任确认和登记注册情况等。

2. 工程经验及业绩。包括以往承担的工程业绩，特别是与本招标项目类似的工程经验；近几年和目前承担的工程项目；对专业性强的项目有时还提出具体的施工经验标准，如鲁布革输水洞工程招标时，要求投标者具有对洞径大于 6m，总长度不少于 3 000m 的水工压力隧洞的施工经验。

3. 企业人员状况。包括技术人员、高级专家和高级管理人员及其他人员情况与配备，本项目的预计人员组织。

4. 技术装备和施工能力。拥有的主要施工设备类型、容量及数量，加工与检修能力等。

5. 财务情况。要求招标者递交由企业开户银行、有信誉的公司和合格会计师等出具证明的企业资产负债表、损益表、财务状况变动表等。特别是要反映企业可用于本项目的流动资金，故需对企业的资金，在建已承诺项目的工作量与本工程的概预算加以分析对比。

6. 企业的商业信誉。主要是企业过去执行合同的情况和所完成的工程质量评价，以及过去履约的情况。

7. 其他方面。例如我国规定海外的施工企业要参加我国大陆境内工程投标，必须执有我国认可的银行或信托担保的证明文件。

有的招标项目采取资格后审的方式（Post Qualification），即将资格审查与发放招标文件同时进行，资格审查文件作为招标文件的一部分。这样，当对最低的履约能力有怀疑时，能有变更与回旋的余地。

对于通过资格预审的企业，招标单位将向其发出投标邀请书。

（六）发放招标文件

在资格预审结束后，招标单位就可通知已审查合格的投标人在规定的时间和地点购买招标文件。这里所说的招标文件指招标文件正文及有关的附件，它们是投标人在进入正式投标过程中所必须了解和使用的有关文件。

招标文件的内容包括：

1. 总说明

目的是使投标者了解工程全貌及特点。

2. 投标人须知（Instruction to Bidders）

目的是使投标者了解在投标活动中应遵循的规定和注意事项，内容包括：

（1）承包方式。指明是总价承包还是单价承包合同方式等，以及对联合承包、分包的有关要求等。

（2）投标的要求条件。指明投标所必需的手续和证明。包括保函、支付方式、投标所发生的费用等。

（3）有关投标程序方面的说明。诸如现场勘察的组织、情况介绍或答疑的安排、投递标书和报价单、开标、评标与授标的日程及要求，撤换和修改投标文件的期限等。

（4）投标者应遵循的规则及报价要求。指出对投标者填写标书的要求，投标书递送的要求，合同条款的补充与建议的规定，废标的处理以及其他方面的规定等。

（5）附加说明。主要包括：投标书编制依据，各种文件（文件说明、设计说明、合同条款、图纸、工程量清单及报价表等）的相互关系及矛盾处理，招标单位的答询方式，文件解释权及期限等。

3. 合同条款

又称合同条件（Conditions of Contract），目的是使投标者能了解项目执行过程中当事双方的权利和义务，以及建设单位可能提供的条件，以便于投标者决定是否参加投标。

在土木建筑工程合同条款范本（如 FIDIC）中通常将条款分为一般条款（General Conditions）和专用条款（Conditions for Particular Application）两类。一般条款包括诸如合同各方的权利和义务、支付方式、双方承担的风险等，它包括的各章节对于一切土建工程都适用，实际上是具有通用性的、现成的标准文本。所以一般国际工程施工承包合同中几乎都全部引用范本中的一般条款。专用条款是对一般条款的补充，根据特定工程的特点或所在国的特殊条件，可对个别的一般条款做必要的修改或增删。通常合同条款中主要包括以下主要内容：

（1）基本条款。包括当事人权利与义务、承包方式、合同语言、通知、保密等条款。应尽量详细明确。

（2）主要条款。包括工作范围、内容、价格、工程变更、支付和结算、建设分期及工程要求等。

（3）保证条款。包括保函、保险、误期罚款等。

（4）法律条款。包括税收、合同的生效和终止、合同的变更与终止、合同变更与废除、不可抗力、仲裁等。

（5）其他条款。诸如临时工程、转包分包等。

4. 工程技术说明书与图纸和资料（Specification, Drawing and Attachment）

5. 工程量清单

又称工程量表（Bill of Quantities），它实际上是包括工程量在内的一系列报价表格和费率计算表格。因此它是报价的基础，一般由招标方列出统一形式的表格，以便于投标人填写所报的有关单价、合计价和总价。

6. 投标书或标函

投标书或标函（Form of Tender, Proposal Form）是招标文件的一部分，也是投标时的总说明。它是以函件形式表达投标人对招标文件中规定事项的认可和许诺，并按要求开出自己的投标报价和承担工程施工、维护保证。若投标文件中要求投标者提出备选方案时，投标人在标书中还应增列备选方案的说明及其总标价。标函也是由招标人统一给定形式作为招标文件一部分，投标人填写后再作为投标文件的一个重要部分投交招标机构。

7. 保证金或保函

保证金(Bond)实质是投标人用来表示保证履行某种义务或责任而向招标人交付的抵押金。是招标人(业主)对投标人(或承包人)的一种制约手段。这类保证金通常不以现金的形式交付，而是以交付保函(Letter of Guarantee)的方式代替。即银行根据投标人(承包人)申请，向保函受益人(业主)开具保函，担保申请人履行责任，否则银行将承担向保函受益人赔偿的责任。保函的格式通常由招标人拟定并作为招标文件中的一部分。保证金或保函有以下几种：

(1)投标保函(Bid Bond)。是为了防止投标人和投标书被接受后，投标人修改或撤回标书，从而对业主造成损失而设。业主要求投标人在投标时应提交一定数额的保证金或保函作为抵押金(一般为标价的1%~3%)，若投标人未中标，则招标人在开标后的规定期限内将这种抵押金退还给投标人。开具保函的银行应是招标所在国认可的银行。

(2)履约保函(Performance Guarantee)。是为了使投标人在中标后能确保履约而提交的押金(一般为总标价的5%~10%)。履约保函是在投标人中标后，签订合同的同时或签约以后提交给业主或招标单位的。待工程如约完成后再退还给投标人。此外，也有同时或单独采用其他履约保证办法的，即每次发包人支付承包人工程款时，扣留一部分作为履约保证金(5%~10%)，称为保留金(Retainage)，待全部工程如约完成若干时日(1~3月)后予以发还。

(3)预付款保函(Prepayment Guarantee)。在合同签订后，业主可付给承包人以相当于合同总价10%~15%的工程预付款，其先决条件是承包人必须提交相应的预付款保函。

(4)维修保函(Maintenace Guarantee)。履约保函的保证期一般包括施工期和维护保修期(一年)。但有的业主要求承包人对维护保修期开具独立的维修保函。

8. 协议书(Form of Agreement)

是投标人中标后，由业主与承包商签订的合同格式。对于采用总价合同或单价合同形式的工程招标，由于合同中所应包含的内容(如接受的报价、承包方式、开发及竣工期、付款方式、奖罚标准等)已分别在招标及投标文件以及招标公告和双方往来文件中表明，它们均可构成合同的一部分，当事人愿遵守执行即可。这使合同谈判与签订工作大为简化，但除协议书正文外，尚应附有其他文件共同组成承包合同。重要的文件需要双方签字。国际通用的合同范本一般附有协议书的格式，可供参考。采用成本加补偿(酬金)的合同形式时，协议书不在招标文件中给定，由当事双方洽谈后制定。

(七)组织现场勘察

招标单位发出招标文件后，需组织投标者进行现场勘察，使之了解工程的现场条件及环境。有的还组织问题咨询、澄清或交底。通常投标者在投标期的进出问题，一般是由招标者通过书面答复并以备忘录形式发给各投标者，与答询问题的记录一起作为招标文件的补充和组成部分。

(八)组建评标委员会

1. 由招标人依法组建评标委员会；

2. 评标委员会由招标人的代表和评委库中有关技术、经济等方面的专家组成；专家应当从事相关领域工作满 8 年并具有高级职称或者具有同等专业水平，由招标人从国务院有关部门或者省、自治区、直辖市人民政府有关部门提供的专家名册或者招标代理机构的专家库内的相关专业的专家名单中确定。

3. 招标人根据工程规模和工程需要，在招投标管理机构的监督下于开标前从专家评委库中随机抽选所需专家评委；特殊招标项目可以由招标人直接确定。评标委员会成员的名单在中标结果确定前应当保密。与投标人有利害关系的人不得进入相关项目的评标委员会；已经进入的应当更换。

4. 评标委员会总人数应为不少于 5 人的基数。其中招标人、招标代理以外的技术、经济等方面的专家不得少于评标委员会总人数的三分之二。

5. 评标委员会应设负责人。评标委员会负责人由招标人确定或者由评标委员会推荐产生。

（九）接受投标文件

招标文件中要明确规定投标文件的投送地点和期限，一般从发放招标文件到投标截止日期应有 2~4 个月，投标人送达投标文件时，招标单位应检验文件是否密封和送达时间是否符合要求，合格者发给回执，否则拒收并作为废标。投标书递交后，在投标截止限期前，仍允许投标者通过正式函件调整报价或作补充说明。

（十）开标

开标（Bid Open）是在规定时间、地点，在评标委员会全体成员和所有投标者参加的情况下，经公证检查投标密封合格后，当众开启，逐一宣布各投标者的投标报价情况，并加以记录，由招标单位法定代表签字认可。

（十一）评标与授标

1. 评标

国际上评标一般是由招标单位的总经济师或总工程师负责组织专家评标委员会，或委托咨询公司，独立、秘密地进行。一般步骤如下：

（1）符合性审查（初审）。审查投标书是否符合招标文件规定和要求，有无重大计算错误以及有无不可接受的先决条件和保留。如果不合要求或不可接受，则予以废弃。初审由招标工作人员协助评委会完成。

（2）实质性评标（详评）。评标时要进行报价比较和其他因素的审查比较。在报价比较方面，国外公开招标常采用的方法是选取最低报价者中标，但应注意防止其不正常压价而可能招致的风险。在比较报价时，既应比较总价，又应分析比较单价以及判断报价的合理性。

实质性审查从内容上可以分为技术评审和商务评审。技术评审是指技术专家负责，考察技术方案、施工措施、技术手段、技术装备、人员配置、组织方法和进度计划的先进性、合理性、可靠性、安全性等；必要时评委会可以组织答辩。商务评审是指经济专家负责，考察投标报价的构成、计价方式、计算方法、支付条件、取费标准、价格调整、税费、保险及优惠条件等。国际招标中还有关于报关、汇率、支付方式等内容。

评标方法包括：定性评审和定量评审两种方法。定性评审主要是指专家评议法，专家对标书的各项进行认真比较分析后以协商和投票的方式选定中标人。定量评审包括综合评分法，低标价法、合理最低投标价法。综合评分法是指评委会事先根据招标项目的特点将准备评审的内容进行分类，再把各类划分成小项，并确定各类及各小项的评分标准，予以打分。低标价法是指以评审价格作为衡量标准，选取最低评标价作为推荐中标人。以投标报价为基础，将报价之外需要评定的要素折算成价格，最后构成评标价格（投标价低于成本的除外）。

除比较报价外，还应从其他方面加以审查、比较，例如投标者提出的施工方案、技术特点、进度安排的可行性与先进性，工期与质量的保证措施以及施工设备、效率及其他指标等。还有诸如投标者的经验、业绩、实力、财力和其他因素，例如是否有对工程项目的附加优惠条件（带资承包、施工设备赠与等），这种审查可以说相当于资格复审。若第一候选人在这方面可以信赖，即可选定为中标人。否则可依次考虑第二或第三候选人。

通过全面综合比较后选定一名中标者，即将评标意见写成评标报告并上报批准。

2. 谈判与授标

在决标与授标前，招标人一般要与中标候选人会谈，以便澄清某些问题并对投标人所提的条件（Offer）进行还价（Counter Offer）。这是因为个别中标人的中标优势可能在某一方面（如报价），而另一方面条件则较差，通过谈判可能争取得到更满意的结果，即可尽快决标，并进行授标。

决标后，招标单位应向中标者发出中标通知书或接受信，通知中标人在规定期限内（15~30天）与招标人签订协议或承包合同。同时，还应通知未中标的其他投标者。若中标者未能及时提交履约保函，并在规定期内向招标单位办理签订协议或合同事宜，则招标单位可取消其承包权和没收其投标保证金。

（十二）签订合同和发包

在国际惯例上，一般不允许招标人为了压低标价而任意废标后再行招标的做法。只有在出现下列情况之一时，招标单位才可拒绝全部的投标。

（1）最低标价大大超过标的价格（超过20%以上）；

（2）所有的投标报价文件均不符合招标文件要求；

（3）投标单位过少（如少于3家）。

如因上述原因而废标，招标单位应认真审查招标文件和标的，研究原因，并加以审订修改后，才能重新招标。

六、工程监理概述

（一）工程监理的含义

工程建设监理就是工程建设监理单位接受业主的委托和授权，根据国家批准的工程建设项目文件，即监理的执行者依据有关法规和技术标准，综合运用法律、经济、行政和技术手段，对工程建设参与者的行为和他们的责、权、利，进行必要的协调与约束，制止随意性和盲目性，确保建设行为的合法性、科学性和经济性，保证建设工程项目目标的最优实现。

从广义来看，工程监理包括政府监督和社会监理两方面：

1. 政府监督

政府监督是指各级人民政府建设行政主管部门和国务院工业、交通部门对工程建设实施阶段建设行为实施的监督，以及对社会监理单位监督管理。政府监督的主要内容包括：制定并监督实施监理法规以及相关的建设法规，审批建设监理单位资质，归口管理所辖区域的建设监督工作。对工程建设项目实施直接监督，如建设项目是否符合国家经济发展总体要求，是否符合环境保护要求等。

2. 社会监理

社会监理是指社会监理单位受建设单位的委托，对工程建设实施阶段建设行为实施的监理。社会监理单位可以是专门从事监理业务的工程建设监理公司或事务所，也可以是兼承建设监理业务的工程设计、科学研究、工程建设咨询单位等。

社会监理的内容非常广泛，从投资决策咨询的建设项目前期准备阶段，到工程保修阶段，贯穿整个工程的全过程。

这里需要指出的是，具体的建筑工程监理对建筑工程的监督，与政府有关部门依照国家有关规定对建筑工程进行的质量监督，二者在监督依据、监督性质以及与建设单位和承包单位的关系等方面，都不相同，不能相互替代。工程监理单位对工程项目实施监督的依据是建设单位的授权，以社会中介组织作为公证身份进行监督，工程监理单位与建设单位和工程承包单位是平等的民事主体，没有行政处罚的权力。而政府主管部门监督的依据是法律、法规，属于强制性行政监督管理，与建设单位和工程承包单位属于行政管理与被管理的关系，政府主管部门有行政处罚权。

由工程监理的工作性质可知，工程监理具有如下几个特点：

第一，服务性，工程监理机构受业主的委托进行工程建设的监理活动，它提供的不是工程任务的承包，而是服务，工程监理机构将尽一切努力进行项目的目标控制，但它不可能保证项目的目标一定实现，它也不可能承担由于不是它的缘故而导致的项目目标失控的责任。

第二，科学性，工程监理机构拥有从事工程监理工作的专业人士——监理工程师，它将应用所掌握的工程监理科学的思想、组织、方法和手段从事工程监理活动。

第三，独立性，指的是不依附性，它在组织上和经济上不能依附于监理工作的对象（如承包商、材料和设备的供货商等），否则它就不可能自主地履行其义务。

第四，公平性，工程监理机构受业主的委托进行工程建设的监理活动，当业主方和承包商发生利益冲突或矛盾时，工程监理机构应以事实为依据，以法律和有关合同为准绳，在维护业主的合法权益时，不损害承包商的合法权益，这体现了建设工程监理的公平性。

(二)工程监理的中心任务

工程建设监理的中心任务就是控制工程项目目标，也就是控制经过科学地规划所确定的工程项目的投资、进度和质量目标，这三大目标是相互关联、互相制约的目标系统。

工程建设监理的基本方法是一个系统，它由不可分割的若干个子系统组成，它们相互联系，互相支持，共同运行，形成一个完整的方法体系。这就是目标规划、动态控制、组织协调、信息管理、合同管理，这些工作都是围绕确保项目控制目标的实现而开展进行的。

（三）监理组织机构建立的程序

监理单位根据监理工作内容、工程项目特点以及自身的水平及能力，来建立监理组织结构，其程序如下：

1. 确定项目监督理机构目标

建设工程监督目标是项目监理机构建立的前提，项目监督理机构建立应根据委托监理合同中确定的监理目标，制定总目标并明确划分监理机构的分解目标。

2. 确定工作内容

根据监理委托合同中的规定，明确列出监理工作内容，并考虑所监理项目的规模、性质、工期、复杂程序以及监理单位自身的业务水平、人员数量等因素，对监理工作内容进行分类归并及组合。

3. 确定组织结构形式

由于工程项目规模、性质、建设阶段等的不同，可以选择不同的监理组织结构形式以适应监理工作需要。结构形式的选择应考虑有利于项目合同管理，有利于控制目标，有利于决策指挥，有利于信息沟通。

4. 合理确定管理层次和管理跨度

监理组织结构中一般应有三个层次：一是决策层，由总监理工程师和其助手组成，要根据工程项目的监理活动特点与内容进行科学化、程序化决策；二是中间控制层（协调层和执行层），由专业监理工程师和子项目监理工程师组成，具体负责监理规划的落实，目标控制及合同实施管理，属承上启下管理层次；三是作业层（操作层），由监理员、检查员等组成，具体负责监理工作的操作。项目监理机构中管理跨度的确定应考虑监理人员的素质、管理活动的复杂性和相似性、监理业务的标准化程度、各项规章制度的建立健全情况、建设工程的集中或分散情况等，按监理工作实际需要确定。

5. 项目监理机构部门划分

项目监理机构中合理划分各职能部门，应依据监理机构目标、监理机构可利用的人力和物力资源以及合同结构情况，将投资控制、进度控制、质量控制、合同管理、组织协调等监理工作内容按不同的职能活动形成相应的管理部门。

6. 制定岗位职务、职责及考核标准

岗位职务及职责的确定，要有明确的目的性，不可因人设事。根据责权一致的原则，应进行适当的授权，以承担相应的职责；并应确定考核标准，对监理人员的工作进行定期考核，包括考核内容，考核标准及考核时间。

7. 选派监理人员

根据监理工作的任务，选择相应的各层次人员，除应考虑监理人员个人素质外，还应考虑总体的合理性与协调性。我国《建设工程监理规范》规定，项目总监理工程师应由具有3年以上同类工程监理工作经验的人员担任；总监理工程师代表应由具有2年以上同类工程监理工作经验的人员担任；专业监理工程师应由具有1年以上同类工程监理工作经验的人员担任。并且项目监理机构的监理人员应专业配套、数量满足建设工程监理工作的需要。

8. 制定工作流程和信息流程

为使监理工作科学、有序进行，应按监理工作的客观规律制定工作流程和信息流程，规范化地开展监理工作。

七、监理工作的内容与方法

从监理工作的主要服务对象来看，监理工作的内容大体可以分为工程投资监理、工程进度监理、工程质量监理、工程成本(造价)监理等。

(一)工程投资监理

工程投资监理贯穿着工程全过程。是在工程建设项目决策阶段、设计阶段、承发包阶段和建设实施阶段，把投资的发生控制在批准的投资限额以内，随时纠正发生的偏差，以保证工程建设项目投资管理目标的实现，有效地使用人力、物力、财务，取得较好的投资效益和社会效益。

1. 投资监理的内容

按工程项目的不同阶段，投资监理的内容可分为：

(1)投资决策阶段的投资监理

在工程项目投资决策阶段，即编制项目建议书阶段，应把项目建设纳入长远规划和年度计划通盘考虑，审批项目建议书、可行性研究和设计任务书，为最终投资决策奠定基础。

(2)设计阶段的投资监理

在设计阶段，进行设计监理的建设项目，监理单位应在初步设计阶段提出设计要求，组织设计招标或设计竞赛，评选设计方案，选择勘察设计单位并签订委托设计合同，审查初步设计和初步设计概算；在施工图设计阶段，同样要对施工图进行中间审查，控制设计标准及主要设计参数，审查施工图预算，参加图纸会审等。

(3)施工招标阶段的投资监理

在施工招标阶段，监理单位通过编制与审查标底、编制与审核招标文件、提出决标意见、协助建设单位签订发包合同、审查分包单位的选择等进行投资监理。

(4)施工阶段的投资监理

在施工阶段，监理单位通过审核设计变更与协商、核批索赔文件、签发工程付款凭证、审查工程结算、审查主要建筑材料与设备订货、掌握工作进度与工程款发放、对投资计划与实际费用支出进行比较等进行投资监理。

2. 投资监理的措施

(1)组织措施

确定投资监理的工作流程：建立投资监理组织保证体系，落实投资监理人员；明确监理人员的任务分工和管理职能分工；使投资控制有专门机构和人员管理，任务职责明确，工作流程规范化。

(2)技术措施

把价值工程的概念应用于设计、施工阶段，开展技术经济比较论证，进行多方案选择。严格审查初步设计、施工图设计、施工组织设计和施工方案，严格控制设计变更，研究采取相应的有效措施来达到节约投资的目的。

（3）经济措施

包括编制投资规划和详细计划；编制资金的使用控制计划；将计划目标进行分解，动态地分析和比较工程投资的计划值与实际支出值，对各项费用的审批和支付严格把关，对节约投资的方法采取奖励措施。

（4）合同措施

确定合同的结构，通过合同条款的制定，明确在设计、施工阶段的工程投资控制目标，审核合同中有关投资的参数，参与合同谈判，处理合同执行过程中的变更与索赔。使其不突破计划目标值。

（5）信息管理

加强投资信息管理，定期进行投资对比分析。采用计算机辅助工程项目的投资控制管理。

3. 投资监理的方法

对项目的投资监理，应该运用具体的技术经济方法，针对不同的技术方案进行经济分析，选择合理的技术方案。其基本程序是：建立技术方案；分析各技术方案的优缺点；建立各种技术方案的数学模型；对技术方案作综合评价。适用于投资监理的主要技术经济分析方法有下列 5 种：

（1）方案比较法

这是一种简便而适用的方法，主要是对比分析各种方案的技术经济指标或综合指标，从中选择指标最优的方案。利用这种方法，各对比方案要满足下述四个条件：

第一，满足需要的可比。即对比的方案必须满足相同的需要，它们的产量、质量品种指标具有可比性。

第二，消耗费用可比。各个方案必须从整个国民经济观点和综合的观点出发，考虑它的全部消耗费用。

第三，价格指标上可比。即都利用同一时期的比价水平，或都计算利息等。

第四，时间上可比。生产、消耗、资金占用时间的迟早，对企业和国民经济的作用不尽相同。故在对比时，要消除时间上的矛盾，采用相等的计算期。

（2）盈亏分析法（量本利法）

这种方法适用于分析技术方案的生产规模与盈利关系，可用来进行经济预测和决策。

（3）回归分析法

即研究经济、技术指标间的因果关系的方法，可以用来对技术方案进行决策。

（4）决策树法

是一种树状图，可用来对不同技术方案进行概率性分析，从而求出期望值，以便进行优选决策的方法。

（5）价值分析法

是以最低寿命周期费用可靠地实现必要的功能，着重于产品作业功能分析的有组织活动，最适用于对设计方案进行分析和优选。

（二）工程进度监理

进度控制针对工程项目各建设阶段的编制计划，将实际进度与计划进度进行对比，出现偏差时进行纠正，并控制整个计划的实施。建设项目进度监理的总目标是通过监理单位的咨询和监督活动，确保工程如期完成。

1. 工程进度监理的内容

工程项目进度监理包括：工程项目总周期的论证和分析，工程项目总进度计划的编制，阶段详细进度计划的编制，进度计划的监督，施工现场的调研与分析。

（1）工程项目总周期的论证与分析

通盘考虑整个工程项目，全面规划，指导施工单位有计划地运用人力、财力、物力和时间、空间、技术、设备，按委托方对工程项目的工期要求，确定经济合理的实施方案。这种论证与分析反映在文字上，就是施工组织设计。

以住宅小区编制施工组织设计为例，其主要内容有：施工项目一览表——按区域系统形成，排列整齐，并分别计算其工程量；施工进度网络计划——按项目排列施工顺序，按时间安排项目的开竣工日期；施工总平面布置——绘制住宅工程、配套工程、附属工程（如各种管线）、施工现场及大型临时设施的平面布置图和示意图。监理单位以此为总目标，要求参加建设施工的各单位分别作出单幢工程施工组织设计，分部分项工程组织设计。这样，按施工组织设计的要求，范围从大到小，项目由多到少，安排由粗到细，工期由长到短，层层落实，环环相扣，构成一个施工现场组织网络体系，从而保证现场各项工作的有计划进行。

（2）工程项目总进度计划的编制

工程项目总进度计划是包括设计、采购、施工等有关工作在内的综合进度计划，其考核指标以投资完成额（工作量）来衡量。将各项工程完成量按照预算折合成以货币形式表示的投资额（即以货币作为统一的计量单位）相加，将其总和与原预算比较以反映总进度完成如何。总进度计划的控制应根据项目施工组织设计的要求，首先将所有的单项工程按顺序排列，并确定其相互制约关系，然后计算出每一单项工程所需的工时数，从而计算出其所需工期和整个工程所需工期。在此基础上再结合工程具体情况和定额工期，与委托方签订工程施工总工期。如委托方达不到合同工期的要求，则要想方设法采取有力措施（如增加工作班组、改进运输途径、调整施工办法等），力争做到不拖工期，也不增加费用。

（3）阶段详细进度计划的编制

阶段详细进度计划以工程开、竣工时间为中心进行编制。内容包括房屋的开工、施工、竣工交付使用，市政公用工程及配套项目的开工，商业服务网点的开业，公共交通线路的开通，道路修建、现场清理，路灯及电话的安装，植树绿化，基层政权的建立和管理等。整个工程的开、竣工日期应与合同期相符合。

在计划的实施过程中要求监理（管理）方对现场情况进行调查分析，及时发现和解决问题。例如，目前多数开发公司对现场的管理采用召开定期调度会的办法。调度会一般由业主或委托监理单位召开，参加单位一般包括规划设计单位、施工单位、建设单位、房管部门、市政公用部门等。会议内容主要是检查计划执行情况，研究解决工程项目建设中遇到的问题（包括措施、期限、落实等），以平衡、协调各方面的关系，保证计划的完成。

（4）进度计划的监督

进度计划的监督工作主要包括：①注意设计图纸进度对施工进度的影响，了解设计进度情况及预计完成日期对施工进度的影响。②设备材料采购的进度情况。包括各项设备是否按计划完成，计划运到现场日期，检查验收办法及检测手段的落实。③各种预制构、配件的预订及加工日期，具体到货日期及到货情况。④施工进度情况。及时了解各单项工程的完成情况，实际动工日期和完成日期。⑤监理控制。及时发现实际与计划的偏离现象，并采取有效措施补救，以确保计划的完成。

2. 工程进度监理的方法

（1）横道图法

横道图具有直观、易懂、绘制简便等优点，当进度计划采用横道图表达时，实际进度与计划进度的对比记录方法有多种形式，最简单的办法是：将检查日期内项目施工进度的实际完成情况用与计划进度横线条有区别的横线条表示，标在计划进度的下方。这种方法清楚、明晰，很容易看出实际进度提前或拖后的天数。

横道图的缺点是从图中看不出各项工程之间的相互依赖和制约的关系，看不出一个工作提前或错后对整个计划有无影响和影响的程度，看不出哪些是关键性工作。

（2）网络图法

网络图法是 20 世纪 50 年代末出现的管理方法，这种方法的原理是首先应用网络形式来表达计划中各项工作的先后顺序和相互关系；其次通过计算找出计划中的关键工作和关键线路，在计划执行过程中进行有效的控制和监督，保证合理地使用人力、物力、财力完成目标任务。

利用网络图管理进度，首先要编制出紧急线路网络图一览表，并将各项工作内容如挖土、垫层、基础、结构、装修等所需工作日，即最早开始日期、最早完成日期、最迟开始日期、最迟完成日期、自由时差、独立时差、总时差等指标计算出来，按其作业顺序，凡机动时间合计为零的关键线路上的作业，应安排高级管理人员进行管理，搞好协作，保证如期完成。凡机动时间合计在工程工期 10% 以内的作业，中层管理人员应作为重点管理，对整个项目及各项工作时差的数量界限，包括自由时差、总时差、独立时差等的数量界限都应使各级管理者有准确的了解，做到心中有数。

（3）S 形曲线比较法

S 形曲线能直观反映工程实际进度与计划进度所存在的偏差，并对后期工程进度进行有效的预测。S 形曲线是以横坐标表示时间，纵坐标表示工作量完成情况的曲线图。工作量可以采用实物工程量、工时消耗、费用支出额或相应的百分比来表示，并按工程建设进度计划绘出计划进度的 S 形曲线。随着建设进度定期检查计划实际完成程序，并绘制实际进度的 S 形曲线。通过计划进度 S 形曲线与实际进度 S 形曲线的比较，即可以获得进度控制的有关信息，以便分析进度延迟或提前的原因，制定相关的控制对策。

（4）"香蕉"曲线比较法

"香蕉"曲线是由两条具有同一开始和同一结束时间的 S 形曲线组成。一条曲线是按原网络进度计划的最早开始时间安排的进度绘制，称为 ES 曲线；另一条曲线是按原网络进度计划的最迟开始时间安排的进度绘制，即 LS 曲线。然后，按实际进度绘出实际进度曲线，即 R 曲线。利用实际进度曲线（R）与香蕉曲线进行比较，可以发现工程建设进度计划的执行状况，以便采取相应措施实现对工程建设进度的控制。一般情况下，工程建设进度可能出现下列三种情况：若实际进度曲线 R 落在香蕉曲线的范围之内，则表示工程进度正常，属理想状态；若实际进度曲线 R 在 ES 曲线的上方，则表示工程实际进度超前原计划进度；若实际进度曲线 R 在 LS 曲线的下方，则表示工程实际进度落后原计划进度。

（三）工程质量监理

工程质量监理是指建设工程在准备和实施过程中，监理单位通过对市场调查、设计、采购物资、加工订货、施工、试验和检验、安装和试运转、竣工验收、用后服务等一系列环节中的作业技术活动的检查和督促，使建设工程在性能、寿命、安全性、可靠性和经济性等方面都达到一定标准的活动。质量监理贯穿工程建设的始终，是整个建设工程的重要组成部分。

完成质量监理的重点是在设计和施工阶段对各种技术的有效控制和对加工订货的监督。它一般可分为三个环节：一是对影响质量的各种技术和活动按要求制定计划和程序，即确立监理计划与标准；二是要按计划和程序实施，并在实施过程中进行连续检验和评定；三是对不符合计划和程序的情况进行处置，并及时采取纠正措施。抓住这三个环节，才能圆满地完成质量监理任务。

1. 工程质量监理的作用

工程质量监理的作用主要体现在三个方面：

（1）促进设计单位和施工单位的质量控制活动，保证工程质量

受建设单位的委托，监理单位参与工程设计的监督，有利于促进设计单位按用户的要求，把好设计质量关。监理单位作为中间方熟知使用单位和建设单位的要求，掌握设计标准和规范要求，可以及时传达用户信息，使产品设计的符合性和适用性得以提高。而对施工单位的技术规范、操作规程、施工方案的有效控制，可以及时地完善施工过程中的质量体系，最终使质量得以保证。

（2）优化设计单位和施工单位的质量环境

保证工程质量，主要靠设计单位和施工单位内部建立完善的质量管理体系，保证质量管理体系的正常运行。而监理单位、供应单位、分包单位、外协单位等，则构成了质量管理体系的合同环境，没有这些单位的质量监督与保证，设计单位和施工单位的质量保证就不易实现。因此，监理单位对这些单位的监理，优化了设计、施工单位的外在质量环境，使质量监理工作更全面。

（3）促进建设单位对质量的控制

监理单位对设计施工等单位进行检查和督促，对建设单位，同样也存在着监督作用。由监理单位进行监理可以督促建设单位遵守质量责任制度和奖罚制度，慎重决策，认真对待每一个建设环节，严把质量关。

2. 工程质量监理的依据

不同的工程阶段质量具有不同的质量监理依据，具体情况如下：

（1）设计阶段质量监理的依据

①国家和政府有关质量监理方面的规定　为了保证设计质量，国家和各级政府颁发了

大量的有关规定，如在设计单位推行全面质量管理的规定和考核办法，关于勘察设计单位资格证的规定，关于优秀设计奖评选的有关规定，设计文件的编制和审批办法等，都是设计质量监理的依据。

②有关勘察设计的各种标准、规范、规程、定额和手册等。

③已批准的设计任务书及可行性研究报告　设计任务书是在进行了可行性研究及经济评价后提出来的，是设计监理的总纲，必须遵守。

④在设计及设计交底、图纸会审中施工单位提出的意见及施工中对质量的反馈信息。

(2)施工阶段质量监理的依据

①有关的标准、规范、规程和规定　技术标准和规范有国家标准、行业标准和企业标准。它是建立、维护正常的生产秩序和工作秩序的准则，是设备、材料和工程质量的尺度，是专业化协作的依据。施工方面进行质量监理的依据主要是工程施工及验收规范，质量检验评定标准，原材料、半成品的技术检验和验收标准等。

技术规程是为执行技术标准和保证施工有秩序进行而制订的职工统一行动的规则，如施工技术规程、操作规程、设备维护和检修规程以及安全技术规程等。各种技术规程与质量密切相关。

各种有关质量方面的规定，是有关主管部门根据需要发布的带有指导性的文件，它对于标准规范的实施，对于改变实践中存在的许多问题，都具有指令性、及时性、科学性的特点。

质量监理工作对这些法定的有关标准、技术规范、技术规程和各项规定，都必须了解、执行，严格遵守。

应当指出的是，建设监理制度是按照国际惯例建立起来的，特别适用于大型工程、外资工程及对外承包工程，因此进行质量监理还必须注意国际标准和国内标准。一般来说，国际标准要比国内标准要求高，故国内标准要向国际标准看齐，逐渐采用国际标准。

②设计文件　"按图施工"是约定俗成的事。但是作为监理单位和施工单位，在进行质量监理时，必须进行图纸审查，及时发现其中存在的问题或矛盾之处，及时协商，提请设计单位修改。没有变更的设计是不存在的。不注意研究设计图纸的正确性的监理单位和施工单位是不能保证质量的。因此，要使图纸会审与协商变更形成制度，并把它写进合同，以保证设计的完善和实施的正确性。可以说，监理单位对设计的监理不但体现在设计之时，也体现在施工之中。

③监理合同和承包合同　监理合同中有建设单位和监理单位有关质量监理的权利和义务条款，承包合同中有建设单位和施工单位有关质量监理的权利和义务条款，各方都必须履行在合同中的承诺。尤其是监理单位，既要履行监理合同的条款，又要监督建设单位、设计单位和施工单位履行质量监理条款。因此，监理单位要熟悉这些条款，当发生纠纷时，及时采取协商、仲裁等手段予以解决。

④施工方案　施工方案是施工单位进行施工准备和指导现场施工的规划性文件的基本部分，其内容突出了技术方法的选择和保证质量措施的设计。实行监理的工程，施工方案在监理单位审核后才能定案。它是施工单位进行质量控制和监理单位进行质量控制的共同依据。

⑤施工技术资料管理的规定　为了统一工程施工技术资料的管理，加强企业的基础业务建设，提高管理水平，确保工程质量，有关地区和行业均根据国家颁发的施工验收规范，结合实际情况颁发了施工技术资料管理的规定。该规定对单位工程竣工时应具备的技术资料及资料的取得方式、管理办法、使用的表格等，都有明确的要求，施工单位在进行质量监理时，必须遵守。

3. 工程质量监理的内容

工程质量监理从内容上看主要包括以下三个方面：

(1)对原材料的监理

对项目工程使用的每种原材料，都要审查其生产厂家的有关数据资料，并通过试验决定能否在该工程上使用。施工单位不得使用未经监理部门批准的任何一种原材料。

(2)对混凝土浇灌的试验监理

工程的任何部门浇灌混凝土都要由监理单位和施工单位双方共同测试，根据规范严格检查。未经监理单位认可，施工单位不得自行浇灌混凝土，否则要炸掉，并且不付工程款。

(3)对施工程序的监理

在工程建设中，承建单位的每一项施工活动，都要事先上报监理方取得认可。在施工过程中监理方按施工方报告逐项检查，不合格的即下令停工，直至修改合格后方准继续施工。全部施工活动完毕，监理方还要进行严格检查。

严格的监理制度，能保证工程的质量。当前，我国的基本国情是市场体系发育还不完善，许多构件、设备、材料及其他物资的质量不过关，施工队伍素质较差。在这种情况下，建设单位在保证工程质量中处于重要地位，尤其是各地开发公司，负责材料、设备、构件等的采购供应，在发包过程中负责选择设计、施工队伍。这要求开发公司按国家规定严格把关，通过招标方式择优选择设计和施工队伍，并按合同规定严格履行双方的权利和义务。

(四)工程成本(造价)监理

工程成本(造价)监理是确保工程投资与资源充分利用，实现工程合同计划的重要保证；是防止预算超概算，决算超预算的重要手段；也是工程项目争取最大经济效益的重要管理措施。由此可见，工程成本(造价)监理对企业的经济效益尤为重要。

1. 工程成本(造价)监理的任务和控制方法

在项目建设实施过程中，工程成本(造价)监理的任务是按预算成本阶段分部位地进行成本控制，不使其一个部位或一个项目超出预算规定，否则就要进行比较分析，找出原因。

工程成本(造价)监理与传统管理方法的重要区别是：传统管理是一次拨款，竣工后决算，对工程的预控工作难以落实，往往导致亏盈既成事实；而工程成本(造价)监理则正好弥补了传统管理的缺陷，实行工程建设过程的预先控制，发现问题及时分析处理，并采取补救措施。

2. 施工阶段的成本(造价)监理

施工阶段的成本(造价)监理要求做到以下两点：

（1）把好按进度拨款关，即要从审查每个工程和分部分项工程的清单、单价入手，按进度拟定拨款计划。

（2）及时掌握和记录相关情况，如修改设计所引起的工程量、工程项目的增减情况，并保留项目变更的原始记录和审批手续。如遇不可预计的情况时（如地质条件变化、恶劣气候影响、材料供应拖延和价格调整等），更应进行详细记录，以便区分责任和原因并进行处理（如赔偿、索赔等）。

3. 招标承包工程的成本（造价）监理

招标承包工程的成本（造价）监理要求做到以下四点：

（1）详细分析中标者的标书和报价，根据合同预算，组织双方签订合同，并以此作为工程结算的依据。

（2）工程开工后，要逐月进行成本分析，具体核算实际成本与计划价格、投标报价、合同预算、施工预算之间的各分部分项工程及各阶段差别，进行比较和盈亏分析。如果发现问题，应及时采取有力措施，确保施工过程中的实际成本始终在计划价格幅度之内，直至工程竣工结算。

（3）逐步建立检查制度和程序，进行定量工作，制定切实可行的措施，从而保证计划的实施和目标的实现。

（4）根据工期计算工程造价的监理程序，应先根据建设单位提出的工期计算造价，编制 2~3 个不同工期的进度计划方案，详细计算每个方案的造价，然后求得最低造价的工期即为最优工期。

（五）合同管理

合同管理是加快工程进度、降低工程造价、保证工程质量有效的途径之一。通过合同管理，可以督促施工单位在各个阶段按照承包合同保证设备、人员的配备及投入，保证各阶段目标按合同实施，减少开口工程，减少索赔事件，控制工程结算等。

施工合同管理的主要内容：

1. 拟订本工程项目合同体系及合同管理制度，包括合同草案的拟订、会签、协商、修改、审批、签署、保管等工作制度及流程。

2. 协助业主拟订项目的各类合同条款时应当在文字语言方面做到清楚明白，避免含糊不清、词不达意的现象发生；并参与各类合同的商谈。

3. 协助业主对工程暂停及复工、工程变更的管理、费用索赔、工程延期及工程延误的处理，及合同争议的调解工作。

4. 以合同为依据，本着实事求是、公正的精神，合情合理地处理合同执行过程中的各种争议。以工程总体效益为出发点，将工程总体效益作为合同的管理目标，促其实现。

5. 合同管理坚持程序化，如设计变更、延期、索赔、计量支付等都规定出固定格式和报表。合同价款的增减要有根有据，合同外项目增加要严格审批制度。对重大合同管理问题的处理，如大的变更、索赔、复杂的技术问题等，组成专门小组进行研究。对不合实际情况的合同条款及时向业主报告，尽早处理，以免造成损失。

（六）信息管理

信息管理措施如下：

1. 由专人负责工程建设信息的收集、分类、整理储存及传递工作。信息传递以文字为主，统一编号；并使用计算机进行管理，为工程建设提供及时有用的信息和决策依据。

2. 建立必要的会议、例会制度，整理好会议纪要，以便督促检查会议决定的执行情况。

3. 监理工程师必须作好现场记录，认真填写监理日志，将每日施工内容、投入的人力、设备、工程进展情况，发生的各种问题，当天所作的重大决定，给施工单位的各种指示，以及召开的会议等，均如实记载，以备日后查阅。

4. 做好图纸资料、设计修改通知、观测试验资料、工程照片、录像、收文、发文等档案文书的保管和传递、归档工作。

5. 建立完整的各项报表制度，规范各种适合本工程的报表。定期将各种报表、信息分类汇总，及时向业主及有关方面报送。

（七）安全环境管理

安全生产和文明施工是一个非常重要的问题。在施工过程中，对施工安全必须严加管理，牢固树立"安全第一、预防为主"的思想，保证无人身重伤事故，轻伤率低于5‰，无等级火灾事故，无机械、设备、交通责任事故。且施工需要有环保意识，尽量降低施工对环境的污染。

（八）组织协调管理

1. 施工单位之间的协调

在施工期间，对各施工单位之间、各作业面之间、各施工工序之间均可能发生的矛盾、干扰、纠纷，必须进行及时、有效的协调，以确保施工单位有一个良好的施工环境。

2. 建立定期的协调会议制度

建立定期的协调会议制度，如第一次工地会议、工地监理例会、专业性监理会议等。会议由监理工程师记录并整理成会议纪要，经与会各方认可，分发给有关部门单位，会议纪要应主要包括：会议地点及时间；出席者姓名、职务及其代表的单位；会议中发言者的姓名及所发言的主要内容；决议事项；决议事项由何人在何地何时执行。

3. 现场与外界协调

监理工程师要经常深入现场，了解各工作面的进展情况、存在的问题，定期（周或月）召开协调会议；向业主、设计和施工单位通报工程的形象进度，指出应该注意的事项，协调统一各单位的质量、进度、安全、环保等意识，齐心协力搞好工程建设。同时，请业主或协助业主解决在施工中与地方政府、移民等外界所发生的矛盾，解决与其他承包商之间所发生的矛盾，以及某些施工单位出现的财力、物资困难，为施工单位创造良好的外部环境。

4. 技术分析协调

定期召开各单位主要技术负责人会议，对工程中出现的重大问题，及时进行商讨，取得共识，指导工程建设。

5. 材料设备协调

及时对供货单位与各施工单位之间供需矛盾进行协调、调整，以保证材料、设备的适时供应。

第六节 房地产开发项目竣工验收

一、房地产开发项目竣工验收概述

工程项目竣工验收就是由建设单位、施工单位和项目验收委员会，以项目批准的设计任务书和设计文件，以及国家(或部门)颁发的施工验收规范和质量检验标准为依据，按照一定的程序和手续，在项目建成并试生产合格后，对工程项目的总体进行检验和认证(综合评价，鉴定)的活动。

工程项目的竣工验收是建设过程的最后一个程序，是全面检验设计和施工质量，考核工程造价的重要环节。房地产开发项目经过建设施工、设备安装及配套设施建设，达到设计文件要求的质量和使用功能，就要进行竣工验收。

(一)竣工验收的要求

根据《城市房地产开发经营管理条例》规定，房地产开发项目竣工，经验收或者验收不合格后，方可交付用；未经验收或者验收不合格的，不得交付使用。房地产开发项目竣工后，房地产开发企业应当向项目所在地县级以上地方人民政府房地产开发主管部门提出竣工验收申请。房地产开发主管部门应当自收到竣工验收申请之日起 30 日内，对涉及公共安全的内容，组织工程质量监督、规划、消防、人防等有关部门或者单位进行验收。

当开发项目完工并具备竣工验收条件后，由承包商按国家工程竣工验收有关规定，向开发商提供完整竣工资料及竣工验收报告，并提出竣工验收申请。之后，开发商负责组织有关单位进行验收，并在验收后给予认可或提出修改意见。承包商应按要求修改，并承担由自身原因造成修改的费用。

在正式办理竣工验收之前，开发商为了做好充分准备，需要进行初步检查。初步检查是指在单项工程或整个开发项目即将竣工或完全竣工之后，由开发商自己组织统一检查工程的质量情况，如隐蔽工程验收资料、关键部位施工记录、按图施工情况及有无漏项等。根据初步检查情况，由工程项目的监理工程师列出需要修补的质量缺陷"清单"，这时承包商应切实落实修复这些缺陷，以便通过最终的正式验收。进行初步检查对加快扫尾工程，提高工程质量和配套水平，对加强工程技术管理，促进竣工和完善验收都大有好处。

(二)竣工验收的作用

1. 全面考察工程项目设计和施工的质量，以便及时发现和解决存在的问题，以保证项目按设计要求的各项技术经济指标正常使用。

2. 竣工验收是加强固定资产投资管理的需要。通过竣工验收办理固定资产交付使用手续，总结建设经验，提高建设项目的经济效益和管理水平。

3. 解决工程项目遗留的问题。建设项目在批准建设时，一般都考虑了协作条件、市场需求、"三废"治理、交通运输以及生活福利设施，但由于施工周期长，情况发生变化，因主、客观原因会发生许多新问题，因此项目建成后，存在许多遗留问题及预料不到的问题。通过验收，可研究这些问题的解决办法和措施，从而使项目尽快投入使用，发挥效益。

（三）竣工验收的内容

房地产项目竣工验收包括项目竣工资料和工程实体复查两部分内容，其中项目竣工资料主要包括：

1. 立项文件。包括项目建议书批复、项目建议书、可行性研究报告审批意见、可行性研究报告、项目评估文件、计划任务书批复、计划任务书、建设用地审批文件、动拆迁合同（或协议）、建设工程规划许可证等。

2. 竣工文件。包括项目竣工验收的批复、项目竣工验收报告、安全卫生验收审批表、竣工验收单、卫生防疫验收报告单、工程消防验收意见单、人防竣工验收单、建设工程监督检查单、工程决算汇总表等。

3. 设计文件。包括初步设计的批复，工程概算，工程水文、地质勘探报告及地质图，设计计算书或代保管说明书等。

4. 监理文件。包括监理大纲、监理合同、监理总结、监理业务联系单、基建单位工程评价报告等。

5. 施工技术文件。这部分内容很多，需要施工单位分项、分部地详细准备，包括有：竣工验收证书，开工、竣工报告，隐蔽工程验收记录，工程质量事故报告，设计图纸交底会议记录、技术核定单（包括设计变更通知、补充图）等。

6. 竣工图。包括总平面图，室外管线总平面图，建筑竣工图，结构竣工图，给排水竣工图，电力、照明、通风竣工图，电讯竣工图，桩基（位）竣工图等。

（四）竣工验收的依据

1. 上级主管部门对该项目批准的各种文件；

2. 可行性研究报告、初步设计文件及批复文件；

3. 施工图设计文件及设计变更洽商记录；

4. 国家颁布的各种标准和现行的施工质量验收规范；

5. 工程承包合同文件；

6. 技术设备说明书；

7. 关于工程竣工验收的其他规定；

8. 从国外引进的新技术和成套设备的项目，以及中外合资建设项目，要按照签订的合同和进口国提供的设计文件等进行验收；

9. 利用世界银行等国际金融机构贷款的建设项目，应按世界银行规定，按时编制《项目完成报告》。

（五）竣工验收的条件

建设单位在收到施工单位提交的工程竣工报告，并具备以下条件后，方可组织勘察、设计、施工、监理等单位有关人员进行竣工验收：

1. 完成了工程设计和合同约定的各项内容。

2. 施工单位对竣工工程质量进行了检查，确认工程质量符合有关法律、法规和工程建设强制性标准，符合设计文件及合同要求，并提出工程竣工报告。该报告应经总监理工程师(针对委托监理的项目)、项目经理和施工单位有关负责人审核签字。

3. 有完整的技术档案和施工管理资料。

4. 建设行政主管部门及委托的工程质量监督机构等有关部门责令整改的问题全部整改完毕。

5. 对于委托监理的工程项目，具有完整的监理资料，监理单位提出工程质量评估报告，该报告应经总监理工程师和监理单位有关负责人审核签字。未委托监理的工程项目，工程质量评估报告由建设单位完成。

6. 勘察、设计单位对勘察、设计文件及施工过程中由设计单位签署的设计变更通知书进行检查，并提出质量检查报告。该报告应经该项目勘察、设计负责人和各自单位有关负责人审核签字。

7. 有规划、消防、环保等部门出具的验收认可文件。

8. 有建设单位与施工单位签署的工程质量保修书。

(六)竣工验收的标准

根据国家规定，建设项目竣工验收、交付使用，必须满足以下要求：

1. 生产性项目和辅助性公用设施，已按设计要求完成，并能满足生产使用。

2. 主要工艺设备配套经联动负荷试车合格，形成生产能力，能够生产出设计文件所规定的产品。

3. 必要的生产设施，已按设计要求建成。

4. 生产准备工作能适应投产的需要。

5. 环境保护设施、劳动安全卫生设施、消防设施已经按设计要求与主体工程同时建成使用。

6. 生产性投资项目如工业项目的土建工程、安装工程、人防工程、管道工程、通讯工程等工程的施工和竣工验收，必须按照施工及验收规范执行。

二、房地产开发项目竣工验收程序

(一)竣工验收备案

开发商应当自建设工程竣工验收合格之日起15日内，将建设工程竣工验收报告和规划、公安消防、环保等部门出具的认可文件或者准许使用文件报建设行政主管部门或者其他有关部门备案。办理工程竣工验收备案应提交的文件包括：

1. 工程竣工验收备案表。

2. 工程竣工验收报告。竣工验收报告应当包括工程报建日期，施工许可证号，施工图设计文件审查意见，勘察、设计、施工、工程监理等单位分别签署的质量合格文件及验收人员签署的竣工验收原始文件，市政基础设施的有关质量检测和功能性试验资料以及备案机关认为需要提供的有关资料。

3. 法律、行政法规规定应当由规划、公安消防、环保等部门出具的认可文件或者准许使用文件。

4. 施工单位签署的工程质量保修书。

5. 法规、规章规定必须提供的其他文件。商品住宅还应当提交《住宅质量保证书》和《住宅使用说明书》。

在组织竣工验收时，应对工程质量的好坏进行全面鉴定。工程主要部分或关键部位若不符合质量要求会直接影响使用和工程寿命，应进行返修和加固，然后再进行质量评定。工程未经竣工验收或竣工验收未通过的，开发商不得使用，不得办理客户入住手续。

（二）竣工验收程序

1. 根据房地产开发项目的规模大小和复杂程度，整个房地产项目的验收可分为初步验收和竣工验收两个阶段进行。规模较大、较复杂的房地产开发项目，应先进行初验，然后进行全部房地产开发项目的竣工验收。规模较小、较简单的开发项目，可以一次性进行全部开发项目的竣工验收。

2. 房地产开发项目在竣工验收之前，由建设单位组织施工、设计及使用等有关单位进行初验。初验前由施工单位按照国家规范，整理好文件、技术资料，向建设单位提出交工报告。建设单位接到报告后，应及时组织初验。

3. 房地产开发项目全部完成，经过各单项工程的验收，符合设计要求，并具备竣工图表、竣工决算、工程总结等必要文件资料，由项目（工程）主管部门或建设单位向负责验收单位提出竣工验收申请报告。

为了保证房地产开发项目竣工验收工作的顺利进行，在实际的施工和管理过程中，房地产开发项目的竣工验收工作分为以下的几个阶段：

1. 施工收尾阶段

施工收尾阶段指的是工程施工临近竣工的阶段，此时大工程量的施工活动已经完成，剩下的只是一些工程量不大，但头绪很多的工作，这影响了竣工验收的进行。这一阶段应抓好以下几项工作：

（1）项目经理要组织有关人员逐层、逐段、逐部位、逐房间地进行查项，检查施工中有无丢项、漏项，一旦发现，必须立即交由专人定期解决，并在事后按期进行检查。

（2）保护成品和进行封闭。对已经全部完成的部位、查项后修补完成的部位，要立即组织清理。保护好成品，依可能和需要按房间或层段锁门封闭，严禁无关人员进入，防止损坏成品或丢失零件（这项工作实际上在装修工程完毕之时即应进行）。尤其是高标准、高级装修的建筑工程（如高级宾馆、饭店、医院、使馆、公共建筑等），每一个房间的装修和设备安装一旦完毕，就要立即严加封闭，派专人按层段加以看管。

（3）有计划地拆除施工现场的各种临时设施和暂设工程，拆除各种临时管线，清扫施工现场，组织清运垃圾和杂物。

（4）有步骤地组织材料、工具以及各种物资的回收、退库以及向其他施工现场转移和进行处理工作。

（5）做好电气线路和各种管线的交工前检查，进行电气工程的全负荷试验。

2. 竣工准备阶段

（1）组织工程技术人员绘制竣工图，清理和准备各项需向建设单位移交的工程档案资料，并编制工程档案资料移交清单。

（2）组织预算人员为主，生产、管理、技术、财务、材料、劳资等人员参加（或提供资料)编制竣工结算表。

（3）准备工程竣工通知书、工程竣工报告、工程竣工验收证明书、工程保修证书等。

（4）组织好工程自验(或自检)，报请上级领导部门进行竣工验收检查，对检查出的问题，应及时进行处理和修补。

（5）准备好工程质量评定的各项资料。主要按结构性能、使用功能、外观效果等方面，对工程的地基基础、结构、装修以及水、暖、电、卫、设备安装等各个施工阶段所有质量检查资料，进行系统整理，包括分项工程质量检验评定、分部工程质量检验评定、单位工程质量检验评定、隐蔽工程验收记录以及工程质量事故发生情况和处理结果等方面的资料，为正式评定工程质量提供资料和依据，亦为技术档案资料移交归档做准备。

建设单位、施工单位、设计单位等正式验收，应将工程施工技术资料送当地质量监督部门检查，并填写建筑工程竣工核定申请表，提出核定申请。

3. 竣工预验阶段

（1）预验的标准。应与正式验收一样，主要依据是：国家(或地方政府主管部门)规定的竣工标准；工程完成情况是否符合施工图纸和设计的使用要求，工程质量是否符合国家和地方政府规定的标准和要求；工程是否达到合同规定的要求和标准等。

（2）参加自验的人员。应由项目经理组织生产、技术、质量、合同、预算以及有关的施工工长(或施工员、工号负责人)等人员共同参加自验。

（3）自验的方式。应分层、分段、分房间地由上述人员按照自己主管的内容逐一进行检查。在检查过程中要做好记录。对不符合要求的部位和项目，确定修补措施和标准，并指定专人负责，限期修理完毕。

（4）复验。在基层施工单位自我检查的基础上，并对查出的问题全部修补完毕以后，项目经理应提请上级单位(如果项目经理是施工企业的施工队长级或工区主任级者，应提请公司或总公司一级)进行复验(按一般习惯，国家重点工程、省市级重点工程，都应提请总公司级的上级单位复验)。通过复验，要解决全部遗留问题，为正式验收做好充分的准备。

4. 竣工初验阶段

施工单位决定正式提请验收后，应向监理单位送交验收申请报告，监理工程师收到验收申请报告后，应按工程合同的要求、验收标准等对其进行仔细的审查。监理工程师审查完验收申请报告后，若认为可以进行验收，则应由监理人员组成验收班子，对竣工的项目进行初验；在初验时发现的质量问题，应及时以书面通知或以备忘录的形式告知施工单位，并令其按有关的质量要求进行修理甚至返工。

5. 正式验收阶段

在监理工程师初验合格的基础上，便可由监理工程师牵头，组织业主、设计单位、施工单位等参加，在规定的时间内对房地产项目进行正式验收。

（1）发出《竣工验收通知书》

在自验的基础上，确认工程全部符合竣工验收标准，具备了交付使用的条件后，即可开始正式竣工验收工作。施工单位应于正式竣工验收之日的前10天，向建设单位发送《竣工验收通知书》。

（2）成立竣工验收小组，组织竣工验收工作

工程竣工验收工作由建设单位邀请设计单位及有关方面参加，同施工单位一起进行检查验收。列为国家重点工程的大型房地产项目，往往由国家有关部委邀请有关方面参加，组成工程验收委员会，进行验收。

（3）项目现场检查及项目验收会议

1）参加项目竣工验收各方，对竣工项目实体进行目测检查，并逐项检查项目竣工资料，看其所列内容是否齐备和完整。

2）承建单位代表介绍工程施工情况、自检情况以及竣工情况。出示全部项目竣工图纸、各项原始资料和记录。

3）监理工程师通报工程监理中的主要内容，发表竣工验收的意见。

4）业主根据在竣工项目目测中发现的问题，按照合同规定对施工单位提出限期处理的意见。

5）经暂时休会，由质量监督部门会同建设单位和监理工程师，讨论工程正式验收是否合格。

6）最后，由竣工验收小组宣布竣工验收结果，质量监督部门宣布竣工项目质量等级。

（4）办理竣工验收证明书

竣工验收证明书必须有三方的签字、盖章才能生效。

三、房地产开发项目竣工验收档案

房地产开发项目竣工档案是工程在建设全过程中形成的文字材料、图表、计算材料、照片、录音带、录像带等文件的总称。

工程档案和技术资料移交，一般在工程竣工验收前，建设单位（或工程设施管理单位）应督促和协同施工单位检查施工技术资料的质量，不符合要求的，应限期修改、补齐、直到重做。各种技术资料和工程档案，应按照规定的组卷方法、立卷要求、案卷规格以及图纸折叠方式、装订要求等整理资料。

全部施工技术资料和工程档案，应在竣工验收后，按协议规定的时间最迟不得超过3个月移交给建设单位，并应符合城市档案的有关规定。在移交时，要办理《建筑安装工程施工技术资料移交书》，由双方单位负责人签字或盖章，并附《施工技术资料移交明细表》。至此，技术资料移交工作即告结束。

（一）技术资料的内容

1. 前期工作资料。包括开发项目的可行性研究报告、项目建议书及批准文件、勘察资料、规划文件、设计文件及其变更资料，地下管线埋设的实际坐标、标高资料，征地拆迁报告及核准图纸、原状录像或照片资料，征地与拆迁安置的各种许可证和协议书，施工合同，各种建设事宜的请示报告和批复文件等。

2. 土建资料。包括开工报告，建（构）筑物及主要设备基础的轴线定位、水准测量及复核记录，砂浆和混凝土试块的试验报告，原材料检验证明，预制构件、加工件和各种钢筋的出厂合格证和实验室检查合格证，地基基础施工验收记录，隐蔽工程验收记录，分部

分项工程施工验收记录，设计变更通知单，工程质量事故报告及处理结果，施工期间建筑物或构筑物沉降观测资料，竣工报告及竣工验收报告。

3. 安装方面的资料。包括设备安装记录，设备、材料的验收合格证，管道安装、试漏、试压的质量检查记录，管道和设备的焊接记录，阀门、安全阀试压记录，电气、仪表检验及电机绝缘、干燥等检查记录，照明、动力、电讯线路检查记录，工程质量事故报告和处理结果，隐蔽工程验收单，设计变更及工程资料，竣工验收单等。

（二）绘制竣工图

竣工图是真实地记录建筑工程竣工后实际情况的重要技术资料，是工程项目进行交工验收、维护修理、改造扩建的主要依据，是工程使用单位长期保存的技术档案，也是国家的重要技术档案。竣工图应具有明显的"竣工图"字样标志，并包括名称、制图人、审核人和编制日期等基本内容。竣工图必须做到准确、完整、真实，必须符合长期保存的归档要求。

技术资料齐全，竣工图准确、完整，符合归档条件，这是工程竣工验收的条件之一。在竣工验收之前不能完成的，应在验收后双方商定的期限内补齐。绘制竣工图的做法如下：

1. 按施工图施工而无任何变动，则可在施工图上加盖"竣工图"标志后，直接作为竣工图。

2. 结构形式改变、建筑平面改变、项目改变以及其他重大改变，不宜在原施工图上修改、补充，要重新绘制竣工图。

3. 基础、地下构筑物、管线、结构、人防工程等，以及设备安装等隐蔽部位，都要绘制竣工图纸。

4. 竣工图一定要与实际情况相符，要保证图纸质量，做到规格统一、图面整洁、字迹清楚，一经施工技术负责人签认，不得任意涂改。

思考题

1. 简述土地的概念与特点。

2. 土地使用权转让、出租与抵押的是什么？

3. 土地使用权转让的形式有哪些？

4. 简述房屋拆迁的程序。

5. 简述房地产开发项目规划设计的主要内容。

6. 简述房地产开发项目竣工验收的内容。

7. 房地产开发项目竣工验收程序有哪些？

第四章　房地产经营形式与策略

第一节　房地产市场营销概述

一、房地产市场营销的概念

(一)市场营销的概念

市场营销是与市场有关的人类活动，即以满足人类各种需要和欲望为目的，通过市场变潜在交换为现实交换的活动。市场营销的概念包含如下基本含义：

1. 营销是一种创造性行为。

2. 营销是一种自愿的交换行为。

3. 营销是一种满足人们需要的行为。

4. 市场营销是一个系统的管理过程。

5. 营销是一种企业参与社会的纽带。

(二)房地产市场营销的含义

房地产市场营销是市场营销的一个重要分支。房地产市场营销与其他市场营销一样，也是个人和集体通过一系列的活动，特别是某些创造性的活动，同别的个人和集体交换产品和价值，以实现其经营目的的一种社会过程。可见，房地产营销的实质是以消费者对各类房地产商品的需求为出发点，企业通过有效地提供住宅、办公楼、商业楼宇、厂房等建筑物及相关服务，来满足消费者生产或生活、物质和精神等方面的需求，从而获取一定利润的一种商务活动。因此，市场营销的一般原理及其策略也能在房地产领域得到很好的运用。房地产市场营销的目标和核心是通过运用既定的程序以及技巧，使房地产交易迅速达成，最终实现房地产商品的价值。房地产营销是沟通和连接房地产开发、房地产流通以及房地产消费和使用的重要手段。

(三)房地产营销的特征

在实践中，房地产市场营销又区别于其他一般市场营销而成为市场营销的一个独立分支，这是由房地产商品本身具有独特的经济特征及运行规律所决定的。

房地产商品具有如下特性：不可移动性；不易摧毁性；价格高昂；相关性；异质性。所谓房地产的异质性又称作单一性，即不存在相同的房地产，任何一宗房地产无论是在结构上，外观上，还是所处的地理位置和环境上都有其独特的特性，都是唯一的。

房地产商品的经济特征决定了房地产营销对象的独特性。房地产的区域性，使其差异性特征十分明显。在房地产市场上，几乎没有两种完全相同的产品。同一物业类型，相同建筑设计和造价的产品，只要是处于不同的区位，由于其地域经济发展水平和周围环境配套等的差异，它们在使用功能、保值增值的潜力上就是两种不同的产品。房地产市场上只有相似的物业，没有完全相同的物业。这与其他一般匀质性的工业产品有着显著的差别。因此，在市场营销中，楼盘之间在营销方法和策略上都会有一定的差别。房地产商品的固定性，也决定了在营销中，不可能像其他消费品那样，可以通过运输直接与消费者见面，或者可以带到不同地方的市场上进行交易。在市场营销中仓储和运输渠道对房地产就没有意义，而中介渠道对其就显得特别重要。在其他方面，诸如价格定位和促销等，也都具有房地产行业自己的特征。

对于房地产商品来说，产权概念特别重要。房地产商品由于使用周期较长，同一产品在其寿命期内，可以发生产权的多次转移。在房地产市场营销中就必然存在增量与存量房地产同时在市场上流通的情况。在法律上，房地产的使用权和所有权还可以分离，所有者可以将使用权以出租的形式让给第三者享有。因此，房地产市场营销在流通形式中，除了买卖之外，租赁也是常见的形式。再加上在房地产经济活动中，房地产商品的使用权和所有权还可以用于抵押、典当、信托等。房地产权在登记、转移等方面，都需要法律提供保障，这就使得房地产市场营销与法律制度始终密切相连。

房地产具有独特的经济运行规律。房地产经济运行受到相关因素的制约较多，如房地产市场的交易需要权属上的转移，在购买时要经过产权产籍登记，加上其他一些手续的办理，一笔交易从开始到真正完成需要较长的一段时间，交易后的数据处理又有一段时间的滞后；因此，房地产市场交易的信息对于一般消费者乃至开发商来说较难完全掌握，从而会影响到房地产市场交易的进行。

与其他行业相比，在房地产经济运行过程中，投资者和消费者进出市场会更有难度。对于投资者来说，由于房地产投资额巨大，资本回收期长，在进入市场之前，一般要做大量的市场调查和研究。而在确定了目标市场之后又要进行筹措资金、组织人力、工程招标等许多工作，增加了进入市场的难度。而一旦进入市场后，一方面需要较长的建设周期，资金的回收需要一段时间；另一方面，有些物业如果用于租赁，资金的回收时间更长。在遇到市场不景气情况时，物业难以脱手，很难在短期内离开市场。对于消费者而言，购买物业所需资金较大，又有较长的使用周期。在出售或出租时，又要经过多方面的分析比较。因此，消费者进出市场也比较艰难。所以，房地产经济运行的这种时间上的滞后，给市场营销在时间上的把握带来不少困难。

在房地产市场上，政府的政策影响十分明显。政府对土地一般都拥有最后的支配权。所以，在房地产经济运行之中，政府的干预较多。在房地产的消费之中，住宅等物业又关系到一个国家的社会安定和经济发展，所以政府也通过各种形式，对房地产的市场交易进行调控，从而减弱了房地产市场上的自由竞争程度。因此，房地产经济在运行过程中，必须考虑到政府的政策导向。

房地产自身的特点决定了房地产营销具有不同于普通消费品营销的特征，具体表现在以下几个方面。

1. 复杂性。房地产营销包含了市场调研、地段选择、房地产产品设计与定价、销售渠道的选择、促销等一系列复杂的过程。房地产市场营销涉及领域多、部门多、法律多，需要很多专业人员的参与，还容易受外部环境的影响。法律法规的变动、金融风暴、股市波动等都会对房地产营销活动产生不确定的影响。

2. 风险性。房地产开发周期长，从项目可行性研究到最终推出楼盘销售，一般需要 1 年以上的时间。在长周期的开发过程中，企业面临的外部环境都会发生变化，甚至会发生意想不到的事情，加大了房地产营销的风险。

3. 差异性。房地产商品由于区位、设计等因素的不同而具有独一无二的特征，不能像普通商品那样进行大批量的复制和生产。房地产价值大、使用期限长，购房者慎重考虑后才做出决策。因此，购房者的购买行为以复杂的购买模式为主。房地产营销人员面对的顾客都是全新的，是典型的一对一营销，推销产生的作用往往会很大。

4. 协同性。房地产营销需要建筑业、金融业、通信业等的配合，涉及投资咨询、市场调研、建筑设计、工程监理、销售推广、物业管理等，需要不同的专业人员通力合作才能做好。房地产企业仅凭自己企业的人员从事相关工作是不够的，应组建行业专家、政府部门官员、高校学者、律师等组成的智囊团，为营销活动献计献策。

(四) 房地产市场营销的内容

1. 房地产市场研究分析

市场需求分析。房地产市场需求内容广泛且较为复杂，从用途看，购房需求可分为实际需求和投资需求；从供需平衡角度看，可分为总量需求与结构需求；从购房支付能力看，又可分为内源性需求和通过信贷刺激扩大的外源性需求。

要对现有需求做细致判断，需客观判断市场是由何种需求支撑的。要分析需求中投资或投机性需求是否占有较大比例，如果投机性需求过多，市场价格容易与实际需求相脱离而产生泡沫；在总量需求与供给基本平衡的前提下，还要看结构需求与供给是否合理，如果结构性需求没有得到有效满足，最终就会引发总量结构失衡。在判断购房支付能力时，要分析内源性需求能力和规模，如果需求能力主要是由银行信贷的外源性因素刺激的，则要警惕现有需求是否具有可持续性和个人偿债能力。

房地产市场环境分析。分析房地产企业经营活动面临哪些宏观环境的影响，其中有哪些有利因素，哪些不利因素。房地产是不可移动的高价值财产，受环境的影响大，因此，环境分析是房地产经营活动的重要内容。

2. 确定房地产投资经营目标

在研究和分析市场的基础上作出经营决策，包括选择和确定房地产投资规模、投资方向、投资地区和地点以及投资方式。在作出投资决策前，必须选定适当的顾客群。任何企业都不可能面向所有的市场，满足所有顾客的需求。而房地产开发企业所开发的商品房在一定时期内能够满足所有顾客需求的可能性就更小了，因此，企业必须对自己的目标经营市场作出定位和选择。

3. 项目决策

项目决策是在项目经营目标确定的基础上，根据选定的地段和项目，决定能够满足市场需要的开发经营策略，具体包括以下几种：

（1）产品策略。当目标市场选定以后，必须设计和开发建设可以满足顾客群的适销对路的房地产商品或相应服务，进而确定和开发满足市场需求的房地产商品。

（2）价格策略。根据房地产市场需求分析的情况，指定相应的房地产价格，受国家调控的房地产价格的确定应符合国家的规定。

（3）销售渠道选择。选择房地产租售的基本方式和途径，房地产开发商自行租售与委托房地产中介进行房地产租售代理各有特点，要进一步结合项目情况决定经营方式。

4. 促进销售

确定和使用有效的信息传递手段促进销售，如房地产广告、房地产交易会、提供售前咨询服务等，来吸引租客或买家，促进房地产交易。

5. 信息反馈和物业管理

提供售后服务和良好的物业管理，并搜集反馈信息，扩大顾客群。

以上几个方面是现代市场营销的主要内容，在上述市场经营过程中，每个环节又有更多的策略性选择。

（五）房地产市场营销的基本过程

根据上述房地产市场营销的主要内容和现代市场营销的观念，结合房地产开发经营的基本过程，房地产市场营销的基本过程如下：

1. 分析市场机会；

2. 研究和选择目标市场；

3. 制定营销战略，包括产品定位和建筑设计；

4. 制定市场营销策略，包括定价、销售渠道选择、促销的策划和计划；

5. 执行和控制市场营销工作。

6. 售后服务，信息反馈。

二、房地产市场营销方式

（一）含义

房地产市场营销方式也就是房地产市场营销渠道。房地产市场营销渠道选择是房地产市场营销的重要内容之一，营销渠道也叫作销售渠道或分配渠道，是指当产品从生产者向消费者移动时，直接或间接转移产权所经过的途径。房地产营销渠道主要包含下列三层含义：

1. 房地产营销渠道的起点是房地产商品的所有者，终点是消费者，它所包含的是完整的房地产商品流通过程，而不是流通中的某一阶段。

2. 房地产营销渠道的参与者，是房地产商品流通过程中各种类型的中间商，即房地产中介代理机构。

3. 在房地产营销渠道中，房地产所有者向消费者转移房地产商品时，既可以转移房地产的所有权，也可以转移房地产的使用权。

（二）房地产直接租售

房地产直接租售是指房地产开发企业自行组织营销活动，将其开发经营的房地产直接租售到用户手中的营销方式。

1. 选择直接租售的原因

（1）房地产商品地理位置不可移动，体积庞大，因此，必须结合房地产开发地点进行洽谈。

（2）由于房地产开发周期较长，因此销售时机较多。

（3）在房地产业发展的早期物业代理尚不发达。

（4）委托物业代理要支付相当于售价 1%~3% 的佣金。

2. 自行销售的要求

在一定条件下，房地产开发企业可以自行组织销售。首先，大型的房地产开发公司往往有自己的经营班子或地区性的销售网络。其次，物业市场高涨，房地产市场供应短缺，自行租售比较容易。再次，当房地产开发商所开发的项目有了明确甚至固定的销售对象时，也无须委托代理。

（三）房地产委托代理

房地产市场营销中的委托代理是指房地产开发经营企业将其所拥有的房地产委托给房地产中介代理机构，而由其进行租售活动的一种营销方式。

1. 房地产委托代理的原因

随着房地产业及其中介机构的发展，房地产委托代理成为房地产租售的一种重要方式，原因如下：房地产经纪人具备一定的专业知识；租售成本低；租售房速度快。

2. 房地产委托代理的方式

按照国外的做法和经验，委托代理一般有两种方式：一种是总代理，另一种是指定的代理。现在，经纪人接受委托代理租售的方式有以下三种：

（1）纯代理租售。纯代理租售又分为开放性代理租售，专有代理租售和专卖权代理租售。

（2）半联合经营。几个合作伙伴按照份额共同投资，联合开发经营，并按照出资情况享有利润和分担风险。

（3）买断项目。这种方式需要有较强的资金实力，从本质上讲这种方式已经超出了经纪机构的业务范围，但目前这种运行方式确实存在。

第二节　房地产定价方法与策略

价格是市场营销组合因素中十分敏感而又难以控制的因素。对房地产开发商来说，价格直接关系到市场对其所开发的房地产产品的接受程度，影响着市场需求和开发商利润，涉及开发商、投资者或使用者及中介公司等各方面的利益。中国房地产市场的日趋完善使价格竞争越来越激烈，掌握科学的房地产定价方法，灵活运用定价策略，确保预期利润和其他目标的实现，是所有开发商最关心的事情。

一、房地产定价方法

房地产定价方法是指房地产企业为了在目标市场上实现定价目标，而给产品制定一个基本价格或浮动范围的方法。开发商所定的价格，必定是介于两个极端（一端为低到没有利润的价格，另一端为高到无人问津的价格）之间。成本是定价的下限；消费者对房地产价值的感受是定价的上限；开发商必须考虑竞争者的价格及其他内在和外在因素，在两个极端间找到最适当的价格。

开发商制定价格时理应全面考虑到这些因素，但是，在实际定价工作中，开发商往往只侧重某一方面的因素。大体上，开发商定价有 3 种导向，即成本导向、购买者导向和竞争导向。其中，成本导向包括成本加成定价法和目标定价法；购买者导向包括认知价值定价法和价值定价法；竞争导向包括领导定价法、挑战定价法和随行就市定价法。

（一）成本导向定价

1. 成本加成定价法

所谓成本加成定价法，是指开发商按照所开发项目的成本加上一定百分比的加成来制定房地产销售价格的方法。加成的含义就是一定比率的利润，这是最基本的定价方法。成本加成定价法的基本公式为：

$$目标加成率 = 总利润 / 总成本$$
$$总利润 = 总收入 - 总成本$$

或者是：

$$目标利润率 = 单位利润 / 单位成本$$
$$单位利润 = 单位价格 - 单位成本$$

由于目标加成率（利润率）一般是用扣除销售环节中的税费后的利润来计算的，因此还要考虑税金（包括营业税及各种附加税）的影响。故有：

$$目标利润率 = 单位税后利润 / 单位成本$$
$$单位税后利润 = 单位价格 - 单位成本 - 单位税金$$

这里的单位成本不包括销售税金。

将以上两式合并成为：

$$目标利润率 = （单位价格 - 单位成本 - 单位税金）/ 单位成本$$
$$单位税金 = 单位价格 × 税率$$

可得：

$$单位价格 = 单位成本 × （1 + 目标利润率）/（1 - 税率）$$

一般而言，用成本加成法来定价是不合理的。因为成本定价法忽视了当前的需求、购买者的预期价值以及竞争者状况。

但基于以下的原因，目前成本加成定价法在房地产界仍然相当流行。①开发商对成本的了解要比对需求的了解多。将价格同成本挂钩便于开发商简化自己的定价过程，他们无需根据需求的变动来频繁地调整价格。②当同行业的开发商都采用这种定价方法时，他们所制定的价格必然比较相似，这样可以尽量减少价格竞争。③许多人认为，成本加成法对买卖双方都比较公平。在买方需求强烈时，卖方不会乘机抬价，同时仍能获得合理的利润。

2. 目标定价法

所谓目标定价法，是指根据估计的总销售收入和估计的销售量来制定价格的一种方法。

$$单位价格 = (单位成本 + 总成本 \times 成本利润率)/销售量$$
$$保本点销售量 = 固定成本 \div (单位价格 - 可变成本)$$

目标定价法有一个重要的缺陷，即开发商以预计的房屋销售量来制定房屋销售价格，但销售价格却又恰恰是影响销售量的重要因素。

3. 售价加成方法

$$单位产品售价 = 单位产品成本 /(1 - 加成率)$$

售价加成方法比较显著的优点就是，容易计算毛利率，对消费者来说更容易接受。

(二)购买者导向定价

1. 认知价值定价法。所谓认知价值定价法，就是开发商根据购买者对物业的认知价值来制定价格的一种方法。用这种方法定价的开发商认为定价的关键是顾客对物业价值的认知，而不是生产者或销售者的成本。他们利用市场营销组合中的非价格变量，在购买者心目中确立认知价值，使制定的价格必须符合认知价值。

认知价值定价法与产品市场定位的思想非常符合。开发商针对某一特定的目标市场开发出一个物业概念，并策划好物业的质量和价格。然后营销管理部门要进行市场调查，估计该价格所能销售的数量。根据这一销售量再决定公司的投资额和单位成本。随后，营销管理部门要计算出在此价格和成本下能否获得满意的利润。如果能，就可以开发；否则，就要放弃该计划。

认知价值定价法的关键在于准确地评价消费者对物业价值的认识。如果开发商高估了自己的物业价值，则其定价就会偏高；相反，如果开发商低估了自己的物业价值，则其定价就会偏低。另外，为了有效地定价，开发商需要进行市场调查，测定市场的需求。

认知价值定价法中，最常见的就是品牌定价法，或者叫名牌策略。现代社会，品牌信誉能主导消费者的消费意愿，房地产商品当然也是如此。当购买者对开发商的品牌有信心时，即使定价较高，购买者也会欣然前往。而若购买者对推出个案的开发商不具信心，即使定价较低，消费者也会因怀疑其物业品质而不予信任。

2. 价值定价法。价值定价法与认知价值定价法不同。认知价值定价法是"高价格，高价值"的定价方法，它要求开发商确定的价格水平与顾客心目中的物业价值相一致。而价值定价法则要求价格对于消费者来说，代表着"较低(相同)的价格，相同(更高)的质量"，即"物美价廉"。

价值定价法不仅制定的产品价格比竞争对手低，而且是对公司整体经营的重新设计，能塑造公司接近大众、关怀民生的良好形象，同时也能使公司成为真正的低成本开发商，做到"薄利多销"或"中利多销"。处于中档消费水平的消费者总是最多的，他们比较注重价值。这样做，公司还可以得到政府的较大支持。

（三）竞争导向定价

价格是竞争的一个重要筹码。房地产市场由于其异质性，与其他行业相比，开发商有较大的自由度决定其价格。房地产商品的差异化也使得购买者对价格差异不是十分敏感。在激烈的市场竞争中，公司相对于竞争者总要确定自己在行业中的适当位置，或充当市场领导者，或充当市场挑战者，或充当市场跟随者，或充当市场补缺者。相应地，公司在定价方面也要尽量与其整体市场营销策略相适应，或充当高价角色，或充当中价角色，或充当低价角色，以应对竞争者的价格竞争。

1. 领导定价法。处于市场领导者地位的开发商可以采用领导定价法。更准确地讲，这是一种定价策略。一般地，由于该公司在房地产业或同类物业开发中处于龙头老大地位，实力雄厚，声望极佳，故其可以制定在该类物业中较高的价位。例如，一些外商独资、合资的房地产公司往往采用此策略，其主要开发豪华公寓、花园别墅、高档写字楼等高档物业市场，赚取较高的利润。

2. 挑战定价法。与领导定价法不同，挑战定价法的定价比市场领导者的定价稍低或低得较多，但其所开发的物业在质量上与市场领导者的相近。如果公司具有向市场领导者挑战的实力，或者是因为其成本较低，或者是其资金雄厚，则开发商可以采用挑战定价法，虽然利润较低，但可以扩大市场份额，提高声望，以争取成为市场领导者。

3. 随行就市定价法。所谓随行就市定价法，是指开发商按照行业中同类物业的平均现行价格水平来定价。采用随行就市定价法，公司在很大程度上以竞争对手的价格为定价基础，不太注重自己产品的成本或需求，与主要竞争者的价格一样，也可以稍高于或稍低于竞争对手的价格，主要是中价策略。随行就市定价法的应用非常普遍，因为人们认为市价反映了该行业的集体智慧，该价格既可以带来合理的利润，又不会破坏行业的协调性。

二、房地产定价策略

价格竞争是一种十分重要的营销手段。在市场营销活动中，企业为了实现自己的经营战略和目标，经常根据不同的产品、市场需求和竞争情况，采取各种灵活多变的定价策略，使价格与市场营销组合中的其他因素更好地结合，促进和扩大销售，提高企业的整体效益。定价的策略可以有很多种，但最终目的都是为了达到营销目标，因此，最根本的一点是要考虑市场是否有足够的承接力。

（一）总体定价策略

房地产总体定价策略可分为3种：

1. 低价策略。若选择直面工薪阶层，追求最大化地占有市场，采取低价倾销的策略。

2. 高价策略，若选择高素质、服务好的楼盘，采取高价位的策略，以承担较高的开发成本，维护物业的高档形象。

3. 中价策略。这种策略一般适用于房地产市场状况比较稳定的情况下，地产企业希望在现有的条件下保持其占有率。

（二）全程营销过程定价策略

房地产全程营销过程是指开发的楼盘或住区从预售开始到售完为止的全过程。全程营

销过程定价策略可分为3种:

1. 低开高走策略。低开高走策略是指随着施工建筑物的成型和不断的接近竣工,根据销售的进展情况,每到一个调价时点,按预先指定的幅度调高一次售价的策略,也就是价格有计划的定期提高的策略。这种策略便于快速成交,促进良性循环;给消费者以假象,促使其产生购买的想法;便于日后价格的控制;便于内务运转,资金回笼。低开高走定价策略的调价关键是:小幅递增,频繁调价。适用范围:产品偏好性不强,又没有什么特色的楼盘;楼盘的开发量相对过大;绝对单价过高,超出当地主流购房价格;市场竞争激烈,类似产品过多。

2. 高开低走策略。高开低走策略是指开发商在新开发的楼盘上市初期,以高价开盘销售,迅速从市场上获得丰厚的营销利润,然后降价销售,力求尽快将投资资金全部收回。与低价开盘相比,主要优势在于:便于获得最大利润,但若价位偏离当地主流价格,则资金周转相对缓慢;便于树立楼盘形象,创造无形资产;日后的价格直接调控余地较小。高开低走,消费者感到一定的实惠,迎合了后期的消费者,对企业的形象有一定的影响;但难以积聚人气,难以形成抢购风。

3. 稳定价格策略。稳定价格策略是指在整个营销期间,楼盘的售价始终保持相对稳定的状态,既不大幅度提价,也不大幅度降价,一般适用于房地产市场比较成熟稳定的区域,房地产企业开发项目的销售量小或短期销售也可采用。

(三)价格折扣与折让

许多开发商通过调整基准价格,来鼓励顾客采取对公司有利的行动。例如,购买期房、提前付款、大批量购买、淡季购买等。

1. 期房折扣。期房折扣是对付款购买期房的顾客提供的优惠减价,比如,开发商通常给予购买期房的顾客8~9折,甚至达7~8折的优惠折扣。由于房地产项目投资数额巨大,资金占用周期长,开发商不可能也无必要全部用自有资金进行开发建设,一般都期望能充分利用银行贷款或其他融资手段进行较大规模的投资,以获得较高的投资回报率。开发商的融资手段除了银行贷款外,还有预售物业。通过预售,开发商既可以筹集到必要的建设资金,又可将部分市场风险分担给买家。

2. 现金折扣。现金折扣是对迅速付款的购买者提供的减价优惠。开发商一般对一次性付款的购房者提供9~9.5折左右的优惠折扣,低者甚至达8~9折。

消费者购房往往难以一次筹齐全部款项,故买房一般都是分期付款,有一定的付款期。同样,由于房地产项目的投资量巨大,一般开发商都希望早日回收资金,减轻利息负担,同时也减少购房者分期付款的违约风险或通货膨胀等风险。因此,现金折扣虽然让利给消费者,但开发商鼓励购房者一次性付款或迅速付款的积极性还是很高的。

3. 数量折扣。数量折扣是向购买量大的顾客提供的一种减价优惠。

虽然数量折扣使开发商降低价格,但并不一定会减少收益,因为大量销售可以减少公司的销售成本和费用,还可以尽快收回资金,偿还巨额利息,同时,还能够造成旺销局面,带动剩余楼盘的热销和物业升值,采取稍微提高剩余楼盘定价的方法可以赚取更大的利润。

4. 职能折扣。职能折扣又叫贸易折扣,是指当贸易渠道的成员愿意执行一定的职能时，如销售、广告、宣传、包装、创意与策划等，开发商向它们提供的折扣，代理机构执行的职能不同，开发商给予的职能折扣也不同。

5. 季节折扣。季节折扣是开发商给那些在淡季购买或租用物业的消费者提供的一种减价优惠。它可以使开发商在淡季时也有一定的收入，比如，旅游地区别墅的租售受季节影响较大，春夏季较好销，秋冬季较难销，则开发商可以在秋冬季时提供适当的季节折扣，以鼓励顾客购买或租用。这样，开发商可以降低物业空置率，提高综合收益水平。

6. 折让。折让是另一种类型的促销减价形式。例如开发商宣布物业推出的第一周提供9折优惠，或者前十户购房者将获得免费空调赠送或是免费电话赠送，或者现场参加其物业竣工推出典礼并签约购买的消费者可获红包赠送等。

(四)心理定价

1. 声望定价。所谓声望定价，是指开发商利用消费者仰慕名牌物业或著名开发商的声望所产生的某种心理来制定物业的价格，故意把价格定成高价。在现代社会，消费高价位的商品是财富、身份和地位的象征，而物业的消费更是如此，价位、地段、环境、配套、装修、设计、面积等均是物业档次的说明。因为消费者有崇尚名牌的心理，往往以价格判断质量和档次，认为高价格代表高质量或高档次，低价格意味着低质量或低档次。有雄厚实力和良好声望的公司可以采取声望定价。该定价策略主要是定位于高收入阶层。

2. 尾数定价。又称奇数定价，即开发商利用消费者对数字认识的某种心理来制定尾数为奇数的价格，使消费者产生价格便宜的感觉，还能使消费者留下开发商定价认真的印象，即认为该价格是经过认真的成本核算的价格，从而使消费者对定价产生信任感。许多销售商也认为价格的尾数应为奇数。当然，如果公司想树立高价格形象，而不是低价格形象，则应避免这种奇数定价策略。

3. 吉祥数字定价。吉祥数字定价即开发商利用消费者对不同数字的不同喜欢程度来制定顾客喜欢的吉祥数字价格。例如，中国人特别是我国的香港人、广东人对数字6，8，9很喜欢，而对4不喜欢。在国外，人们同样对不同数字有着不同的喜欢或厌恶程度。有些心理学家认为每一个数字都有其象征性和视觉性的质感，例如，8能产生圆润和舒心的效果。因此，开发商在定价时也应考虑到当地居民的这些风俗习惯。

4. 招徕定价。开发商利用部分顾客求廉的心理，特意将某些物业或其中的某些单元的价格定得较低以吸引顾客。起价较低对消费者较有吸引力，但实际上该物业的平均价格可能并不低。因为该起价可能是一幢楼宇中层次最不好且朝向也最不好的那个单元的价格，其他单元的价格则比该起价会有较大的上升。因此，对消费者来说，该起价有可能只是一个骗你上钩的陷阱。如果是这种带有欺骗性的招徕定价，则会引起公众的反感和受到社会的谴责。招徕定价有很多种类型，开发商要注意选择有效的且不违背社会公德的方式。

(五)差别定价

公司经常根据顾客、产品、时间、地点等差异来制定不同的价格。差别定价是指开发商按两种或两种以上的价格来销售物业，而这些价格不一定完全反映成本费用上的差异。开发商采取差别定价必须具备以下条件：(1)市场必须是可以细分的，各个细分市场表现出不同的需求程度；(2)以较低价格购买某种物业的顾客不会以较高的价格倒卖给别人；

（3）竞争对手不可能在公司以较高价格销售物业的市场上以低价竞销；（4）细分市场和控制市场的成本不得超过实行差别定价所得的额外收入；（5）差别定价不会引起顾客的厌恶和不满；（6）采取的差别定价形式不能违法。差别定价有如下几种方式：

1. 顾客差别定价，即开发商按不同的价格把同一物业租售给不同的顾客。例如，虽然开发商在报价单上制定了对每位顾客统一的价格，但实际上的成交价格却并非该价格，而是根据不同购买者的地位及其与开发商进行谈判、讨价还价技巧的不同而有较大不同。在房地产销售过程中，业内一般有所谓的"过三关"来形容顾客和开发商的价格谈判。"第一关"即售楼人员的最低底价，"第二关"是部门经理掌握的最低价，"第三关"是公司老板的价格最低线。

2. 形式差别定价，即开发商对不同形式的物业或单元制定不同的价格，但并不和它们各自的成本成比例。例如，同一幢楼，复式设计单元的价格要比普通设计单元的价格高出较多，而其成本并无什么差别。另外，如开放空间、休闲空间等新潮流的设计也因提高居住品质而提高价位。实际上，这种差别定价还是有一定根据的，即购买者对不同形式的物业或单元的认知价值或市场需求不同。

3. 形象差别定价，即开发商对不同形象的物业制定不同的价格。例如，某开发商在同一个居住小区内开发了四个住宅组团，分别赋予不同的名称，虽然这四个组团只是在外观颜色上有所区别，但其在购买者心目中的形象却有较大的不同。因此，开发商对各组团制定了不同的价格，销售结果说明了该定价较为成功。

4. 地点差别定价，即开发商根据地点或位置的不同来制定不同的价格。例如，同一个小区里，不同地点位置的楼宇其价格不同，即使在同一幢楼里，不同楼层或朝向的单元其价格也相差较大。

5. 时间差别定价，即开发商的定价随年份、季节、月份或日期的变化而变化。由于房地产产品的销售期比较长，且随着时间的变化，社会经济形势也会有所变化，消费者的需求以及物业的供应等都会有所不同，因此制定不同的价格是应该的。相反，长期使用同一个定价反而是不合理的，也是不现实的。关键是开发商应该时刻把握市场脉搏，这样才能使相应的差别定价比较科学和符合市场特点。

第三节　房地产营销渠道的选择

一、影响房地产营销渠道选择的因素

房地产所有者在选择营销渠道之前，必须对影响营销渠道选择的各种因素进行分析，然后再作出决策。影响房地产所有者选择营销渠道的因素主要有以下六个方面：

（一）房地产商品本身因素

不同的房地产选择的房地产营销渠道也不同，房地产商品本身的因素，如价格、开发量、利润等，都会影响房地产营销渠道的选择。

1. 房地产价格。一般情况下，房地产价格越高，就越可能采用房地产间接营销渠道，即通过房地产中间商向消费者转移房地产商品。而房地产价格越低，就越可能采用房地产直接营销渠道，即房地产所有者直接租售给消费者。这是因为房地产价格越高，其价格弹性就越小，而价格越低，则价格弹性就越大。

2. 房地产开发量。房地产开发量大小也会影响房地产营销渠道的选择。开发量大的往往要通过房地产中间商，以扩大房地产的租售面，开发量超过十万平方米的楼盘大多都委托房地产中间商中介代理，有的还同时委托多家中间商帮助租售，而开发量仅为一两万平方米的楼盘则大多采用开发商直销的方式。

3. 房地产利润。安居房、微利房等一般利润率低，多采用开发商直销的直接营销渠道，而豪华住宅、高级写字楼利润率相对较高，有条件也有能力支付中介代理费用，可委托房地产中间商代理租售。

（二）房地产市场因素

影响房地产营销渠道选择的另一个重要因素是市场情况，主要包括：

1. 潜在消费者状况。如果潜在消费者多且分布分散，市场范围大，就要利用房地产中间商，广为推销。若市场范围小，消费者少且集中，则一般由开发商直接租售。

2. 需求量的影响。需求量大的房地产，一般应减少中间环节，由开发商直接销售，如普通居民住宅；对于需求量较小的房地产，开发商为了打开销路，往往需要房地产中间商等中间环节，如豪华别墅等。

另外，市场情况还包括市场性质、市场基本设施、市场条件等因素。但这些因素对房地产营销渠道选择的影响相对较小。

（三）房地产企业自身因素

除了房地产商品本身因素和市场因素以外，房地产企业自身的因素也影响营销渠道的选择。

1. 企业规模和品牌。一般来说，规模较大的房地产企业都建立了自己的一套销售系统和网络。而且由于企业的品牌效应，消费者往往会慕名而来购买或租赁房屋，所以这类企业多采用直接营销渠道，它们开发的房地产往往依靠自己力量进行销售；反之，一些名气小、资金薄弱的中小企业，则对房地产中间商的依赖要大得多。

2. 企业的管理能力和水平。管理能力和水平较强的房地产企业多采用直接营销渠道，而管理能力和水平较差的企业一般将房地产的营销工作交由中间商完成。

3. 企业对渠道控制的要求。如果企业采取间接渠道模式，则要与中间商协调配合，如果企业有较强的控制渠道欲望，一般就选择直接营销渠道或较短的营销渠道。

4. 企业的经营策略和目标。以为消费者提供最满意服务、最优质楼盘为经营目标的企业，一般选择直接营销渠道。

（四）竞争因素

竞争因素也是影响房地产营销渠道选择的重要因素之一。

1. 竞争者使用的营销渠道。房地产开发商一般避免与竞争者同时使用相同的营销渠道，即房地产开发商一般不会与竞争者使用同一个房地产中间商。

2. 市场竞争的状况。市场竞争状况越激烈，房地产开发商就越会选择更宽更深的营销渠道，即同时采用直销、中间商代理、包销商经销等多种营销渠道，并在渠道中选择尽可能多的房地产中间商，以打开市场。

（五）中间商因素

房地产开发商一方面要考虑中间商的知名度、实力、销售网络能否以最低营销成本完成最大的租售量等；另一方面，还要考虑所选择的中间商是否愿意代理租售本企业的房地产。因为中间商在同意代理租售前也要考虑风险、利润、市场等各方面的因素。只有两方面的条件都得到满足，才有可能利用中间商的营销渠道。

（六）环境因素

各种环境因素及其变化对营销渠道的选择也有很大影响，主要有：

1. 政治环境因素。包括国家对房地产业的支持度，制定的政策法规对房地产业的保护、限制等。我国目前对房地产交易征收高比率税赋，这样就限制了房地产中间商中经销商（拥有房地产所有权）的出现和发展，而大多只能作为代理商（不拥有房地产所有权）代理租售。另外，对一些安居房的销售，国家也规定了特定的销售渠道和制度，这类房地产营销渠道的选择必须按照国家的有关规定进行。

2. 经济环境因素。经济环境是指一个国家或地区的经济制度和经济水平，后者包括人口分布、经济周期、通货膨胀、科学技术发展水平等。经济环境对房地产营销渠道的选择有很大影响，例如，经济萧条时，开发商要考虑使用费用低廉的方式将房地产商品租售给消费者，企业必须尽量缩短营销渠道的长度；科学技术发展了，计算机网络普及时，消费者可以通过网络方便地查找其所需的房地产，房地产中间商的作用也会降低，企业也将选用较短的营销渠道。

3. 文化环境因素。社会文化环境包括一个国家或地区的意识形态、道德规范、社会风气、社会习俗、生活方式、民族特性等许多因素，以及与之相联系的消费者的购买习惯、时尚爱好和其他与市场营销有关的一切社会行为。西方国家的房地产消费者习惯通过房地产中间商租购房地产，而在中国的大部分地区，消费者还是习惯于直接面对房地产的所有者。因此西方的房地产企业大多选择间接营销渠道，而中国的房地产企业则多采用直接营销渠道。

二、房地产营销渠道选择策略

要选择合适的营销渠道，企业必须对渠道结构、中间商类型和数量、渠道成员的条件等进行一系列的定性与定量分析，然后作出抉择。

（一）营销渠道选择分析

1. 潜在租售额比较。一般的方法是通过一段时间各营销渠道已完成的租售额，用回归方法拟合出回归曲线，求出回归方程，预测出各营销渠道的潜在租售量后再进行比较。

2. 营销渠道成本比较。比较营销渠道成本，重要的是比较不同的营销渠道在不同租售额情况下的成本。开发商根据各个备选的销售渠道在不同租售额水平上不同的渠道成本，拟合出回归曲线，求出回归方程，预测出每个渠道的成本后再进行比较。

3. 营销渠道收益比较。渠道收益随着销售额的变化而变化，与渠道成本比较相同，渠道收益比较也同样需要这样一组动态的数据，拟合出回归曲线，预测出收益再进行比较。

（二）房地产营销渠道结构的选择

房地产市场营销渠道的结构有直接营销渠道、间接营销渠道和多渠道营销三种。间接营销渠道和多渠道营销都有中间商的参与，所以房地产营销渠道选择的本质就在于是否需要中间商参与营销。

不需要中间商的营销渠道就是直接营销渠道，又叫直销，它的优点是房地产开发企业直接面对所有消费者，可以准确掌握消费者的购买动机和需求特点，把握市场的脉搏。开发企业可以根据市场动态随时作出应变的决策，企业也能对销售费用进行全面控制，有利于销售费用降低。但是，直销也存在销售面窄、企业机构臃肿、运行效率不高等缺点。

房地产企业委托房地产中间商进行租售的属于间接营销渠道或多渠道营销，它的优点是租售效率高，因为房地产中间商往往有广泛的客户网络、固定的租售点和训练有素的营销人员。另外，中间商也可以成为房地产企业的窗口，通过广泛接触消费者，提供全面的市场信息。当然，通过中间商代理租售，房地产所有者将支付中介代理费用，不利于降低营销成本，而且中间商的素质对营销影响也比较大。

房地产所有者应综合考虑直接营销渠道、间接营销渠道和多渠道营销的优缺点，对营销渠道结构作出选择。

（三）房地产中间商的选择

除了直接营销渠道外，其他的房地产营销渠道都离不开房地产中间商的参与，优秀的房地产中间商使房地产租售走出低谷的例子层出不穷，所以选择合适的中间商是房地产营销渠道选择策略中相当重要的一个环节。房地产中间商的选择一般要考虑以下两方面的因素：

1. 房地产中间商的条件。中间商选择得是否得当，直接关系着房地产的市场营销效果。选择中间商，首先要广泛搜集有关中间商的品牌实力、市场范围、服务水平等方面的信息，确定审核和比较的标准。一般选择房地产中间商必须考虑以下条件：

（1）房地产中间商的实力和品牌。房地产中间商的实力和品牌不仅体现在它的规模大、资金雄厚，更体现在它具有专业的销售技术和一支高素质的销售队伍，对市场和消费者有深入的调查和了解。房地产中间商以前成功的代理业绩也往往能够体现它的品牌价值。

（2）中间商的市场范围。市场范围也是选择中间商的关键原因，所谓市场范围，既包括地理概念上市场的大小，也包括市场中消费者数量的多少，一般每个具体的房地产商品的目标市场不会太大，比较专一。一个特定的目标市场并不是每一个中间商的市场范围都可以包括的，像一些港、台的代理公司其市场范围主要包括海外公司和海外的投资者，而众多内地房地产中间商对这方面的市场就不是很熟悉。所以房地产开发企业要选择可以打入自己已确定的目标市场的房地产中间商。

（3）中间商的综合服务能力。房地产商品由于其特殊性，十分强调房地产中间商提供的各种服务。如各种信息咨询服务、财务金融服务（帮助办理分期付款或按揭等）、法律服务（合同的修改、签订等），在销售过程中还要提供关于建筑工程等方面的技术指导，合适的中间商所能提供的综合服务项目与服务能力应与房地产租售所需要的服务要求相一致。

（4）中间商的促销策略和技术。房地产商品的促销往往需要通过广告促销、人员推销、营业推广和公共关系等促销策略的综合运用，促销策略的组合和促销水平的高低在很大程度上会影响房地产的租售水平。因此，选择中间商前必须对其市场营销策略和技术的现实可能程度作全面评价。

（5）预期合作程度。由于房地产中间商大多为代理商，不存在垫付资金的情况，促销压力相对较小，中间商与开发商合作良好，会积极主动地推销房地产商品，而合作程度一般则可能并不积极拓展市场，精心促销。因此与中间商的预期合作程度也是开发商选择中间商要考虑的条件之一。

2. 中间商的数量。这也是中间商选择策略中要考虑的重要因素，确定中间商数量时，有三种可供选择的策略。

（1）密集分销策略。就是指房地产所有者选择尽可能多的中间商帮助租售房地产，这种方式可以使房地产达到最大的展露度，使消费者能够最方便地买到房地产，但这种方式也可能使房地产所有者使用一些效率不高的中间商，使房地产的分销成本上升，也会导致部分代理商缺乏开拓市场的动力，难以使每一个代理商都做到精心促销，一般房地产开发企业较少采用这种方式。

（2）选择性分销策略。这是指房地产所有者在营销渠道的每一层次只挑选少数几个中间商来销售其产品，这种方式通过对中间商的精选，去掉了那些效率不高的中间商，可使企业的分销成本降低；对于精选的中间商，企业也需要与之保持良好关系，使之能更好地完成营销工作。

（3）独家分销策略。独家分销是指房地产所有者在一定时期内，只选择一家房地产中间商租售其房地产，选择独家分销，就不能授权其他中间商租售其房地产，通常开发企业也会要求中间商不再代理与之竞争的房地产，一般来说，这种分销方式对企业来说风险较大，如果中间商选择不当，则有可能失去相当一部分市场。

确定了选择中间商的条件与要选择的数量，房地产企业仍会面临一个招募中间商的问题，这取决于房地产企业和房地产商品本身对房地产中间商的吸引力。

对于那些找不到或找不够合格中间商的房地产企业来说，必须考虑降低对中间商的要求，为中间商提供更多的利润，或者重新设计营销渠道，采取直接营销渠道的方式租售房地产。

三、房地产营销渠道管理

房地产营销渠道管理是保证所选的营销渠道有效运行的重要条件，房地产营销渠道管理中涉及的问题主要包括：渠道成员的职责、渠道成员的激励、渠道成员的评价、营销渠道冲突管理以及营销渠道的改进等。

（一）渠道成员的职责

渠道成员的职责问题对房地产营销渠道的正常运转具有重要的影响，渠道成员既包括中间商，也包括房地产所有者（主要是房地产开发企业）本身，所以房地产开发企业首先必须制定相应的职责和服务范围，明确企业要为中间商提供哪些方面的服务，承担哪些方面的职责，尤其当企业选择多渠道营销时，企业本身也进行直接渠道营销，这时对企业直销房地产的定价、折扣等都要作出相应的规定，使之与中间商代理的条件保持一致；其次，中间商也要明确其要为企业提供的服务内容及承担的职责，主要包括市场营销资料、目标市场分析等方面的内容。

（二）渠道成员的激励

为了促使中间商尽心尽力地为企业工作，完成企业所要求完成的营销职责，对所选的中间商采取适当的激励措施是非常重要的，激励措施可以是积极鼓励性的，如给中间商高额佣金、折扣让利，为中间商提供广告促销，达到规定租售额后给予额外奖金等；也可以是消极惩罚性的，如减少所提供服务，推迟结算佣金，甚至中止双方关系等。在实际应用中一般主要使用的是积极鼓励性的激励措施。

（三）渠道成员的评价

渠道成员的评价是指对企业所选择的营销渠道的中间商所完成的职责进行评价，以此对中间商进行激励和管理。企业在选择中间商时，一般都对中间商有一定的要求，如在一定时期内完成的租售量，为消费者提供的服务等，这些构成了企业评价中间商的标准。企业根据对中间商的要求，定期检查它们各项要求的执行情况，若完成任务好则给予鼓励，若完成得不好则进行诊断，找出不好的原因，以决定中止合作或帮助这些中间商改进工作。如果一开始开发商与中间商签订了有关绩效标准与奖惩条件的契约，这项工作就比较容易完成。

（四）营销渠道冲突管理

营销渠道冲突是指在营销渠道内部或营销渠道之间出现的相互矛盾和冲突现象，房地产营销渠道内冲突常出现在开发商同时委托几家中间商代理租售房地产的情况下，而渠道间冲突则在开发商使用多渠道营销时会出现，无论哪种冲突，原因一般都是渠道间或渠道内成员的目标或利益不一致。比如个别中间商为促销而少拿佣金，但却损害了其他中间商的合法利益；又如开发商希望高价销售获取高额利润，而中间商希望低价销售达到高销售率等。对于这些冲突处理，一般应从建立统一的组织目标，协调渠道成员利益出发，使用权力、制度、规定等方法与措施促使渠道成员意见一致。

（五）营销渠道的改进

房地产企业在设计了一个良好的营销渠道后，不可放任其自由运行而不采取任何措施。事实上，根据市场营销环境的变化，对整个营销渠道系统或部分营销渠道系统必须随时加以修正和改进。

通常，企业改进营销渠道的策略有增加或减少某些渠道成员（中间商）、增加或减少某些市场营销渠道以及改进和修正整个市场营销系统等方法。无论采用哪一种策略，都需先对现有的营销渠道和中间商作全面的分析评价，然后模拟出修正后的租售量、利润率等指标，进行对比后再作出决定。

第四节　房地产促销策略

　　一个善于经营的房地产开发企业，不仅要开发适销对路的商品房，制定合理的价格，选择具有竞争力的销售渠道，而且还要通过各种促销手段(如广告、派员推销等)把商品房介绍给消费者，以激发消费者的购买兴趣，促进商品房的销售行为。这种促销手段的选择就是促销策略。由房地产自身的特性所决定，房地产的促销策略有广告策略、派员推销策略、公共关系促销策略、营销推广策略等。

一、广告策略

　　广告是通过报纸、杂志、广播、电视等大众传播媒体或广告牌等形式向消费者传递信息、介绍商品房的一种公开宣传形式。随着房地产市场竞争的加剧，广告已逐渐成为促销的重要手段。

　　(一)广告媒体的类型及优缺点

　　广告媒体是广告信息的载体，目前面向公众的广告媒体较多，而不同的广告媒体有不同程度的吸引性、适应性和传达性，因而各种广告媒体各有不同的特性。现实生活中广告媒体运用较多的主要有报纸、杂志、电视、广播、户外广告等几种。此外，还有直邮广告、交通广告、特制品广告、高科技广告等。

　　(二)广告媒体的选择

　　广告媒体的选择直接影响到媒介的作用与效果，在确定选择策略时，应根据广告媒体的传播目标，综合考虑媒体的覆盖区域、接触率、重复率、连续性、针对性、广告费等因素，进行比较，从而选择合适的媒体。特别是在选择广告媒体受到广告费用限制的前提下，更应综合平衡，以便以最小的投入获得最佳的宣传效果。

　　1. 销售范围选择法

　　房地产具有位置固定性的特点，不像其他商品可随意流动到全国各地进行销售，房地产的主要销售对象为本地城镇居民和有意到房地产所在地居住的居民。因此，大型的房地产开发项目，需面向全国销售的，可选择全国性的报纸、电视、杂志和广播；一般的房地产开发项目，应选择本地具有一定社会影响的广告媒体。同时，对选择的广告媒体还必须弄清其受众组成情况，从中分析某一种媒体或媒体中的某一个节目(版面、栏目)的受众的消费水平和购买力，以加强针对性。

　　2. 千人成本法

　　对广告媒体的费用，不能只看其绝对值，而应看支出的费用与覆盖面及广告受众数量之间的比例关系。比如在报纸上做商品房销售广告，首先要考虑报纸的发行量，发行量大，覆盖面宽，平均到每个消费者身上所花费的广告费相对较少。在按成本原则选择媒介时，最简便的方法通常是千人成本法，又称 CPM 法，其计算公式为：

$$CPM = 广告费/接受广告宣传人数 \times 1\,000$$

比如两张同级别的报纸，其发行量分别为 100 万份和 80 万份，而其广告收费为 12 万元与 11 万元，则

$$甲：CPM = 12/100 \times 1\,000 = 120 \text{ 元}$$
$$乙：CPM = 11/80 \times 1\,000 = 137.5 \text{ 元}$$

显然，甲报在成本上要优于乙报。

3. 双向关联选择法

在总的广告费用已确定的情况下，广告的持续时间、发布频率、覆盖面这三个因素就基本决定了广告媒体的效果，这三个因素相互关联，一个因素的变化会引起其他两个因素的变化。因此，在选择媒介时可以作以下考虑：在媒介持续刊播时间一定的情况下，可选择每日刊播频率低而传播范围广的媒介或选择每月刊播频率高而传播范围小的媒介；在发布频率一定的情况下，可选择传播范围大而持续时间短的媒介或选择传播范围小而持续时间长的媒介；在覆盖面一定的情况下，可选择每月刊播频率低而持续时间长的媒介或选择每月刊播频率高而持续时间短的媒介。

4. 综合组合法

由于每一种广告媒介都有其长处和短处，运用单一媒介做广告，其效果远不如用多个媒介组合同时做广告的效果，因此，对于大型的房地产开发项目，还可以同时把同一主题的广告在多个媒体上以不同的方式进行传播，这样既可以增加消费者接触的机会，迫使房地产开发项目深入人心，又可以弥补单一媒体在频率上的不足，使同一广告主题以多种形式展现出来，增强广告效果。

(三)商品房广告的内容与形式

一则广告的信息含量是有限的，选择什么样的内容做广告传播，直接关系到广告的效果。一般来说，商品房广告的内容可根据商品房的特点和广告对象来确定，其基本内容应包括商品房的位置、质量、功能、特点、开发企业名称与联系电话、预售或者销售许可证号等，并综合运用版面、色彩、插图和广告词，使之成为最佳搭配。其介绍要简洁、贴切、生动、具体，形式可根据不同广告媒体的体裁、风格和表现手法而定。

1. 直叙法

针对商品房的特点，直接实事求是地予以介绍，清楚明了，针对性强，极易提高消费者的购买欲望，适用于文字量较大的广告。可以从以下几个方面找准切入点：

(1)从周围环境入手，介绍商品房的"特"。

(2)从功能入手，介绍小区的"优"。

(3)从消费者心理入手，满足消费者的心理需求。对于高档别墅区，要突出居住者的荣誉感、自豪感。如北京某房地产公司为推销区域产品做的广告是：

"面向城市新兴中产阶级"，"享受和谐的丰盛人生"；

"低密度板式居住社区"，"成功者的居住理想"，"望京门户 低密度理想生活城"；

"一橄榄　一世界　联想无止境"；

"一个街城的美好时代"；

"城市新兴中产阶级家庭的生态居住地"，"望京地区唯一的原创健康住宅"；

"都市雅皮士部落"；

"世界新社会"。

此外，对于高档的别墅还要注意介绍娱乐环境。如区域内设的卡拉 OK 厅、桑拿浴室、网球场、游泳池、水上乐园、健身房等。

（4）从交通状况入手，介绍商品房的"便"。

2. 标语式

针对商品房的特点，直接运用简洁、独特、富有韵味的口号式文字，配以小区的彩色插图，进行宣传，往往给人留下深刻的印象，使人一目了然，回味无穷。

3. 抒情式

以诗的形式，注意情感交流和沟通，激起消费者的激情，给人一种耳目一新的强烈感受和难忘印象，能较好地刺激消费、促进销售。广告新颖别致，富于真情实感，并配以小区简要的质量、功能、特点介绍，极易打动消费者的心。

4. 情感氛围式

家是一家人团聚、享受温馨生活的地方，最容易诱发人的情感，引起人的共鸣。若从人情味入手，营造一种气氛、一种情绪，并通过电视等媒体的画面表现出来，往往能起到事半功倍的效果。

此外，广告及广告词还可通过讲故事和用幽默诙谐的语言等多种形式反映出来。但无论哪一种形式，广告画面和广告词都必须便于记忆，通俗易懂，实事求是，恰到好处，并符合《房地产广告发布暂行规定》。

二、人员推销策略

房地产人员推销就是房地产开发企业根据对房地产市场的预测和调查，对自己掌握的潜在消费者，派人主动与其接触、洽谈，介绍本企业和商品房的情况，以促进消费者的购买欲望。它具有信息传递的多样性、推销目的的双重性、推销过程的灵活性、推销成交的快捷性等多方面的特点。

（一）人员推销的基本形式

1. 上门推销

房地产开发企业根据市场调查，尽可能掌握潜在的购房对象，摸清可能的买主，然后派出推销人员携带有关资料，上门介绍正在开发的商品房的基本情况，直接观察对方的态度，了解对方的需求，并及时作出适当调整，确定推销措施。这是一种企业向消费者靠拢的积极主动的"蜜蜂经营法"。

2. 设立售楼部推销

对正在建设和已经竣工的商品房，房地产开发企业可以选择有利地点设立售楼部，做出小区模型，对前来参观、有购房意愿的消费者，由推销人员直接进行引导介绍，回答询问，给消费者留下深刻的印象。

3. 会议推销

对于大型的房地产开发项目，房地产开发企业可组织专门的商品房现场展览会，邀请有关人士进行参观。对于一般的房地产开发项目，可由政府或房地产协会牵头，举办房地产交易展示会，各开发企业可利用模型、音像、图片等资料，由推销人员进行宣传，现场解答，对于有购房意愿的消费者，直接带至商品房所在地进行参观。这种推销形式具有群体推销、接触面广、推销集中、成交额大的特点。

（二）人员推销的策略

不同商品房购买者具有不同的动机，有的是出于居住的需要，有的是出于置业投资的需要，有的是急于购买，有的是可买可不买，或者等条件成熟时再购买。因此，要针对不同的购买对象，采取不同的推销策略。

1. 试探性策略

在商品房的销售对象不明朗的前提下，房地产推销人员可根据房地产开发项目的特点，设计出推销方案和征求意见表，由推销人员直接上门与消费者交谈，了解对方的需求，观察其反应，及时调整推销思路，最大限度地满足消费者提出的需求，增加消费者的购买兴趣，并使之付诸实施。

2. 诱导性策略

对有购房意愿但暂时抱观望态度的潜在性购买对象，推销人员在全面掌握房地产开发项目的设计方案、设计标准、设计特点、施工质量、材料装修、内部设施等情况的前提下，认真分析潜在性购买对象的心理，从对方感兴趣的房地产价格、周围环境、质量、售后服务或者房地产能否增值等其他方面的共同点入手，紧扣购房对象感兴趣的主题，突出房地产开发项目的主题特点，诱发顾客产生这方面的需求，并激起购房对象迫切要求实现这种需求的强烈动机，诱导消费者尽快购买。

3. 针对性策略

对已经明确决定要购房但没有确定购买哪一家房地产开发企业的房屋的消费者，房地产推销人员应全面了解其个人情况，包括家庭收入、经济承受能力、家庭成员组成、个人爱好、购买目的等，事先设计好针对性强的推销语言和措施，有的放矢地宣传、展示和介绍商品房，使购买者产生信任感和紧迫感，从而尽快购买。如对高收入者，在推销时应着重强调商品房的环境、功能等，激发购买者追求荣誉感的激情。对于普通的工薪阶层，由于他们对住房的要求是住得下，分得开，设施齐全，经济实惠，因此推销时要着重强调设计科学、质量可靠、价格合理、居住安全、交通便利。

（三）推销人员促销的技巧

推销人员促销是双方面对面的交流，其促销方法是否合适是关系到促销能否成功的主要因素。因此，作为房地产的推销人员来说，除应具有较高的素质外，还必须根据商品房的特点，针对每个人的性格、生活方式、嗜好、消费倾向等，运用不同的策略进行交谈，这样才能立于不败之地。

1. 成熟稳健的人

这种类型的消费者通常具备丰富的购房知识，对商品房本身的功能、质量、环境、价格、市场行情等相当了解，与促销人员洽谈时往往就其关心的问题追根究底，不易被促销人员说服。针对此类购房对象，促销人员应以诚相待，并就商品房的功能、特点以及公司信誉等详细加以解释，应做到实事求是，以获得消费者的信任。

2. 犹豫不决的人

这类顾客对房地产产品本身要求并不高,其购买愿望强烈,只是反反复复,拿不定主意,难以决定具体买哪种类型、哪家企业的商品房。针对此类购房对象,促销人员要与之真诚交谈,了解其犹豫的真实原因,到底是对商品房某一点不满意,还是因为有同类商品房作比较拿不定主意。对于前一种情况,可摸清不满意之处,然后予以攻破。对于后一种情况,则可着重介绍本商品房的优点,并说明该商品房供不应求,使消费者感到如果再徘徊,很可能失去机会。

3. 谨慎小心的人

这类消费者对商品房的各个细节总爱刨根问底,并喜欢就某个重点问题反复询问,对售楼广告反复阅读,对商品房反复观看,生怕上当受骗。

对于此类购房对象,促销人员要有耐心,百问不厌,反复介绍企业的信誉和商品房的特点,最好用已购商品房的消费者的亲身经历来劝说。同时还要与之交心谈心,打消其顾虑,培养感情,取得其信任。

4. 态度傲慢的人

这类消费者自视甚高,眼中无人,时常表现出一副"唯我独尊"的样子,像这种盛气凌人的人,是最不受欢迎的人。

对付这种类型的人,促销人员要么"投其所好",尽量寒暄,满足其自尊心,然后在其兴高采烈之际,将话题转到介绍商品房的特色上来,特别要强调该商品房能突出居住者的地位,衬托其尊贵,从心理上打动对方,促其成交;要么简洁有力,尽量简明扼要地介绍本商品房的特点,并掌握对方的弱点,刺激其尽快作出购买决定。

5. 经验欠缺的人

这类消费者一般为初次购房者和农村进城人员,他们对于房屋的功能、质量、建筑面积等基本知识知之不多,在购房中主要凭自己的感觉和他人的介绍来作出决定。

对于这种类型的人,促销人员要反复介绍商品房的基本情况和本企业开发的业绩,出具资质证书、商品房的质量等级证明、国家规范的商品房示范合同文本、住宅质量保证书、住宅使用说明书等,使购房对象对企业和促销人员产生一种信任感,从而放心购房。

6. 行动迟缓的人

这类消费者在购房中总是轻声细语,虽表达出购房意愿,但却迟迟不作决定,或虽作决定,但却迟迟不签合同,不交定金。

对于此类消费者,促销人员要有足够的耐心,要多次主动上门增进感情,一方面要说明本企业商品房不愁销路,其购不购房无关紧要;另一方面又要介绍本商品房已所剩不多,以促使其早下决心,尽快付诸行动。

7. 眼光挑剔的人

这种消费者心较细,对商品房的质量、建筑造型、风格、装修、朝向、色调、大小公共设施的面积都很挑剔、计较,爱讨价还价。

对此种类型的消费者,最好两人以上搭配促销,要以专业者的眼光侃侃而谈,针锋相对,从气势上压倒对方,要善于向对方强调该商品房品质之优良、付款方式之优惠,促其尽快作出决定。

三、公共关系促销策略

公共关系促销（简称公关促销）与广告、推销人员促销的基本功能在于传递信息，它们都需要利用传播媒介和传播技术进行信息沟通，但公关促销又与其他促销方法不同，它更着重于营销的社会性、形象性、计划性、目标性。随着市场经济的迅速发展和城镇住房制度改革的深入以及住宅商品化、社会化的全面实施，商品房销售竞争更加激烈，公关促销越来越引起开发企业的关注。

（一）公关促销的原则

1. 以人为本的原则

注重消费者的利益，以消费者的利益为出发点，是商品房公关促销活动最基本的原则。否则，脱离消费者的需求，再好的公关促销也起不到好的效果。

2. 以事实为基础的原则

商品房公关促销需要奉行真诚的信条，一方面，商品房公关促销活动的开展要以深入细致的调查研究为基础，有的放矢；另一方面，传播信息又要客观、真实、全面、公正，任何虚假的信息传播，任何夸大的沟通方式，都会损害开发企业和商品房的形象。

3. 以树立良好形象为目标的原则

商品房营销的最终目的是出售商品房，但公关促销首先强调的是企业的美誉度、商品房的知名度与印象度，通过树立企业和商品房的良好形象，促进商品房的销售。一般来说，企业和商品房的美誉度、知名度、印象度越高，也就越有利于商品房的销售。

（二）公关促销的方法

在房地产市场由"卖方市场"向"买方市场"转变的过程中，消费者不仅对商品房的区位、档次、质量、社区环境和配套条件等方面的要求越来越高，而且对企业良好的服务、情感的交融、人格的尊严、满意的购房环境和企业形象等外在因素也越来越关注。因此，开发企业不论是在商品房的开发中，还是在商品房的销售和售后服务中，都应从消费者的心理状态和情感需要出发，以人为本，以社会形象为基础，并通过行之有效的公关促销方法去促进商品房的销售。

1. 心理型公关促销

商品房具有生存资料、享受资料和发展资料三种功能，消费者在购买时一般要考虑七大因素，即地段、设施、交通、价格、质量、环境、套型。购房的目的一般有两个，即消费和投资，其中大多数是作为家庭消费品，少数是作为物质资本而用来保值增值。而且，不同的消费者对房屋的套型和装修要求也不一样，如有的要成型房，有的要毛坯房。因此，在商品房营销中，要针对消费者日益复杂的消费心理、消费需要，掌握消费者的心理动机，主动出击，积极采用一系列心理方法、技巧开展促销活动，一方面，使自己的商品房建设模式与顾客的心理需求合拍；另一方面，要通过对消费者心理需求的了解，用商品房装修和销售活动的浪漫情调，增强感染力和渗透性，从而诱发消费者的购买激情。

2. 情感型公关促销

按照传统的观念，消费者与房地产开发企业的关系是单纯的买与卖的关系。而实际上，企业和消费者的关系不仅是商品房和货币交换的关系，还包含着广泛的信息交流和感情沟通关系，特别是对于具有购房欲望而还没有确定购房对象的消费者来说，注入情感往往会带来意想不到的效果。因此，在商品房建设中，一方面要将人情味寓于商品房的设计、施工和装修中；另一方面要采取多种形式，加强与消费者的情感交流，把情感注入销售服务的过程中，增强消费者对企业和产品的信任感。

在与消费者建立感情的过程中，要区别不同的对象，善于打开消费者心灵的窗户，把握启动其情感的钥匙，或晓之以理，或动之以情，真诚而坚持不懈地影响大众消费者的认知取向和价值判断，使他们在不知不觉中形成积极、明朗、共振的心理倾向，从而使多彩的商品房成为维系人们感情的媒介和象征，直接使商品房具有拟人化的温情色彩。

3. 征询型公关促销

面对消费者对商品房的多样需求，在销售中可以通过采集信息、舆论调查、民意测验等多种形式，面向社会组织各类征询活动，如开展有奖问卷调查，了解消费者对商品房的套型、结构、样式、住宅服务等方面的需求，开展商品房设计和房间布置点子竞赛、有偿征集警言、有偿请教等活动。这种活动具有针对性强、灵活性大和人情味浓的特点，在大众媒介高度发达、企业与消费者的交往相对缺乏个性色彩的情况下，征询型公关促销的效果尤其突出。

4. 新闻型公关促销

一般来说，消费者对各种媒体的广告宣传具有一定的警戒心理，因为许多被房地产开发商宣传得天花乱坠的商品房往往与事实有出入，引起消费者的反感。而新闻具有权威性强、可信度高的特点，一般容易为消费者所接受。因此，开发商要把握机遇，开发自己的特色产品，开展独具特色的主题活动，引起新闻部门的关注，争取在新闻栏目和热点、焦点节目中进行连续报道，使消费者自然而然地接受本企业。

5. 公益型公关促销

在众说纷纭、眼花缭乱的房地产促销活动中，通过有组织的公益性活动、赞助活动来体现企业的责任心，展示良好形象，往往为消费者所接受、所称道。如紧扣时代的热点，开展救助失学儿童，帮助贫困山区学校建立图书馆，在全省范围内开展"反青少年酗酒、吸烟运动"等。同时，要注意对本企业兴建的住宅小区的公益事业的资助、赞助及捐赠等，如组织资助社区内的文化、教育和卫生等团体，开展各类活动，活跃社区居民的文化生活，兴办养老院、幼儿园，捐赠慈善机构，组织小区内的公益劳动，资助兴建图书馆等。在进行这类公关促销时，要注意避免两个倾向，一是要把社会公益事业资助活动与单纯的广告活动区别开来，不要把资助活动仅限于歌舞演出、有奖竞赛等娱乐性强的一些项目；二是要将社会公益事业资助与公共关系宣传结合起来，避免将社会公益事业资助活动单纯看成"单向输出"，这就要求在开展公益事业活动时，必须对资助项目进行详细的调查论证，使资助项目不仅对社会的宏观发展长期有利，而且还要受到社会大众，尤其是新闻媒介的关注和宣传。

6. 专题型公关促销

由于商品房投资金额大，消费者在购房时一般都会采取慎之又慎的态度，因此在商品房营销中，除进行大众化的宣传外，还必须根据条件进行专题介绍。其方式可以灵活多样，如庆典活动、记者招待会、展览活动、参观活动、联谊会、座谈会等，其中展览和参观活动是目前较受消费者欢迎的形式。展览主要是将住宅小区和房屋按一定的比例浓缩成一个较为美观的模型，在一定的场所进行展出，增强商品房的说服力，给消费者一个直观的印象。参观则可以采取多种形式，如陪消费者直接观看商品房，边看边介绍；或者将商品房从规划到竣工验收的一整套程序拍成录像，在消费者询问时进行播放；还可以利用计算机将商品房加以模拟，并进行相应的装饰、装潢设计以及各种情调的室内布置，配上解说词和音乐，用三维动画播放，让消费者仿佛置身于真实的商品房环境中，从而刺激和增强消费者的购买欲望。

7. 求新型公关促销

当前商品房营销方式可谓花样繁多，要在多变的营销竞争中给消费者留下深刻的印象，必须超越常规，突破常识，匠心独具，否则，老是沿袭旧有的营销方法，或者不问条件照搬模仿，偷梁换柱，不是难有成效，便是画虎类犬，这样只能增加商品房的积压。因此，有远见卓识的房地产开发商，会将主要精力放在市场调研上，适时分析房地产的供需状况、客源群体、购买力等，制定出新的适销对路的营销方案。

8. 求奇型公关促销

公关策划如同军事谋略，要在公众每天接收到的纷繁信息中突出开发企业和商品房的信息，要在形象竞争中立于不败之地，没有独出心裁、超凡脱俗的主意和办法，不采取出奇制胜的谋略，成功是难以实现的。可以根据企业的特点，综合分析房地产市场和消费者的心理状况，在商品房的质量、小区环境(如花园城)、物业管理、灵活多样的毛坯套型等诸方面中选择1~2个项目作为开发的重点，形成自己的特色和名牌效应。在具体的营销中，也可以针对办公楼、住宅楼和综合楼的不同特点，不去争大家都去争的热点，在冷点中求热点，人弃我取，攻其不意；或以反向思维为切入点，反其道而行之；或抛弃共性，追求个性，谋为天下先，精心设计活动载体，增强企业和商品房的渗透性。

(三)公关促销的步骤

1. 确定促销目标。主要是在公关调查的基础上，将公司的自我期望形象与公众评价形象进行对比，找出商品房内在形象与消费者要求的差距及其原因，并结合商品房的具体条件和外部环境情况，明确目前应当解决的重要问题和今后的努力方向，从而确定公关工作目标。公关工作目标可根据商品房的实际情况，分解成多个子目标来分别指导各方面的工作。

2. 确定公众对象。目标确定后，就应根据具体公关目标，确定应当针对的公众对象，分析一下每一具体公关目标涉及哪些消费者。了解消费者的现状，包括家庭人口结构、经济收入、现有住房情况、对购买商品房的态度等，从而确定具体的对象。在确定公众对象时，应着重了解有社会地位的知名人士的情况，说服他们入住，以起到潜移默化的示范效应。

3. 确定活动方案。根据具体公关目标，设计鲜明、简洁、亲切的主题和相应的活动项目，并在适当的时机予以实施。其时机可选择在企业开业日、周年纪念日、推出新项目与新产品之时，社会上或区域内发生重要事件或重要活动时，重大节假日、外界出现一些突发或偶发事件时等。

四、营业推广策略

房地产营业推广是指房地产开发企业运用各种短期诱因鼓励消费者进行购买，以促进房地产产品销售的所有措施。营业推广的具体形式多种多样，有陈列、样品房展览、免费赠送等，几乎包括除人员推销、广告和公共关系以外的各种促销手段。

（一）房地产营业推广的特点

1. 非连续性

营业推广一般是为了某种目标而专门开展的一次性促销活动。它不像广告、人员推销那些连续、常规的推销活动，营业推广一般着眼于解决一些具体的促销问题，具有非规则性和非连续性的特征。

2. 形式多样

营业推广的具体形式多种多样，如对消费者赠送样品、提供各种购房折扣、对中间商进行销售竞赛、为中间商培训销售人员、举办展览会以及联合促销等。

3. 即期效应明显

营业推广往往是在某一特定的时间内，针对某方面情况采用的一种促销方法，它能给买方以强烈的刺激作用。该策略运用得当，其效果可以马上在营销效果上表现出来，而不像其他方式那样有一个较长的滞后期。

（二）房地产营业推广的作用

1. 加速房地产产品进入市场的过程

当消费者对刚投入市场的新建房地产产品还未能有足够的了解和做出积极反应时，通过一些必要的推广措施可以在短期内迅速为新产品开辟销路。

2. 有效地抵御和击败竞争对手的促销活动

当竞争者大规模地发起促销活动时，如不及时采取针锋相对的促销措施，往往会大面积地损失已享有的市场份额。对此，可采用如打折销售、赠送物业费或赠送面积等方式来增强本企业房地产产品对顾客的吸引力，以此来稳定和扩大自己的顾客队伍。

3. 刺激消费者购买和向消费者灌输对本企业有利的意见

当消费者在众多的房地产产品中进行选择，尚未做出购买决策时，及时的营业推广手段的运用往往可以产生出人意料的效果。

（三）房地产营业推广的方法

1. 价格折扣

这是房地产营业推广中运用最多的方法，无论是对消费者，还是对中间商，这个方法都很有效。对消费者来说，价格折扣可以使房价降低很多，刺激他们的购买欲望；对中间商来说，价格折扣可以让他们在代理时更有利可图，另外，价格折扣使代理风险降低，有可能促使一批中间商包销房地产。

2. 变相折扣

所谓变相折扣是指通过免去物业管理费、免付开发商贷款利息或代付贷款利息等变相地给予价格折扣的营业推广方法。这种方法常用于消费者，以刺激其购买。

3. 赠送促销

房地产开发商常会进行赠送促销，即购买或租赁某特定房地产可获得一定的赠送，有赠送家电的，有赠送家具的，有赠送装修的，甚至还有赠送面积的，目的只有一个，刺激消费者购买或租赁，但有时这种方法显得比较牵强，如"买大房赠小房"，其实质就是折价。故弄玄虚反而会引起消费者反感，另外，附赠商品的价值往往与房地产本身价位相差悬殊，消费者很难被打动。

4. 抽奖促销

开发商通过抽奖来决定给予某些购房者以某种优惠（一般是价格上的优惠）。

5. 还款促销

某些开发商向消费者承诺，若一次性付清房款，将在某年将房款（甚至超过房款的价格）完全还给购房者，应该说这实质上也属于价格折扣的一种，只不过这里折扣的是资金的时间价值。由于还款的期限往往较长，还款的承诺难以得到保障，所以这种营业推广方法的效果一般。

6. 展销会

通过参加各种形式的展销会来促进房地产产品的销售。在展销会上可展示本企业房地产模型，并进行现场演说表演，以吸引参观者（包括中间商和购买者），促进其了解产品，并当场或事后购买房地产。

7. 交易折扣

这一方式主要是针对房地产中间商的。例如，企业可规定只要在一定时期内销售了本企业的房地产，就可得到一定金额的折扣，推销数量越大，折扣也越多。这种方法可鼓励房地产中间商更多地推销本企业产品。

（四）房地产营业推广方案的制定

1. 界定营业推广的目标

营业推广的目标受企业市场营销目标的制约，而且面对目标市场对象不一样，营业推广的具体目标也不同。在消费者市场，实施营业推广的目标在于从其他竞争者手中夺取顾客，通过广告建立企业在顾客心中的地位；在中间商市场，实施营业推广的目标在于鼓励他们经销或代理本企业开发的房地产商品，建立中间商对本企业的信任和忠诚，获得新的营销网点。

2. 选择营业推广工具

不同的营业推广目的，选择的营业推广工具也会有所不同；不同的营业推广对象，选择的激励手段也不一样；不同的推广效果要求，所选择的推广策略更有明显的不同。一般来说，对中间商展开的推广活动实现效果的持续期较长，而对消费者的刺激一般只能帮助企业实现阶段性的销售目标。

3. 确定营业推广规模

以多大的费用投入来刺激消费者需求决定着销售业绩。如果要实现促销的成功，一定的刺激是不可或缺的。随着刺激强度的增强，销售量会增加，但到了一定的程度以后，其效应是递减的。所以，房地产开发企业不仅要了解各种营业推广手段的效率，还要清楚地认识到刺激强度和销售量变化的关系，以取得合理、预期的推广效果。

4. 营业推广的对象

由于不同的营业推广方法对不同的营业推广对象的作用相差较大，所以，在具体的营业推广方法确定以后，应选择对这种营业推广方法反应最强烈的消费者、中间商或推销人员开展营业推广活动。对营业推广对象的范围，可以选择目标市场的一部分，也可以选择整个目标市场；可以对整个推广对象以同样的推广强度，也可以针对不同的推广对象，用不同的推广强度开展营业推广活动。

5. 营业推广的途径

具体的营业推广方法，往往可以通过多种途径来实施，而不同的途径往往会产生不同的效果。如对消费者给予价格折扣鼓励购买的营业推广活动，可以通过广告媒体进行宣传，也可以通过新闻机构以新闻事件的形式告知公众，还可以通过推销人员的口头介绍。因此，面对可供选择的多种推广途径，企业必须作出合适的决策，以使营业推广活动能够有效地传递到推广对象中去。

6. 营业推广时间

营业推广的时间决策包括营业推广活动的起始时间和持续时间。营业推广活动的起始时间安排必须妥当。如要搞一次针对广大教师的价格折扣售房活动，应选择教师节到来前的某一日期，选择其他日期可能会大大降低营业推广的效果。营业推广活动持续的时间不能太短，也不能太长。时间太短，许多可能参与的消费者可能会失去参与的机会，影响营业推广的效果；时间太长，则推广的号召力逐步递减，起不到预期的效果。如前面给的教师节的房价折扣活动，持续时间就应为教师节前后的1周或10天左右。

7. 营业推广预算

营业推广预算的决定可以采用两种方法。一是总和法，即根据营业推广目标、推广方案的其他各方面，分别算出营业推广活动每个环节所需要的费用，然后汇总得出营业推广活动的总预算。二是总促销预算百分比法，以一定的比例关系进行分配。

思考题

1. 房地产市场营销的概念和内容是什么？
2. 房地产市场营销方式有哪些？
3. 试述房地产定价方法与策略。
4. 影响房地产营销渠道选择的因素有哪些？
5. 简述房地产营销渠道管理。
6. 试述房地产促销策略。

第五章 房地产泡沫

第一节 概 述

一、泡沫经济

查尔斯·P. 金德尔伯格（Charles P. Kindleberger）在为《新帕尔格雷夫经济学大辞典》撰写的"泡沫"词条中写道："泡沫可以定义为：一种资产或一系列资产价格在一个连续过程中的急剧上涨，初始的价格上涨使人们产生价格会进一步上涨的预期，从而吸引新的买者——这些人一般是以买卖资产牟利的投机者，其实对资产的使用及其盈利能力并不感兴趣。随着价格的上涨，常常是预期的逆转和价格的暴跌，通常导致金融危机。"

泡沫经济通常表现为某种经济资源的价格背离价值畸形上涨，并被轮番投机炒作，形成一种虚假的经济泡沫。当经济泡沫达到一定的程度后，泡沫就会破裂，使参与投机的许多人遭受损失，并对社会经济发展带来巨大的负面影响。资产价格波动一般经历三个明显阶段：第一个阶段即泡沫的产生，它与银行有意扩张借贷的决策相伴随；第二个阶段是泡沫破灭；第三个阶段是大量银行及其他企业的萧条导致整个社会经济的低迷或停滞。

二、房地产泡沫

房地产泡沫可理解为房地产价格在一个连续过程中的持续上涨，这种价格的上涨使人们产生价格会进一步上涨的预期，并不断吸引新的买者。随着价格的不断上涨与投机资本的持续增加，房地产的价格远远高于与之相对应的实体价格，由此导致房地产泡沫。

房地产泡沫的本质是价格的泡沫。如果房地产的价格超过其真正的实际价值，可能就会出现泡沫，而这种脱离实际价值的状态达到一定程度后，泡沫也会随之破灭。

泡沫过度膨胀的后果是预期的逆转、高空置率和价格的暴跌，即泡沫破裂，它的本质是不可持续性。房地产泡沫与一般价格波动不同：从现象上看，一般商品的价格波动包括上涨、下跌，而且在时间上是相连的、循环的，变化幅度一般不会很大，而泡沫是价格持续上涨，直到产生恐慌，人们匆匆抛售，从而使价格暴跌，波动幅度很大，它不具有周期性，而是突然上涨与下跌。从本质上看，一般商品的价格是价值的货币表现，一般商品的价格波动反映市场供需平衡情况，既是市场机制作用的起点，又是市场机制作用的结果，价格总是围绕价值上下波动。在正常的市场条件下，价格上涨、供给增大，投资者预期价格下降；而泡沫发生的时候，市场机制失灵，人们的行为是买涨不买跌，不遵循市场运行的一般规律，当价格上涨、供给增大时，投资者预期价格进一步上涨。当房地产市场的有效需求旺盛时，房地产产品的热销和价格的合理上涨并不能说成是泡沫；但是，当房地产市场热到一定程度，投机性需求大幅度上升，房地产价格明显高于其内在价值时，就会出现房地产泡沫。

第二节 房地产泡沫一般表现形式

一、价格泡沫

房地产价格发展状况是评价房地产市场发展程度的重要指标。如果实际购买力没有随房价而增长，购房者难以承受，很快就会形成明显的消费断层，由此会形成房地产泡沫经济。国际上通常用"恩格尔系数"对房地产价格进行评定。"恩格尔系数"定义为所购房屋的房价与家庭年收入的比值。在国际上，"恩格尔系数"在6左右为比较正常。偏低则房地产市场低迷，过高则房地产市场有"泡沫"。

地产价格泡沫指地产价格远远超过其自身的市场均衡价格，从而造成房产价格的畸高上扬。土地价格由于土地的稀缺性和市场需求无限性的拉动作用，以及土地市场投机炒作，会出现虚涨，这种虚涨的部分就属于经济泡沫。如果土地价格成倍、甚至几十倍地飞涨，就会发展成泡沫经济。

二、空置泡沫

自然空置率是指房地产市场长期均衡时的空置率。实际空置率与自然空置率的差异可以作为未来增量房地产市场的指示器，来引导房地产投资者或开发商的投资开发行为。

在房地产市场供求关系中，按照通用的国际经验数据，商品房空置率在10%以内时，这种经济泡沫是正常的，如果超越过多，引起严重的供给过剩，就会形成泡沫经济。

三、地产投资泡沫

房地产投资具有投资金额高、投资回收期长、周转慢等特点，客观上需要大量的资金支持。房地产泡沫能否出现，一个最根本的条件是市场上有没有大量的资金存在。因此，资金支持是房地产泡沫生成的必要条件，没有银行等金融机构的配合，就不会有房地产泡沫产生。

一般规律下，房地产投资增长率应与房地产消费增长率相适应，力求平衡供求关系。

房地产开发从资金角度讲，其实质是一个资金运作的过程。房地产"产能过剩"，反映到资金层面，就是房地产行业吸纳资金的过剩，一旦房地产吸纳了过度的资金，房地产投资增长率高出消费增长率，就会出现泡沫。这会造成商品房严重滞销、还贷困难，连带引起金融危机。1997 年的香港房地产泡沫，属于典型的房地产投资泡沫。当初的香港，房地产价格持续飞涨，人们寄希望于一种虚无缥缈的预期，不顾一切进行房地产投资。最终的结果是，房屋租赁市场需求一路下降，香港楼价从 1997 年最高峰开始持续下跌，到 2004 年累计跌幅达 65%，港人财富蒸发了 2 万 2 千亿，平均每个业主损失 267 万港币，负资产人数 17 万。

四、房地产泡沫的危害

一旦房地产过热、泡沫形成，房地产价格的过快上升很容易产生虚假需求信息，影响开发者和消费者的预期，而且虚假需求造成的过度供给，又会形成新的房产积压，给整个国民经济带来大而长期的负面影响，严重削弱城市竞争力，影响地方经济发展。

第三节 房地产泡沫形成机理

从经济学的角度看，房地产泡沫的产生是一种经济状态的失衡现象。导致这种失衡状态的原因是多种多样的。从房地产泡沫的实质不难看出，过度投机和非理性预期导致了房地产泡沫的形成，此外，银行信贷非理性扩张、政策因素也是房地产泡沫形成的重要原因。

一、房地产泡沫产生的原因分析

(一)心理预期和从众行为

在现代主流经济学中，一般把参与经济活动的个人或企业假定为追求效用或利润最大化的经济主体，即所谓的"经济人"。一般来讲，"经济人"具有三个基本属性：一是追求效用或利润最大化；二是有限理性；三是机会主义倾向。之所以说"经济人"假定是泡沫经济产生和形成的基本前提，主要源于"经济人"的如下行为方式。

预期是人们参与经济活动时对未来状况的一种判断，是一种复杂的心理活动，预期可以使未来的资产价格发生变化，如图 5-1 所示。

图中 P_0 为预期瞬时间的资产均衡价格，当需求者预期资产价格将下跌时，需求曲线向左下方移动，提前形成反映未来的价格 $P_1 < P_0$；当需求者预期资产价格将上升时，需求曲线向右上方移动，提前形成反映未来的价格 $P_2 > P_0$。

当人们充分利用所有可获得的信息形成他们的预期时，他们的预期是理性的。这也是新古典主义对"经济人"的假设。根据这一假定，如果在资产市场上各种资产的需求者风险是中性的，则其所预期的某种资产投资收益率将等于其使用资金的机会成本，即所谓市

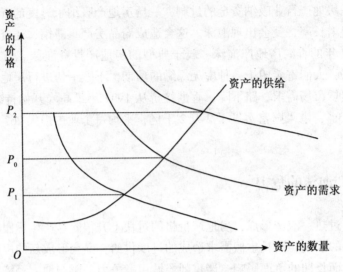

图 5-1　预期资产价格的影响

场利率 r，由于预期的依据是机会成本 r，因而其形成的资产价格是比较合理的，是合理的资产泡沫。因此，心理预期特别是投机是产生房地产泡沫的一种重要原因和形成房地产泡沫的必要条件。

　　"经济人"的不完全理性预期和投机行为决定了他们的从众行为，从众行为的含义是：当行为决策人或者因为信息不对称，或者因为缺乏信息识别的专门知识而产生对行为后果不确定性的认识时，往往需要对周围人的行为进行判断以提取信息，并采取类似的行为。从众理论认为：在金融市场中总有一批幼稚的参与者，他们没有足够的信息来源，他们对未来预期的形成主要依赖于市场上其他人的行为和预期，从而通过模仿其他人的行为来选择自己的行为策略。

　　日本经济学家铃木淑夫在描述日本 1998 年开始的地价与股价暴涨时的从众行为时写道："不考虑泡沫的产生就无法解释。即乐队的大车开始走到大街上，很多人紧跟其后。虽不知为了什么，不知车子开往何方，却有越来越多的人尾随其后。既然有这些人跟在后面，即人们不断地参与购买土地和股票。事实上，地价和股价确实继续上涨，这又诱使人们接着购买。这正是泡沫的产生。"

　　人们的心理预期和从众行为是房地产泡沫形成的基本前提，随着人口的增加和城市的发展，土地价格存在着潜在升值的趋势，因此，房地产价格在人们未来的预期中也会不断上升。对房地产未来价格的非理性预期造成投资者对未来房地产投资高回报的设想，过多的货币资本投入到有限的土地买卖中，推动地价不断上涨，从而使房地产价格不断攀升，消费者的预期实质上就是对价格的预期。由于房地产不同于一般商品，当价格上升时，人们预期今后价格还要上升，需求量增加，房地产持有人惜售，供给量反而减少。这样就进一步刺激了价格上升，促进了泡沫的产生。在泡沫破灭时，房地产价格下跌，消费者预期价格还要下跌，房地产商纷纷抛售其持有的房产，于是供应量增加，同时从众的心理使得无人肯接手买入而使需求量减少，这样就加剧了价格的下跌。如图 5-2 所示。

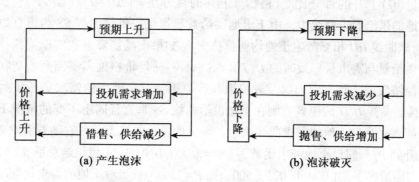

图 5-2　心理预期导致泡沫产生和破灭

（二）过度投机

社会需求大体上可以分成两类：一类是真实需求，另一类是投机需求。所谓的真实需求是指为了满足生产和生活的需要而产生的需求，实实在在地反映了人民生活水平。它往往较稳定，是大部分人的需求，资金占用的时间较长。所谓的投机是指为了从资产价格的变动中获利而买进或卖出资产，并不是对资产本身的使用或盈利能力感兴趣。投机需求则是为了牟取暴利，买进的目的就是为了卖出，资金占用时间较短，很不稳定，较难预测。投机需求实质上是国民收入的再分配。地产泡沫的形成往往与土地投机紧密联系在一起，二者缺一不可。作为解释地产泡沫形成的一个主要因素，土地投机又往往是与预期、非理性等因素相互影响而发生作用的。当各经济主体（包括土地投机者）对未来房地产价格走向的预期过度乐观，并且出现非理性的"集体无意识"行为时，土地投机者开始增加土地的购买和囤积，投机需求的增加造成市场的"繁荣"假象，引起进一步的涨价预期，从而形成一个自我强化的正反馈，最终使价格膨胀为泡沫。在这一过程中，地价逐步脱离地租的贴现值，地价并非主要由地租间接决定，而是由市场上土地资产的买卖交易（很大程度上是投机交易）直接决定。

一方面，土地交易制度不健全，行业管理不完善，在一定程度上助长了投机活动，产生大量投机性泡沫。土地是房地产行业的基础，土地资源的稀缺性使得土地市场具有需求弹性大而供给弹性小的特点。当大量投机使土地需求增加时，土地价格急剧上涨，由于土地的稀缺性，市场无法在短时间内增大供给量，从而使需求与供给之间的差距进一步拉大，在这种情况下，有限的土地价格飞涨，严重脱离了其实有价值而产生地价泡沫，进而可能导致整个房地产业泡沫的形成。而另一方面，房地产投资的过度增长使得房地产投资的增长速度远远超过了城市化进程的速度，造成市场供给与市场需求的严重不平衡，房屋空置率高，从而导致房地产价格急剧下跌，泡沫破灭。

（三）土地的有限性促使泡沫得以产生

从全社会的土地供给来看，土地的数量既不能增加也不能减少，它的有限性决定了其供给总量在一定时期内可以被认为是固定的，不会因需求价格的上升而增加。而且，由于土地不可移动，即使某地区对土地的需求扩大时，也无法从其他土地价格较低的地区运来

head

土地以扩大供给。按照供给弹性是供给量对价格变动反应程度的概念，即供给弹性 Es 公式：供给量(Q)上升的百分比/价格(P)上升的百分比 = $(\Delta Q/Q)/(\Delta P/P)$，如图 5-3 所示，在土地的供给需求曲线中，由于土地供给数量恒定，供给曲线 SS 为垂直线，供给曲线 SS 与需求曲线 DD 相交产生土地均衡价格 P_L。如果市场能够自我实现均衡，凭借均衡机制下的供给量与需求量一致时的 $D(P) = S(P)$，任何价格偏离都回到均衡状态的价格 P_L。由于经济发展、收入增加以及人口增长等原因，对房地产的需求必然扩大，需求曲线 DD 上扬到曲线 $D'D'$ 的位置。则在土地供给曲线 SS 垂直且固定不变的情况下，均衡价格的上涨幅度完全由土地的需求曲线决定，与土地供给曲线无关，它随着需求曲线 DD 的上扬而上升到 P_L'。假设土地需求函数为：$D = 1\,000 - 0.02P$，土地供给总量 $S = 500$。在 $D = S$ 的供需均衡情况下，$1\,000 - 0.02P = 500$，则 $P = 25\,000$。当对土地的需求增加时，需求函数变为 $D = 1\,500 - 0.02P$。由于土地供给数量衡定，仍然 $S = 500$，由 $1\,500 - 0.02P = 500$，则 $P = 50\,000$。在该例中，由于土地供给完全无弹性，市场需求仅增加 50%，就引起市场均衡价格上升 100%。后者的变化幅度远大于前者。

从以上分析可看出，由于土地市场是非完全市场，形成的土地价格受到主观因素的影响较大。因此，当市场普遍流行对土地未来价格的乐观预期，人为地加大对土地的需求将促使土地价格呈刚性上涨，非合理性的房地产投机行为盛行，导致房地产价格泡沫产生。

（四）银行监管不力和信贷非理性扩张

在实践中，泡沫经济的形成往往与银行系统或金融系统有着非常密切的联系，因此，金融制度的变迁往往是泡沫经济的催化剂。泡沫经济的形成有赖于银行的支持：当有人预期到资产价格的上涨时，在巨额利润的吸引下，他会千方百计地筹集资金。最简单的办法是向银行贷款，因此，泡沫经济必然会将银行拖下水。

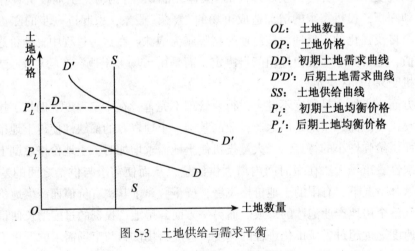

OL：	土地数量
OP：	土地价格
DD：	初期土地需求曲线
$D'D'$：	后期土地需求曲线
SS：	土地供给曲线
P_L：	初期土地均衡价格
P_L'：	后期土地均衡价格

图 5-3　土地供给与需求平衡

银行之所以会受到泡沫经济的困扰，这和银行与借贷者在信息不完全下的博弈关系密不可分，金融机构作为金融市场中资金运作的中介机构，其功能是：为商品和服务提供支付系统，为从事大规模不可分经营的企业提供有助于协调不同经济领域分散决策的价格信息、提供解决信息不对称和激励问题的一种方法。但事实上，无论金融市场如何变化，储蓄者、投资者和金融机构都存在着根据自己掌握的信息进行决策的问题。

在古典经济学中，一般总是假定储蓄者、投资者和金融机构之间的信息是充分和对称的。然而这一假设显然与现实的金融市场是相互矛盾的。信息不充分和不对称包含有技术性因素，如储蓄者缺乏足够的时间和精力去辨别信息，现代金融产品设计要求经济和数学方面高深的专业化知识等，但更为严重的则是在储蓄者、投资者和金融机构之间缺乏一种以负责的态度及时传递真实信息的约束机制。

信息经济学理论将拥有私人信息的参与者称为"委托人"。按照这一划分标准，储蓄者相对于金融机构和投资者而言都是没有私人信息的，因此，在金融市场中，储蓄者是真正的"委托人"，金融机构则兼具"委托人"和"代理人"的双重角色，投资者是其真正的"代理人"。这里的信息不对称和不完全问题可以在委托—代理的框架下分析。

信息不对称会导致金融市场中的"逆向选择"和"道德风险"。"逆向选择"意味着部分低风险偏好的投资者被过高的利率排挤出金融市场，选择内源融资方式，金融市场留给了高风险偏好的投资者；"道德风险"意味着投资者在取得资金后缺乏合理运用资金的动力，这就提高了金融机构破产的可能性，并且可能导致金融市场的系统风险发生。

总之，由于在经济繁荣时期贷款条件放松了，银行系统也因此而变得比较脆弱。一旦经济泡沫破灭，大量的银行呆账、坏账就有可能拖垮银行系统。对于那些银行在整个金融系统占主导地位的国家而言，银行系统的崩溃实质上就是金融系统的崩溃，这将造成整个国民经济的危机。

房地产泡沫的形成离不开资金的推动。大量资金从银行流入房地产业，是造成房地产泡沫的主要原因。银行的大量资金流入房地产业和银行监管不力是密不可分的。银行监管不力会导致对信用和市场的风险判断不够，使得银行难以区分信用风险的高低而放松银行的贷款限制。在投资规模持续增长、经济迅速扩张时，银行系统将大量的贷款投资于房地产业、大型的基础设施和其他非贸易性项目。这些项目虽然投资回报高，但风险也相当大。银行将大量的资金投入到房地产行业中，推动房地产价格的上涨，使得房地产市场中存在严重的泡沫，银行的监督机制薄弱、监管不力，使得银行的资金大量地流向房地产等投机市场，这使得银行的经营风险提高，一旦市场有变动，银行就是首当其冲的受害者。缺乏监管的金融机构在投机浪潮中受高利润的引诱逐渐丧失理智，毫无风险意识，大肆贷款给房地产商，吹起了房地产泡沫，泡沫破灭后，这些金融机构受害也是最严重的。

由于房地产业是资金密集型行业，房地产开发必须拥有雄厚的资金，随着房地产开发规模的不断扩大，开发商仅靠自有资金是远远不够的，其开发资金主要来源就是银行贷款。而房地产的高回报，使许多银行在贷款的实际操作过程中，违反有关规定，向开发商发放大量贷款，从而使行业进入门槛降低，造成过度开发，金融风险不断堆积，使泡沫产生的可能性增加。泰国1992年曾经发生过较大的地产泡沫，其中对银行监管力度不足是造成此次地产泡沫的重要原因之一。1992年泰国在东南亚国家率先实行资本账户自由化，取消利率限额管制，让市场机制决定国内利息率，放松了对资本的监控；放宽银行业经营国际业务范围限制；成立曼谷国际金融机构吸引外资等。这些政策的出台并没有配置以严格的金融监管制度，从总体上讲，泰国金融体系是比较脆弱的。正是由于这个原因，使得房地产商在高回报率的刺激下向银行大量贷款，四处购地，营建以富裕阶层和外国人为销售对象的豪华公寓、别墅、写字楼和高尔夫球场等项目。而商业银行等金融机构也毫不顾忌地把大量资金贷给房地产这一行业，使本来就比较热的地产更加升温。

（五）政策因素

由于以住宅为主的房地产具有投资品和消费品的双重特性，因此，政府对房地产的干预比其他市场都要多得多。其干预的方式除以城市规划、土地政策、利率政策和税收政策鼓励和引导企业和私人投资外，还包括政府直接投资或转移支付方式等。但是，同市场不是万能的一样，政府的干预也有正、负两种效应，利用手中的权力为自己的短期政治目标、经济目标服务，就不可避免地导致政府干预的失误。

房地产业作为国民经济的主导性产业，对国民经济发展的促进作用是举足轻重的，因此，每个政府都会下大力气对该行业进行干预，我国也不例外。例如我国住房制度改革、土地使用制度改革，以及国家出台政策鼓励购房按揭、放宽银行信贷、建经济适用房等政策，都直接推动了我国房地产市场的高速发展。正是这种政策的导向使房地产开发过热，导致价格虚涨，空置率上升，助长了泡沫的形成。

二、经济学原理分析

（一）房地产泡沫的产生

在某种特殊因素影响下，商品住宅市场出现短期供不应求时，房地产价格弹性机制的作用，将会引发房价的短期上涨。出现初始价格上涨后，受预期的正反馈作用机制影响，更多的人加入到投资者或消费者的行列，进一步加大了供需矛盾，由于仍受到房地产价格弹性机制的作用，所以还会引发房价的进一步上涨。购房者中，投资比例开始上升甚至出现少量的投资群体，如图5-4所示，市场短期均衡由$E_0 \rightarrow E_1 \rightarrow E_2 \rightarrow E_3$，并继续发展，房价开始脱离其基础价值，房产泡沫开始生成；房产价格的高涨，也调高了开发商以及政府对未来房地产开发利润的预期，土地资源的有限性使得土地市场上竞争异常激烈，地价也伴随着房价迅速上升并作为房价的成本因素稳定了上涨上来的房价，推动下一轮房价的上升，继而又引起地价的上升，如此相互推动，房价和地价都迅速攀升，并开始脱离由其经济发展水平决定的基础价值，房产、地产泡沫相伴而生。同时，信用媒介（房地产产权的抵押担保）对居民购买力的放大作用给房地产价格的持续上涨提供了资金基础，助长和加快了房地产泡沫的产生和膨胀过程，也放大了房地产泡沫。

（二）房地产泡沫的膨胀

随着房价、地价的上涨，在房地产价格弹性机制、预期的正反馈作用机制以及泡沫自我膨胀的机制作用之后，投资需求和投机需求加速增长、市场上房地产供给也开始加速增长，但继续存在的供需差距，使得房价、地价加速上涨，进一步与其内在价值脱离，泡沫迅速膨胀扩大并迅速蔓延，迅速从中心城区的个别种类的市场上蔓延传染到城市外围各种类型的市场上。一、二级市场的火爆，也促进三级（存量房）市场的飞速发展，三级市场交易也开始活跃，价格上涨，同时由于购买力和开发结构方面的原因，部分地段三级市场投资投机价值开始凸显，更多的人开始关注房地产市场，投资者、投机者套利预期自我强化，泡沫迅速膨胀扩大，如图5-5所示，市场短期均衡由$E_1 \rightarrow E_2 \rightarrow E_3 \rightarrow \cdots \rightarrow E_n$，并继续发展。

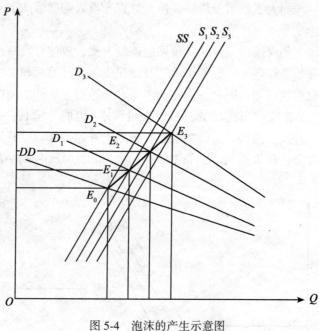

图 5-4 泡沫的产生示意图

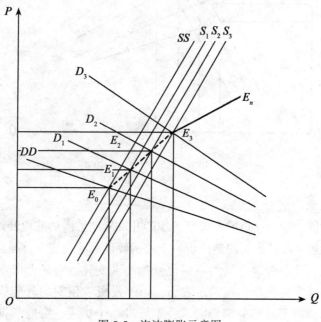

图 5-5 泡沫膨胀示意图

这里泡沫自我膨胀机制是指在银行信贷的参与下，房地产价格上升之后，房地产资产拥有人的资产价值上升，对未来房价进一步上涨的预期，使他们会将房地产抵押给银行，获得贷款之后继续购买房地产，如此往复循环，同时，由于羊群效应、从众行为的作用，更多的投资者和投机者开始进入市场，房价的上涨也使得有购买力的有实际需求的消费者提早购房，从而进一步加大了供需矛盾，并使大量资金投入到房地产市场中。

（三）房地产过热

房地产销售市场上的火爆以及房地产价格的连续上涨，致使开发商预期行业发展的黄金时期到来，他们开始争相购买、储备土地，开发投资额、开发面积、施工面积等指标迅速增长，竣工面积也迅速增加；同时，更多的本地和外地乃至境外的消费者、投资者和投机者进入市场，需求（含有相当比例的投资、投机需求）也同步增长；几个供应周期后，市场上供应能力大大提高，供需矛盾逐步缓解，价格上涨速度和幅度开始减缓和减少，甚至个别市场上个别种类出现价格回落，如图5-6所示，市场均衡由 $E_n \rightarrow E_{n+i}$。

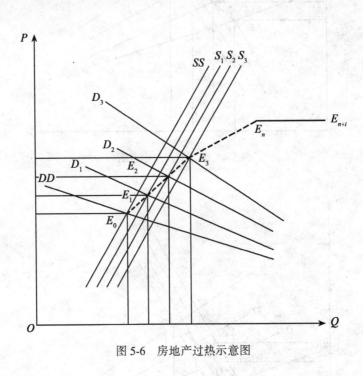

图5-6　房地产过热示意图

（四）房地产泡沫的破灭

随着房地产投资、开发过热的发展，房地产开发周期的滞后效应开始显现，增量房地产上供需比例差距进一步扩大，房地产价格上涨的幅度和速度进一步减少和减缓，局部地区还可能出现下降，投资者对市场的预期也开始出现变化，市场上出现次新房的抛售现象，进一步加大市场上的供给，而需求方面，由于投资者预期的改变从而减少了投资需求，价格的高昂也抑制了一部分消费需求，矛盾进一步扩大，房地产投资风险进一步加大，政府银行等部门加大市场调控力度，房地产泡沫吸收或破灭。

至于房地产投资过热之后"泡沫"是走向破灭还是稳定地被吸收，取决于"泡沫"膨胀的大小、严重程度以及政府银行部门的调控方式和力度。如果政府等部门能够稳步压缩供给，调控土地供应量和开发结构，提高居民可支配收入，增加市场需求，缩小供需差距，加大基础设施建设力度，改善社区环境和提高房地产内在价值，房地产泡沫则能够得到缓步吸收，但是，若在"泡沫"膨胀达到相当的程度，市场上投资、投机比例较大时，政府出台降低居民现实购买力的紧缩银根或打压需求的政策，泡沫则很可能会因为供需矛盾的急剧扩大而破灭，造成房地产市场的起伏和动荡，如图 5-7 所示，市场均衡由 $E_{n+i} \rightarrow E_k$。

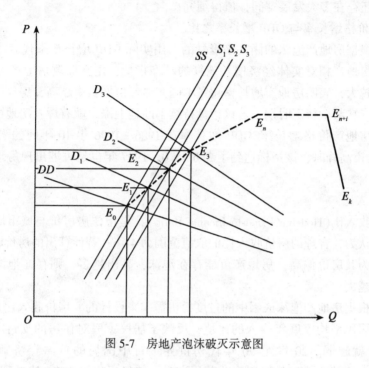

图 5-7　房地产泡沫破灭示意图

第四节　房地产泡沫预警及应对措施

一、房地产泡沫的预警

适度的投机和在理性范围内的泡沫，例如土地价格微幅上扬、房价稳中有升、房地产开发投资增长率高于社会固定资产投资增长率和商品房供给略大于市场需求等，对活跃经济、促进竞争、推动房地产发展和国民经济增长是有利的，而且价格泡沫可以通过资产本身的增值过程来填补。然而，投机者在市场预期上很难形成这样一种默契：既保持市场交易活跃，又不把泡沫扩大到破灭的边缘。如果房地产业出现不正常的发展，或者出现一些大的起伏，不仅会导致房地产业陷入衰退，而且其资金链的断裂还会对金融体系、甚至对整个国民经济的稳定发展带来不良影响。因此，对房地产业进行及时的观测与预警显得格外重要。

1. 房地产投资占 GDP 比重

该指标用于判断房地产市场是否存在由于对未来房价预期过高而出现的投资过热现象，继而引发未来的价格飞涨和大量空置。从中国房地产投资占 GDP 的份额来看，已经从 1997 年的 4.5% 持续上涨。对比一些典型国家与地区房地产投资占 GDP 的比例可以看出，中国房地产投资占 GDP 的百分比已经与这些国家和地区相当接近了。因此，中国目前的房地产业还存在多大发展空间，值得细究。

2. 房地产价格增长率与 GDP 增长率之比

该指标是根据房地产泡沫的涵义来设计的。用实际 GDP 增长率来代表本国实体经济的发展，测量房地产相对实体经济增长速度的动态指标，用来监测房地产经济泡沫化趋势。该指标值越大，表明房地产增长率超过本国实体经济增长率越高，房地产泡沫形成的可能性就越大。在某个特定时期，若该指标持续不断地上涨，就有爆发房地产泡沫危机的可能。香港的房地产价格增长率/GDP 增长率在 1986—1996 年 10 年间的平均值为 2.4，到了 1997 年楼市高峰时，该指标达到了 3.6~5.0，1997 年也是香港出现房地产泡沫危机的一年。

3. 房价收入比

所谓房价收入比(Housing Price-to-Income Ratio)，是指住房房价与城市居民家庭年收入之比。一般认为，合理的房价收入比的取值范围为 4~6，若计算出的房价收入比高于这一范围，则认为其房价偏高，房地产可能存在泡沫，高出越多，则存在泡沫的可能性越大，泡沫也就越大。

该指标是根据房地产泡沫成因中的过度投机需求来设计的。房价收入比是一套居民住房平均价格与居民平均家庭年收入的比值，反映了居民家庭对住房的支付能力，比值越低，支付能力就越弱。20 世纪 90 年代初世界银行中国局的首席经济师恩德·黑马(Andrew Hamer)在进行中国住房制度改革研究时，曾经提出了一个"比较理想"的经验比例，认为房价应该为居民家庭年收入的 3~6 倍。许多学者用这个标准来衡量国内商品房价是否合理，甚至用其来判断房地产价格是否"虚高"，房地产泡沫是否出现。如果房地产价格的上涨，致使该指标持续上升，表明房地产价格的上涨超过了居民实际支付能力的上涨。当市场中的房价收入比一直处在上升状态，且没有房地产市场萎缩的迹象时，则说明这个房地产市场中投机需求的程度较高，产生房地产泡沫的可能性就很大。见图 5-8。

从图中的数据可以看出，房价/家庭年平均收入的比值最高达到 8.1，之后一直处于下降趋势，说明此时最有可能面临泡沫危机。这十多年来，该项比值一直在 6~8 之间波动，变化幅度不大，但中国的房地产市场还是一直有爆发泡沫危机的可能，所以必须做好充分的调整。

4. 房地产贷款余额占金融机构贷款余额的比例

金融机构的贷款过度扩张是房地产泡沫产生的重要原因之一，该指标可以测出金融机构对房地产业的信贷规模。自从 1999 年中国房地产业复苏以来，我国房地产贷款余额占金融机构贷款余额的比例也逐年增加，从 4% 增长到了目前的近 12%。这种房地产贷款额超常规增长的现象已经引起了有关政府部门的重视，国家也相继出台了多项金融调控政策来限制信贷规模，以降低房地产金融风险。

5. 住宅空置率

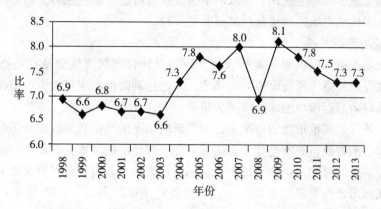

图 5-8　1998—2013 年全国商品住宅房价收入比情况

空置是指房屋没有投入使用，处于待出售或出租的状态。住宅空置率是一个反映住宅的供给与需求之间矛盾的指标，合理的住宅空置率能使这个矛盾最小化，使住宅的供给和需求达到均衡。房屋空置过多，说明需求量不足或购买力不够，政府或市场可作出相应调节。

该指标是依据房地产泡沫的外在表现设计的。中国商品房空置率的计算公式为：当期空置面积/近三年竣工的总面积；而与国际上通行的计算公式有些出入，国际商品房空置率的计算公式是：半年以上不住人的空置面积/全社会的完工面积。一般认为，房地产空置的国际公认警戒线为 10%，因此，为了增加这个指标的可比性，有必要对我国的住宅空置率指标做出符合国际公认指标的调整，一个简便的做法就是直接采用国际上通用的公式计算。投资者过度的投机需求，会使房地产投资过热，加上投资者频繁转手，就会导致社会上有许多的房产空置，从而使该指标变大，因此，本指标能很好地反映房地产泡沫的形成过程，该指标越大，房地产泡沫形成的可能性就越大。

二、应对措施

(一)从宏观调控角度防范房地产泡沫

1. 优化产业结构

优化产业结构，增加投资机会，是从资金源头预防泡沫的有效措施。随着经济货币化和金融资产的迅速扩张，传统产业中的投资机会越来越少，大量的资金流入投机领域，并逐步转变成为脱离实际生产过程的游资。因此，为了防范大规模投机资产泡沫，必须从资金源头入手，分流投机资金。而要达到分散投机资金的目的，则必须优化产业结构，开辟新的高回报率投资领域，为投机资金分流创造投资机会。

2. 限制国际短期游资过多流向投机市场

国际资本，特别是国际投机资本不仅数量巨大，聚集速度快，而且杠杆作用强。国际短期游资一旦大量涌入一国金融市场，往往会流向投机性的资产市场，如股票市场和房地产市场，成为导致资产泡沫的重要资金来源。并且国际短期游资具有很大的不稳定性，一且国际经济和金融形势发生变化，流入的资金就极有可能会发生逆转。目前国际上防范游资过多进入本国投机市场的做法是对其征收托宾税。

3. 保持经济均衡发展

泡沫是市场价格发现机制失灵的表现，因而设计合理的市场交易产品有利于发现价格，及时释放资产价格失衡所形成的市场力，从而达到防范出现较大资产泡沫的目的。完善的市场体系对防范泡沫与泡沫经济至关重要。

即使在市场行为规范正常的情况下，如果政府制定的经济政策，如货币政策、财政政策、信贷政策、汇率政策等不合理，也同样可能导致经济的失衡，致使资产泡沫的出现。

比如在经济景气时期，仍然实行扩张性的货币政策，就可能会导致大量的货币资金流向投机性较强的房地产及股票市场，从而导致资产泡沫的出现。1980 年中后期在日本的泡沫经济就是一个典型的案例。

因此，及时调整政策使之适合经济发展的实际情况，才能在经济条件发生变化后在新的经济环境下建立新的经济均衡，防止泡沫的出现，从而达到防范金融危机的目的。

4. 加强金融监督监管力度

加强金融监管，提高金融机构的透明度，可以防范金融企业奉行"蓬齐对策"而导致的债权泡沫。债权泡沫的产生有两个关键的因素：一是债务人奉行"蓬齐对策"式的融资策略；二是由于信息不对称，使得债务人的"蓬齐对策"可以实施。因此只有加强金融监管、严格坚持信息披露制度，才能铲除债权泡沫赖以生存的基础。

(二) 从行业规范角度防范房地产泡沫

1. 完善房地产市场体系和市场机制

市场体系和市场机制不完善容易导致房地产泡沫的产生，1992 年和 1993 年出现房地产泡沫与市场体系不完善、市场机制弱而行政力量强有关。目前我国房地产发展中存在的问题有相当部分是因为市场体系和市场机制不完善引起的。应尽快建立包括二级市场、三级市场和租赁市场在内的市场体系，政府应减少对房地产行业的行政干预，市场机制能发挥作用的时候和地方就应由市场机制进行自发调节。

完善市场机制、规范房地产行业竞争秩序，促进行业发展水平的提高比关注降低房价更为重要，是一个治本与治标的关系。政府在关注房价的同时，应更多地关注房地产消费者权益的保护、房地产开发商的商业素质和土地开发中的腐败等亟需解决的问题。

2. 严格控制土地市场

房地产泡沫形成的一个重要原因和泡沫的表现之一是土地供应量过大，在某些地区土地炒卖现象较严重，且地价大幅度上涨。因此，需要对土地市场严格控制。要规范土地供应，加强存量土地的管理，严格控制土地供应总量，从源头上控制土地供应量，可以借鉴香港的经验，滚动编制全国和各地区的土地供应计划，对每年土地供应量进行严控，所有土地进入市场都必须进行招投标，对土地供应计划应严格执行。加速在全国各城市推进土地的招标和拍卖制度，严格限制土地炒卖和土地闲置，通过税收手段提高土地炒作和土地闲置的成本，对闲置土地长期不开发的要执行收回制度。目前要采取措施促使一些以炒作土地为目的而囤积土地的开发单位将土地抛向市场。建立土地二级市场，土地二次转让必须通过二级市场进行，使有关部门对整个土地市场的供求关系有一个全面了解和监控。

3. 开征土地财产税、适时实施土地增值税

开征土地财产税可以抑制土地的炒卖，增加开发商囤积土地的经济成本；可以推动产业结构调整，使城市土地向真正有效的使用者手中转移，可以筹集基础设施建设资金，提升土地内在价值。

1994 年我国出台土地增值税条例后，由于各种原因一直未实施。可以重新考虑其实施条件，创造条件实施该办法，降低房地产业的利润水平，从而降低行业的泡沫程度，加强行业的竞争、促进行业水平的提高。

4. 鼓励建设中低价房，控制高档项目用地供应

对目前房价涨幅较大的问题，可以鼓励扩大中低价商品房和经济适用房的建设规模，满足普通市民改善居住条件的愿望，通过转移支付提高低收入家庭的购房能力。但对解决房价过高问题应着眼于发挥市场机制作用，政策应通过市场机制起作用，而非完全依赖行政手段来干预。由于经济适用房建设过程中存在的腐败和寻租现象，经济适用房政策需要实行修正，应从"补贴砖头"向"补贴人头"转变，政府可拿出土地集中建设中低价商品房，使低收入阶层真正能得到实惠。

目前除对总量进行调控外，要重点促进市场的结构性调整。建设中低价商品房在土地供应时应加以考虑，要压缩高档项目的用地供给，严格审批，增加高档项目的开发、交易和炒作成本。

5. 鼓励消化空置商品房

在适度控制开发增长速度、严格监控新增空置商品房的同时，政府应鼓励消化现有的空置商品房。政府可以将海南处理空置商品房的经验经改进后在全国推广，可以将空置年限长的商品房改为经济适用房。对烂尾楼的处理政府也可以出台优惠政策，鼓励社会资源接盘开发。

6. 鼓励中小城市房地产发展

房地产行业有鲜明的地域性特点，各地区经济发展水平不一样，因而我国各地区房地产发展水平很不平衡。东部沿海地区和大型城市的房地产发展水平较高，房地产的局部泡沫主要体现在这些地区。由于受经济发展水平、市场机制和政策环境等多种因素影响，中小城市房地产业的发展相对滞后，统一规范的房地产市场体系尚未形成，房地产市场刚启动，潜力很大。因此，国家可以结合城市化和西部大开发战略，出台政策鼓励中小城市房地产发展，一方面促进中小城市房地产和经济的发展，另一方面引导社会资源由房地产比较发达的地区向这些地方转移配置，达到促进全国房地产平衡发展的目的，化解房地产过热和局部泡沫问题。

7. 抑制房地产投机

主要可以通过提高税负和交易成本来抑制投机。政府可以通过加重税收，提高囤积土地成本，限制以投机为目的的土地交易。此外，为了限制炒买炒卖房地产，也可限制同一宗房地产在一定期限内的交易次数。同时，加强房地产信贷管理抑制投机，严格规定金融部门向房地产贷款的比例和房地产抵押贷款融资的比率，严格审查房地产抵押贷款的条件。针对目前居民多套购房用于投资投机的情况，可以试行多套购房抵押贷款递减制度。

8. 监控和发展房地产金融

　　房地产局部泡沫问题的产生与银行资金大规模流入房地产有比较紧密的关系,但银行资金的流入不是房地产存在的问题产生的根本原因。我国房地产的良好发展势头离不开房地产金融的支持。在当前的经济形势下,我国低利率、鼓励个人住房信贷、增加房地产开发企业信贷等支持房地产业发展的各项货币政策不宜改变,但对房地产金融风险要严格监控。必须加强银行房地产信贷管理,控制银行对房地产的信贷比例,对开发贷款从严审批。银行应加强对房地产开发企业的信贷管理,严格按有关规定办事,严防开发企业假按揭。对个人住房抵押贷款加强审核,对多次购房的应实施抵押贷款递减制度。规范和完善房地产金融中介服务,如房地产价值评估、房屋买卖和贷款咨询、个人信用评定、房地产保险等。

　　为了降低银行系统的风险,需要加速推进抵押贷款证券化,鼓励发展房地产基金,鼓励房地产企业上市融资和行业收购兼并。

　　9. 对外资进行监控

　　东南亚金融危机与房地产泡沫有关,而房地产泡沫与外资的介入也有密切关系,这方面的经验教训值得借鉴。尽管目前外资在我国房地产资金来源中占的比例不高,但近期有回升的势头,外资的进入对房地产业的影响力更大。因此,在房地产领域应加强对外资的监控。

　　10. 提高产业集中度

　　我国房地产业发展中一个重大问题是房地产企业的数量多、规模小、产业集中度低。产生集中度低是市场化程度低的表现,容易导致市场的无序竞争,导致房地产泡沫的产生,提高产业集中度有利于防止房地产泡沫的产生。应鼓励房地产企业的资产重组和收购兼并,培育大型房地产企业集团。加快实施房地产领域的国退民进,基本实现房地产开发企业完全民营化。积极组建房地产上市公司,发展房地产资本市场,降低行业负债水平,提高抗风险能力。

三、政策建议

　　房地产泡沫的破灭能引起巨大的经济危机和社会危机,对这个问题我们必须慎重对待,我们可以从以下几个方面来减轻房地产泡沫的影响,甚至逐步地消除房地产泡沫。

　　(一)强化土地资源管理

　　政府应当通过土地资源供应量的调整,控制商品房价格的不合理上涨。要根据房地产市场的要求,保持土地的合理供应量和各类用地的供应比例,切实实行土地出让公开招标制度,控制一些城市过高的地价。要坚决制止高档住宅的盲目开发和大规模建设,防止出现新的积压、出现由结构性过剩引发的泡沫。

　　(二)加强金融监管力度

　　推动房地产泡沫产生的资金,绝大部分都是从银行流出的。因此,要加强对银行的监管,从源头上控制投机资本。目前,我国还没有建立起一个包括政策性房地产金融机构和商业性房地产金融机构、贷款的创造和投资机构、担保或保证机构的完整的房地产金融机构体系,房地产金融监管的缺乏,很容易造成大量信贷资金流入非生产性部门而引发泡沫。银行应该在贷款上采取审慎态度，严格规定房地产贷款的比例和房地产抵押贷款融资的比率，严格审查房地产抵押贷款的条件。

（三）建立全国统一的房地产市场运行预警预报制度，加强和完善宏观监控体系

应当通过对全国房地产市场信息的及时归集、整理和分析，就市场运行情况做出评价和预测，定期发布市场分析报告，合理引导市场，为政府宏观决策做好参谋。近年来，我国房地产业持续以较快的速度增长，吸引了大量的企业进行房地产投资，因此，国家要加快建立和完善房地产业的宏观监控体系，通过土地供应、税收和改善预售管理等手段进行必要的干预和调控，有效地防止房地产"泡沫"的产生。

（四）加强对房地产投资、开发建设行为的监督

除了加强监督经济适用房建设和交易，以及房地产开发商取得开发权后应当继续转入开发过程外，应当通过法律、税收等手段限制对房地产产品的投机倒卖行为。各地应当从城市的房地产业发展情况出发，制定关于限制投机炒卖房地产的地方法规。笔者以为，可以先对房地产商品的交易进行严格的登记制度，明晰产权，这样就可以通过对交易的房地产商品本身的附加值进行核算，再根据附加值与原值的比例关系，划清二手房交易与投机炒卖房地产商品之间的界限，确定要限制的交易对象。然后，对非二手房的转手买卖的增值部分征收一定比例的税收。

（五）提升土地资源管理的现代化水平

信息时代的到来为我们的日常生活带来了很大便利，我国部分地区利用现代化的信息技术水平低下，务必提升信息技术，尽最大努力建立比较完善的土地资源信息共享系统。该系统的建立可以详细了解全国土地资源现状，包括土地的储备量、开发建设量、评估价格、未来规划等详细信息，防止不法分子利用土地资源来炒作，从中获得大量的好处。为了不断加强该系统的运作和完善，也要注重信息技术人才的培养，做到识人、知人、用人。

思考题
1. 简述房地产泡沫的概念。
2. 房地产泡沫一般表现形式有哪些？
3. 试述房地产泡沫形成机理。
4. 防止房地产泡沫产生的措施有哪些？

第六章　房地产物业管理

第一节　物业管理概述

　　物业管理按产业性质分类属于服务性行业，其基本出发点是根据社会生产力发展水平和人们对生活需求的变化，运用先进的维修养护技术和现代管理科学知识、环境生态科学知识，借助经济手段来管理物业，为业主、住户以及居民提供所需要的全方位、多层次的服务。物业管理的内容相当广泛，服务项目呈现多元化、全方位的态势，物业管理提供的是一种有偿的无形的商品——劳务。这种劳务的投入能起到完善物业使用效能，并使其保值、增值的作用。

一、物业管理基本概念

（一）物业的起源

　　"物业"一词译自英语 property 或 estate，由香港传入沿海、内地，其含义为财产、资产、地产、房地产、产业等。该词自 20 世纪 80 年代引入国内，现已形成了一个完整的概念，即物业是指已经建成并投入使用的各类房屋及与之相配套的设备、设施和场地。物业可大可小，一个单元住宅可以是物业，一座大厦也可以作为一项物业，同一建筑物还可按权属的不同分割为若干物业。物业含有多种业态，如：办公楼宇、商业大厦、住宅小区、别墅、工业园区、酒店、厂房仓库等多种物业形式。

　　我国受传统体制制约，认为物业管理附属于房地产业，但它们是有区别的，见表6-1。

（二）物业的概念

　　Property 是一个较为广义的范畴。物业狭义的范畴是指各类有价值（经济价值和使用价值）的土地、房屋及其附属市政、公有设施、毗邻场地等。

　　物业应该包括的内容有：

　　1. 已经建成并具有使用功能的各类供居住和非居住的房屋；

　　2. 与上述房屋相配套的设备和市政、公用设施；

　　3. 房屋的建筑实体和与之相连的场地、庭院、停车场，区域内的非主干交通道路；

　　4. 一切与房地产有关的，可被人们使用的建筑物以及相关场所；

5. 与物业有关的文化背景、外在景观、配套服务和与物业有关的各种权利。

表 6-1　　　　　　　　　　物业与房地产、不动产等概念的区别和联系

	称谓领域上的区别	适用范围上的区别
房地产(宏观)	广义上对房屋开发、建设、销售方面的统称	经济学范畴：用以研究房屋及其连带土地的生产、流通、消费和分配关系
不动产	界定财产法律关系时使用，着眼点是该项财产实物形态的不可移动性	法律范畴：用以研究该类型财产的权益特性和连带的经济法律关系
物业(微观)	一般在描述房地产项目时使用，是针对具体房屋建筑物及其附着物的使用、管理、服务而言	房屋消费领域：特指在房地产交易、售后服务这一阶段针对使用功能而言的房地产

综上所述，可将物业定义为："物业"是指已建成并具有使用功能或经济效用的各类供居住或非居住的房屋建筑物及与之配套的设备、市政公共设施、房屋所连带的土地及其附属的场地、庭院。

(三)物业管理概念

《物业管理条例》第一章第二条对物业管理做了明确规定："本条例所称物业管理，是指业主通过选聘物业服务企业，由业主和物业服务企业按照物业服务合同约定，对房屋及配套的设施设备和相关场地进行维修、养护、管理，维护物业管理区域内的环境卫生和相关秩序的活动。"

二、物业管理的基本内容

物业管理的对象、范围相当广泛，几乎包括各类建筑，如高层与多层住宅区、综合办公楼、商业楼宇、工业厂房、仓库、停车场。尽管物业类型各有不同，使用性质差异很大，但物业管理的基本内容是一样的。

(一)常规性的公共服务

这是指物业管理公共性的管理和服务工作，是物业管理企业面向所有住用户提供的最基本的管理和服务，目的是确保物业的完好与正常使用，维持正常的工作生活秩序和良好的环境。公共服务主要有以下 8 项：

(1)房屋共用部位的维护与管理。

(2)房屋共用设施及其运行的维护与管理。

(3)环境卫生、绿化管理服务。

(4)物业管理区域内公共秩序、消防、交通等协助管理事项的服务。

(5)物业装饰装修管理服务，包括房屋装修的申请与批准及对装修的设计、安全等各

项管理工作。

(6)维修基金的代管服务。

(7)物业档案资料的管理。

(8)代收贷缴收费服务。

(二)针对性的专项服务

这是物业管理企业面向一定需要而提供的各项服务工作。其内容主要有日常生活、商业服务、文教卫体、社会福利及各类中介服务五大类。由物业管理企业事先设立服务项目，并将服务内容质量、收费标准公布，当住用人需要时可自行选择。

(1)日常生活：包括各项家务代办，如搬家、代转保姆、代付各种公用事业费用、代订报刊等。

(2)商业服务：在物业管理区内开设小型商场、副食品市场、饮食店、小五金店、日杂用品店、家电维修店等，以方便住户。

(3)文体卫体：举办各种小型地区性的文化娱乐活动，开办俱乐部、健身房、文娱活动室、阅览室，托儿所、幼儿园、诊所等。

(4)社会福利：开办老年活动室，照顾物业管理区内的孤寡老人等。

(5)中介服务：代办各类保险，代理房屋租售等。

(三)委托性的特约服务

特约服务是为满足物业产权人、使用人的个别需求受其委托而提供的服务，通常指在物业管理委托合同中未要求、物业管理企业在专项服务中也未设立，而物业产权人、使用人又提出这方面的需求时，物业管理企业在可能的情况下提供的特约服务。它实际上是专项服务的补充和完善。

三、不同物业的管理要点

针对物业种类的不同，其管理的侧重点也不一样。物业服务公司对不同用途的物业，采用不同管理方法。

(一)住宅管理

由于住宅是人们最基本的生存条件之一，其设施对人们能否安居乐业有着直接的重大影响，因此，住宅管理在物业管理中最受关注。在住宅管理中，供水、供电、供气、供暖等都是人们很关注的问题，住宅周围的卫生环境、绿化状况也十分受人关注。总的说来，多层以下的住宅其设施和环境比较差，高层住宅楼和规模较大的住宅小区的设施和环境是比较好的，但如果疏于管理，也很可能会出现一些问题，引起居民的不满，并进而导致新建住宅区的居住环境迅速恶化。住宅管理的目的是向住户提供令人满意的生活环境，因此，房屋及设施的维修养护、清洁、绿化、保安、康乐及其他服务项目的管理就成为住宅管理的重要内容。

(二)公共商业楼宇管理

楼宇的物业管理水平和质量对商场能否经营成功，赚取较多的利润是非常重要的。商场的物业管理水平高，服务好，便可以树立良好的企业形象，吸引更多的顾客，创造良好的经济效益。对商业楼宇管理应注意的问题有：保持商场招牌美观清洁和完整无损；养护好各种设施和设备，保证正常使用；保证各种装置、设备和装饰品的安全性；保证空气流通和达到清洁标准；在适当的地方设置足够的简明方向指示牌，以引导客流；消防通道应畅通无阻，遇有紧急情况时及时有序地疏散顾客；所有固定装置、设施、装饰品要达到安全标准；管理好停车场，方便顾客的来往；加强与商户的沟通，积极组织宣传和促销活动。总之，保持商场的良好形象，是公共商业楼宇管理最重要的工作。

（三）写字楼管理

写字楼作为高档次的办公场所，需有高标准、高质量的管理服务，写字楼一般都有自动控制的电梯与升降梯、中央空调设备、保安控制系统、消防系统等复杂的现代化设备，因此，必须保证这些设备的正常使用，以免影响工作。这些设备要保证正常运转必须由具备专业知识与技术的人员来操作与养护。另外，写字楼的洗手间、公共通道、出入口、大堂的清洁卫生要求也很高。为保障外观的整洁美观，写字楼的外墙要经常清扫。只有这样，才能保证写字楼赢得顾客，保持较高的出租率，进而开发商或所有者才能尽快收回投资并有所收益。

（四）旅游宾馆管理

宾馆是旅游业的重要组成部分，是从事旅游接待、以提供劳务服务为主的服务性企业。服务质量是宾馆的生命，也是衡量其管理水平的主要标志。旅游宾馆通过提供客房、餐饮、康乐活动、商品和综合服务项目来满足客人的需求，客人从进入宾馆到离开宾馆，其需求往往包括许多方面，因而宾馆服务就会涉及多个部门、环节和岗位。从预订、接待、问询、收款结账、清洁卫生、楼层接待、客衣送洗、安全保卫到餐厅布置、餐厅卫生、餐厅服务、迎宾送客等各个环节都必须向客人提供优质服务。因此，旅游宾馆的物业管理必须重视设施与设备等有形部分的管理，以向顾客提供全方位的优质服务。

（五）工业厂房管理

相对而言，工业厂房是较难管理的一种物业，因为其使用情况各有不同，非常复杂。这就导致其管理很难有一个统一规范，也无法形成统一要求。比如，由于要连续不断地进行生产活动，工厂始终处于使用状态，工业厂房难以保持清洁；厂房存放易燃货物时必须加强防火；笨重的机器及存量过多的货物，可能超出楼面结构的承载标准；机器开动时的震动，严重损害建筑物，且对环境产生干扰。为保证生产的顺利进行，在工业厂房管理中，确保水电的正常供给和货物运输的顺畅，是工业厂房管理的关键。

四、物业管理企业的组建要求

（一）组建物业管理企业的条件

现代物业管理企业都是以公司的形式出现的，因此，申请设立物业服务公司要按照《中华人民共和国公司法》规定的条件执行。

根据《中华人民共和国公司法》第十九条规定，设立物业管理有限责任公司，应当具备下列条件：

1. 股东符合法定人数；

2. 股东出资达到法定资本最低限额；

3. 股东共同制定公司章程；

4. 有公司名称，建立符合有限责任公司要求的组织机构；

5. 有固定的生产经营场所和必要的生产经营条件。

根据《中华人民共和国公司法》第七十三条规定，设立物业管理股份有限公司，应当具备下列条件：

1. 发起人符合法定人数；

2. 发起人认缴和社会公开募集的股本达到法定资本最低限额；

3. 股份发行、筹办事项符合法律规定；

4. 发起人制订公司章程，并经创立大会通过；

5. 有公司名称，建立符合股份有限公司要求的组织机构；

6. 有固定的生产经营场所和必要的生产经营条件。

（二）组建物业管理企业的程序

组建物业管理企业的程序一般包括可行性研究、获得资质审批、工商注册登记、税务登记和公章刻制等几个步骤。

1. 可行性研究

在设立物业管理企业之前，必须进行充分合理的论证和可行性研究，只有在设立物业管理企业具有现实的必要性、财务上的可行性、法律上又允许的情况下，才能着手设立物业管理企业；否则，就会造成社会人力、物力和财力资源的浪费。

（1）市场调查。在建立物业服务公司前，要针对管理服务这种劳务的需求和供给情况进行分析和比较，看目前这种劳务服务的需求与供给是否达到平衡，以及影响供给与需求的潜在和现实因素如何影响这种劳务服务量。

一般来讲，物业管理需求调查的内容主要有：当时当地所处的社会经济背景；某地域现有物业的总量；每年增加的物业量；未来物业及物业管理如何发展及其发展趋势怎样等。物业管理供给调查的内容主要包括：现有物业服务公司的数量、种类、规模和经营管理状况；业主或使用人对物业管理质量、水平、服务项目与结构等的需求及其变化趋势等。此外，还应了解国家和城市地方政府有关物业管理方面的法律法规。任何一项可行性研究都不能脱离国家或城市地方的政策法规。

（2）综合分析。市场调查的结果只是一些数据或对一些情况的粗略描述，还需要对这些数据或描述进行分析研究，去伪存真，去粗取精，从已有的资料中，分析和发现一些真实、有用的东西。一般来说，当物业管理服务的需求（总量上或结构上的需求）大于供给，且今后若干年仍能维持现状的话，物业服务公司的建立就是可行的；否则，就需要特别慎重。

另外，还要对物业服务公司应具备的资质条件进行分析，例如，国家或地方政府对物业服务公司注册资金、专业技术人员数量、办公地点及经营地点等的具体要求等。如果不符合要求，在建立物业服务公司时，就会遇到这样或那样的问题，不但拖延了时间，公司也很难顺利建立起来。

（3）编写可行性研究报告。可行性研究报告是可行性研究的过程和结果的文字描述，是决定是否建立物业服务公司的主要依据。其主要内容有：市场调查情况分析；自身所具备的资质条件分析；需求预测、拟建规模和业务范围；建立物业服务公司的前景预测；物业服务公司的领导体制、机构安排、定员情况以及人员培训；建立物业服务公司的进度建议；未来物业管理经济效益的分析及结论等。

2. 获得资质审批

物业服务公司应根据《中华人民共和国公司法》规定的设立条件，提前准备好有关材料和文件。其中，验资要由法定验资机构——专业会计师事务所进行验资并出具证明。注册资金包括货币、实物、土地使用权、非专利技术等。在条件具备的情况下，要及时向所在地房地产行政主管部门提出书面申请。

设立物业管理单位要按下列程序办理审批手续：①申请单位向所在区、县房地局提出申请，涉外物业管理单位的设立直接向市房地局申请。申请采用书面形式，并须填写《物业管理单位审批申请表》。②区、县房地局接到申请后，先进行初步审查，经审查合格，在 15 日内报市房地局审批，市房地局应当在 10 日内作出是否批准的决定。经批准，核发《物业管理资质合格证书》。

3. 工商注册登记

按照《中华人民共和国公司法》的规定，所有公司的设立都必须到工商行政管理机关进行注册登记，领取营业执照，物业服务公司自然也不能例外。在取得《物业管理资质合格证书》后，物业服务公司应持该证书，以及公司设立申请书、公司章程、验资证明书以及公司董事名单等到所在地工商行政管理机关申请办理注册登记手续，领取营业执照。

4. 税务登记和公章刻制

在取得有关证件后，物业服务公司还要持这些证件到税务部门办理税务登记，到公安部门办理公章登记和刻制手续。

物业服务公司必须持批准开业的证件和工商行政管理部门核准的工商企业营业执照副本，按规定的办理税务登记的时限申报办理税务登记手续。税务机关根据申请人报送的各种申请文件，对税务登记表的内容进行认真审核，确认无误后，在表格上加盖税务机关印章，予以登记，并向申请人签发《税务登记证》。

上述程序结束后，物业服务公司就可合法地开展物业管理服务业务了。

五、物业管理企业资质等级

为加强物业管理企业的资质管理，提高物业管理水平，促进物业管理行业健康发展，建设部颁布了《物业管理企业资质管理试行办法》（建住房［1999］261 号）。该试行办法把物业管理企业划分为一级、二级、三级三个资质等级和临时资质。一级由省、自治区建委（建设厅）、直辖市房地局初审，初审合格后报建设部审批；二、三级由省、自治区建委（建设厅）、直辖市房地局审批；三级经省、自治区建委（建设厅）同意，可由地级以上城市的物业管理主管部门审批，报省、自治区建委（建设厅）备案。经资质审查合格的企业，由资质审批部门发给相应等级的《资质证书》。

新设立的物业管理企业应按有关规定到当地县级以上人民政府物业管理行政主管部门申请领取《临时资质证书》。物业管理企业在领取《临时资质证书》后，方可从事物业管理业务。《临时资质证书》有效期为一年，有效期满后，物业管理企业向物业管理行政主管部门申请三级资质的评定。未获通过的，物业管理行政主管部门应当取消其从事物业管理业务的资格。

（一）评定资质等级的申请材料

申请评定资质等级的物业管理企业应提交下列材料：

1. 物业管理企业资质等级申报表；

2. 营业执照复印件；

3. 建设部颁发的物业管理企业经理岗位证书、从业人员岗位证书复印件和管理人员、工程技术人员专业技术职务资格证书复印件；

4. 物业管理委托合同复印件；

5. 物业管理业绩材料；

6. 企业上一年度财务审计表。

（二）物业管理企业业务范围

一级企业可参加全国范围内物业管理项目的投标、议标；二级企业只限参加全国范围内 30 万平方米以下物业管理项目的投标、议标；三级企业只限参加本省（自治区、直辖市）区域内 15 万平方米以下物业管理项目的投标、议标。

（三）资质等级管理

建设部负责全国物业管理企业的资质管理工作；省、自治区建委（建设厅）、直辖市房地局负责本行政区域内物业管理企业的资质管理工作。

物业管理企业应当按照本办法规定申请企业资质等级评定。未经主管部门进行资质评定并取得资质证书的，不得从事物业管理业务。

物业管理企业资质等级实行动态管理，每两年核定一次。对于不符合原定资质等级标准的企业，由资质等级评定初审部门提出降级或吊销《资质证书》的意见，报审批部门批准后执行。申请升级的物业管理企业将所需材料报初审部门，初审部门将审核意见报审批部门。资质等级升级应依次逐级上升，不得越级升级。

六、物业管理企业的资质标准

（一）资质一级企业

1. 注册资本人民币 500 万元以上。

2. 物业管理专业人员以及工程、管理、经济等相关专业类的专职管理和技术人员不少于 30 人。其中，具有中级以上职称的人员不少于 20 人，工程、财务等业务负责人具有相应专业中级以上职称。

3. 物业管理专业人员按照国家有关规定取得职业资格证书。

4. 管理两种类型以上物业，并且管理各类物业的房屋建筑面积分别占下列相应计算基数的百分比之和不低于 100%：

（1）多层住宅 200 万平方米；

（2）高层住宅 100 万平方米；

（3）独立式住宅（别墅）15 万平方米；

（4）办公楼、工业厂房及其他物业 50 万平方米。

5. 建立并严格执行服务质量、服务收费等企业管理制度和标准，建立企业信用档案系统，有优良的经营管理业绩。

（二）资质二级企业

1. 注册资本人民币 300 万元以上。

2. 物业管理专业人员以及工程、管理、经济等相关专业类的专职管理和技术人员不少于 20 人。其中，具有中级以上职称的人员不少于 10 人，工程、财务等业务负责人具有相应专业中级以上职称。

3. 管理两种类型以上物业，并且管理各类物业的房屋建筑面积分别占下列相应计算基数的百分比之和不低于 100%：

（1）多层住宅 100 万平方米；

（2）高层住宅 50 万平方米；

（3）独立式住宅（别墅）8 万平方米；

（4）办公楼、工业厂房及其他物业 20 万平方米。

（三）资质三级企业

1. 注册资本人民币 50 万元以上。

2. 物业管理专业人员以及工程、管理、经济等相关专业类的专职管理和技术人员不少于 10 人。其中，具有中级以上职称的人员不少于 5 人，工程、财务等业务负责人具有相应专业中级以上职称。

3. 有委托的物业管理项目。

七、物业管理资金筹措与服务收费

（一）资金筹措的渠道

1. 物业管理启动资金的筹措

物业管理的启动资金是指物业服务公司在工商行政管理部门的货币注册资金，它由物业服务公司自行筹集。

2. 物业管理维修基金的筹措

（1）向开发商和购房人双向筹集

商品房出售后，由开发建设单位按住宅综合造价不低于 1%的比例提交维修基金，在移交小区时划转给物业公司。购房人按购房款 2%的标准在办理入户手续时一次性缴付。

（2）向国家地方财政收取

可按目前国家地方财政划拨的城市建设维护费和市政公用设施维护费标准，由国家地方财政支付维修基金。

3. 物业接管验收费的筹措

物业的接管验收费是指物业公司在接收、接管房产物业时，由开发商向物业管理企业支付的专项验收费用。

4. 物业质量保证金的筹措

质量保证金是指开发商向物业服务公司移交房产物业时，向物业服务公司支付的保证物业质量的资金，用于交房后被管物业的维修。

(二)服务收费

物业管理服务费是指物业管理企业接受物业产权人、使用人委托，对房屋建筑及其设备、公用设施、绿化、卫生、交通、治安和环境容貌等项目开展日常维护、修缮、整洁服务及提供其他与居民生活相关的服务所收取的费用。

物业管理服务收费是一个政策性很强的问题，由物业管理企业根据实际提供的服务项目和各项费用的开支情况，向物价部门申报，由物价部门征求物业管理行政主管部门意见后进行核定。

1. 公共性服务收费的费用构成

(1)管理、服务人员的工资和按规定提取的福利费；

(2)绿化管理费；

(3)公共设施设备日常运行、维修养护费；

(4)清洁卫生费；

(5)保安费；

(6)办公费；

(7)法定税费；

(8)物业管理单位固定资产折旧费。

2. 物业管理费的收缴

(1)一般性追讨

当业主或使用人拖欠上月费用时，物业管理企业应向业主或使用人发催款通知单。此单将上月费用连同滞纳金以及本月费用一起通知业主或使用人，并辅以电话催缴。如果第二个月仍继续拖欠，物业管理企业应在第三个月第二次发催款通知单，将每个月的费用、滞纳金和当月费用一并通知业主或使用人，并限期3日内缴清。3日过后，物业管理企业可根据委托管理服务合同和管理公约等有关规定，停止对其服务(如停止水电供应等)。如果业主或使用人经收费员上门催缴仍然拒付，物业管理企业可根据管理制度以及相应的法律程序进行处理。

(2)区别性追讨

物业管理企业对拖欠费用的业主或使用人要区分不同情况，采取不同措施。对于费用大户，要亲自登门(有时物业管理企业总经理也要亲自去)进行解释，争取其理解和支持；对于一些钉子户，则要严格按照法律执行；对于一些确有困难的住户，可以考虑适当予以优惠。对久拖不缴的，则要采取相应措施迫其缴纳，必要时可诉诸法律。

第二节 业主、业主大会与业主委员会

业主是指房屋和相关设施的所有权人。物业管理区域内全体业主组成业主大会。业主

大会应当代表和维护物业管理区域内全体业主在物业管理活动中的合法权益，是物业管理市场需求方的主体，也是维护业主权利的主要机构。根据《物业管理条例》的规定和国内外物业管理的成功经验，物业管理需要有业主的参与。在物业管理市场上，物业服务公司是供应方，业主是物业管理市场的需求方。在物业服务合同中，他们又分别构成了合同的甲、乙方。搞好物业管理，要求供求双方相互制约，相互配合，即实行业主大会、业主委员会自治管理与物业服务公司专业管理相结合的方法，这样，物业管理市场的关系才能理顺，物业管理才能更加规范化。

一、业主的权利与义务

房屋的所有权人为业主。

（一）业主的权利

业主在物业管理活动中，享有下列权利：

1. 按照物业服务合同的约定，接受物业服务企业提供的服务；

2. 提议召开业主大会会议，并就物业管理的有关事项提出建议；

3. 提出制定和修改管理规约、业主大会议事规则的建议；

4. 参加业主大会会议，行使投票权；

5. 选举业主委员会委员，并享有被选举权；

6. 监督业主委员会的工作；

7. 监督物业服务企业履行物业服务合同；

8. 对物业共用部位、共用设施设备和相关场地使用情况享有知情权和监督权；

9. 监督物业共用部位、共用设施设备专项维修资金（以下简称专项维修资金）的管理和使用；

10. 法律、法规规定的其他权利。

（二）业主的义务

业主在物业管理活动中，履行下列义务：

1. 遵守管理规约、业主大会议事规则；

2. 遵守物业管理区域内物业共用部位和共用设施设备的使用、公共秩序和环境卫生的维护等方面的规章制度；

3. 执行业主大会的决定和业主大会授权业主委员会作出的决定；

4. 按照国家有关规定交纳专项维修资金；

5. 按时交纳物业服务费用；

6. 法律、法规规定的其他义务。

二、业主大会

物业管理区域内全体业主组成业主大会。业主大会应当代表和维护物业管理区域内全体业主在物业管理活动中的合法权益。业主大会自首次业主大会会议召开之日起成立。

（一）业主大会的产生

一个物业管理区域成立一个业主大会。物业管理区域的划分应当考虑物业的共用设施设备、建筑物规模、社区建设等因素。同一个物业管理区域内的业主，应当在物业所在地的区、县人民政府房地产行政主管部门或者街道办事处、乡镇人民政府的指导下成立业主大会，并选举产生业主委员会。但是，只有一个业主的，或者业主人数较少且经全体业主一致同意，决定不成立业主大会的，由业主共同履行业主大会、业主委员会职责。

业主在首次业主大会会议上的投票权数，根据业主拥有物业的建筑面积、住宅套数等因素确定。

（二）业主大会的筹备

业主筹备成立业主大会的，应当在物业所在地的区、县人民政府房地产行政主管部门和街道办事处（乡镇人民政府）的指导下，由业主代表、建设单位（包括公有住房出售单位）组成业主大会筹备组（以下简称筹备组），负责业主大会筹备工作。

筹备组成员名单确定后，以书面形式在物业管理区域内公告。

筹备组应当做好下列筹备工作：

1. 确定首次业主大会会议召开的时间、地点、形式和内容；

2. 参照政府主管部门制定的示范文本，拟定《业主大会议事规则》（草案）和《管理规约》（草案）；

3. 确认业主身份，确定业主在首次业主大会会议上的投票权数；

4. 确定业主委员会委员候选人产生办法及名单；

5. 做好召开首次业主大会会议的其他准备工作。

其中前四项内容应当在首次业主大会会议召开15日前以书面形式在物业管理区域内公告。

筹备组应当自组成之日起30日内在物业所在地的区、县人民政府房地产行政主管部门或者街道办事处、乡镇人民政府的指导下，组织业主召开首次业主大会会议，并选举产生业主委员会。

（三）业主大会的职责

业主大会履行下列职责：

1. 制定、修改业主公约和业主大会议事规则；

2. 选举、更换业主委员会委员，监督业主委员会的工作；

3. 选聘、解聘物业管理企业；

4. 决定专项维修资金使用、续筹方案，并监督实施；

5. 制定、修改物业管理区域内物业共用部位和共用设施设备的使用、公共秩序和环境卫生的维护等方面的规章制度；

6. 法律、法规或者业主大会议事规则规定的其他有关物业管理的职责。

（四）业主大会的召开形式

业主大会分为定期会议和临时会议。业主大会定期会议应当按照业主大会议事规则的规定召开。

有下列情况之一的，业主委员会应当及时组织召开业主大会临时会议：

1. 20%以上业主提议的；
2. 发生重大事故或者紧急事件需要及时处理的；
3. 业主大会议事规则或者业主公约规定的其他情况。

发生应当召开业主大会临时会议的情况，业主委员会不履行组织召开会议职责的，区、县人民政府房地产行政主管部门应当责令业主委员会限期召开。

召开业主大会会议，应当于会议召开 15 日以前通知全体业主。住宅小区的业主大会会议，应当同时告知相关的居民委员会。业主委员会应当做好业主大会会议记录。

（五）业主大会的规则

业主大会会议可以采用集体讨论的形式，也可以采用书面征求意见的形式；但是，应当有物业管理区域内专有部分占建筑物总面积过半数的业主且占总人数过半数的业主参加。业主可以委托代理人参加业主大会会议。

物业管理区域内业主人数较多的，可以幢、单元、楼层等为单位，推选一名业主代表参加业主大会会议。

推选业主代表参加业主大会会议的，业主代表应当于参加业主大会会议 3 日前，就业主大会会议拟讨论的事项书面征求其所代表的业主的意见，凡需投票表决的，业主的赞同、反对及弃权的具体票数经本人签字后，由业主代表在业主大会投票时如实反映。

业主代表因故不能参加业主大会会议的，其所代表的业主可以另推选一名业主代表参加。

业主大会做出的决定，必须经与会的一半以上持有投票权的业主通过。

业主大会做出制定和修改业主公约、业主大会议事规则、选聘、解聘物业管理企业、专项维修资金使用、续筹方案的决定，必须经物业管理区域内全体业主中 2/3 以上持有投票权的业主通过。

业主大会会议应当由业主委员会做书面记录并存档。

业主大会的决定应当以书面形式在物业管理区域内及时公告。

（六）业主大会的地位

业主大会的决定对物业管理区域内的全体业主具有约束力。管理规约应当对有关物业的使用、维护、管理，业主的共同利益，业主应当履行的义务，违反公约应当承担的责任等事项依法作出约定。管理规约对全体业主具有约束力。业主大会议事规则应当就业主大会的议事方式、表决程序、业主委员会的组成和委员任期等事项作出约定。

三、业主委员会

业主委员会是业主大会的执行机构，由业主大会选举产生，业主委员会应当自选举产生之日起 3 日内召开首次业主委员会会议，推选产生业主委员会主任 1 人，副主任 1~2 人。

（一）业主委员会委员应具备的条件
1. 本物业管理区域内具有完全民事行为能力的业主；
2. 遵守国家有关法律、法规；

3. 遵守业主大会议事规则、管理规约，模范履行业主义务；

4. 热心公益事业，责任心强，公正廉洁，具有社会公信力；

5. 具有一定组织能力；

6. 具备必要的工作时间。

业主委员会应当自选举产生之日起 30 日内，向物业所在地的区、县人民政府房地产行政主管部门和街道办事处、乡镇人民政府备案。业主委员会备案的有关事项发生变更的，依照前款规定重新备案。

（二）业主委员会的职责

业主委员会履行下列职责：

1. 召集业主大会会议，报告物业管理的实施情况；

2. 代表业主与业主大会选聘的物业服务企业签订物业服务合同；

3. 及时了解业主、物业使用人的意见和建议，监督和协助物业服务企业履行物业服务合同；

4. 监督管理规约的实施；

5. 业主大会赋予的其他职责。

业主委员会应当督促违反物业服务合同约定逾期不交纳物业服务费用的业主，限期交纳物业服务费用。

（三）业主委员会的运作

经 1/3 以上业主委员会委员提议或者业主委员会主任认为有必要的，应当及时召开业主委员会会议。业主委员会会议应当做书面记录，由出席会议的委员签字后存档。业主委员会会议应当有过半数委员出席，做出决定必须经全体委员人数半数以上同意。业主委员会的决定应当以书面形式在物业管理区域内及时公告。

业主委员会任期届满前 2 个月，应当召开业主大会会议进行业主委员会的换届选举；逾期未换届的，房地产行政主管部门可以指派工作人员指导其换届工作。

原业主委员会应当在其任期届满之日起 10 日内，将其保管的档案资料、印章及其他属于业主大会所有的财物移交新一届业主委员会，并做好交接工作。

经业主委员会或者 20% 以上业主提议，认为有必要变更业主委员会委员的，由业主大会会议做出决定，并以书面形式在物业管理区域内公告。

目前，《物业管理条例》中对业主委员会法律地位的规定方面还有待完善，业主委员会法律地位不明确，相应的可操作性规范不具体，也不明确。这容易导致业主委员会缺乏有组织的监督，难以代表业主利益。

业主委员会委员有下列情形之一的，经业主大会会议通过，其委员资格终止：

1. 因物业转让、灭失等原因不再是业主的；

2. 无故缺席业主委员会会议连续三次以上的；

3. 因疾病等原因丧失履行职责能力的；

4. 有犯罪行为的；

5. 以书面形式向业主大会提出辞呈的；

6. 拒不履行业主义务的；

7. 其他原因不宜担任业主委员会委员的。

业主委员会委员资格终止的，应当自终止之日起 3 日内将其保管的档案资料、印章及其他属于业主大会所有的财物移交给业主委员会。

因物业管理区域发生变更等原因导致业主大会解散的，在解散前，业主大会、业主委员会应当在区、县人民政府房地产行政主管部门和街道办事处(乡镇人民政府)的指导监督下，做好业主共同财产的清算工作。

四、业主大会、业主委员会的其他相关规定

业主大会、业主委员会应当依法履行职责，不得作出与物业管理无关的决定，不得从事与物业管理无关的活动。业主大会、业主委员会作出的决定违反法律、法规的，物业所在地的区、县人民政府房地产行政主管部门或者街道办事处、乡镇人政府，应当责令限期改正或者撤销其决定，并通告全体业主。

业主大会、业主委员会应当配合公安机关，与居民委员会相互协作，共同做好维护物业管理区域内的社会治安等相关工作。在物业管理区域内，业主大会、业主委员会应当积极配合相关居民委员会依法履行自治管理职责，支持居民委员会开展工作，并接受其指导和监督。住宅小区的业主大会、业主委员会作出的决定，应当告知相关的居民委员会，并认真听取居民委员会的建议。

业主大会和业主委员会开展工作的经费由全体业主承担，经费的筹集、管理、使用具体由业主大会议事规则规定。业主大会和业主委员会工作经费的使用情况应当定期以书面形式在物业管理区域内公告，接受业主的质询。

业主大会和业主委员会的印章依照有关法律、法规和业主大会议事规则的规定刻制、使用、管理。违反印章使用规定，造成经济损失或者不良影响的，由责任人承担相应的责任。

第三节　物业管理的基本环节

物业管理工作虽是在物业建造好、销售出去以后进行的，但并不是随便就进入经济生活的，它也是具有系统工程性质的一项工作。从物业的规划设计到物业建成投入使用后管理工作的正常运行，物业管理工作要包括若干程序。根据物业管理工作的特点，按照先后顺序，物业管理包括以下几个基本环节。

一、物业管理的早期介入

物业管理的早期介入是指在物业规划设计或开发建设时就介入房地产经济运行中，参与物业的规划设计和建设，帮助开发商严把设计关、建设关和工程质量关，为物业投入使用后进行优良管理创造条件。在设计过程中，从物业的日常使用和管理角度看设计方案是

否合理，物业管理人员要积极、主动地与设计部门沟通、联系，认真研究，提出意见和建议。在施工过程中，物业管理人员要积极参与施工监理工作，对房屋的主体结构和供水、供电、供暖系统、机电设备等方面进行技术质量监督，以便物业建成后能够更好地满足使用者的需求。物业管理的早期介入具有进一步完善物业的功能、改进规划设计、提高工程质量及工程验收接管效率、方便物业管理等作用。物业管理的早期介入工作包括以下几个方面：

（一）立项决策阶段

对拟开发项目的市场定位、潜在市场消费需求、市场行情、开发标准及成本、预期收入状况等提出参考性建议。

（二）规划设计阶段

物业服务公司在物业的日常使用方便程度、维修及养护成本等方面有较多的经验教训，因而可以在建筑材料及设备的选用、水电等基础设施的容量预留和分配、管线布局和配置、楼内各功能区及设施的布局、小区内各项娱乐及商业等配套设施的规模和布局、小区内道路和绿化的布局，以及安全保卫、消防、垃圾处理等方面，提出有价值的参考建议。

（三）建筑安装阶段

到工地现场对日后难以从外观察觉到的隐蔽性工程，如管线的铺设及走向、基础的处理等进行熟悉了解，发现问题及时提出修改建议。

（四）接管准备阶段

早期介入的物业服务公司不一定成为前期物业的管理者，但如果参与准备接管，就需要与房地产开发商洽谈管理委托事项、对日后的管理成本及收入进行预测分析、制定一系列的物业管理规章制度、配备并培训物业管理人员、建立与社会协作单位的联系、参与物业的销售。

二、前期物业管理

（一）前期物业管理的概念

前期物业管理是指从房屋出售之日起，到业主委员会与物业服务公司签订的物业管理合同生效时为止，这一段时期的物业管理。前期物业管理与早期介入的不同之处在于：前期物业管理者已经合法拥有物业的管理权，具有明确的管理对象，而早期介入主要是起到咨询作用以及为争取得到前期物业管理合同做好铺垫。前期物业管理与一般物业管理的主要不同之处在于：前者的物业服务公司是由开发商聘任的，后者的物业服务公司是由业主委员会聘任的，后者的开始是前者的结束。

（二）一般物业管理的运作

1. 业主委员会的产生

业主委员会在住宅区也可称为住宅小区管理委员会。业主委员会是代表物业管理区域内全体业主，对物业实施自治管理的执行机构，由业主大会或业主代表大会选举产生，业主委员会每届任期2~3年，可连选连任。业主委员会由5~15位委员组成，委员由业主担任，业主委员会主任、副主任在业主委员会委员中推选产生。业主委员会代表业主利益，维护业主的合法权益，支持、配合、监督物业服务公司的工作，其职责有：(1)召开业主大会或业主代表大会，报告物业管理的实施情况；(2)选聘或解聘物业服务公司，订立、履行、变更、解除物业管理合同；(3)负责公共区域维修基金的筹集、使用和管理；(4)审议物业服务公司提出的物业管理服务年度计划、财务预决算；(5)监督公共建筑和设施的合理使用及物业服务公司提供的服务活动；(6)听取业主的意见、建议和投诉，与物业服务公司协商处理解决。

2. 物业服务公司的聘任

物业服务公司一般是由业主委员会代表全体业主通过协商或招标的方式选择聘任的。受聘物业服务公司接受业主委员会的委托，对物业进行各种管理。物业服务公司和业主委员会之间是一种平等、合作、买卖关系。

三、前期物业管理的内容

前期物业管理的内容包括以下几个方面：

(一)管理机构的设立与人员培训

按照《物业管理条例》及其相关细则的规定，开发商必须在物业交付使用前通过招标选聘优秀的物业服务公司来进行前期物业管理。物业服务公司一般有两种形式：一是实体性的物业服务公司，内部既有管理人员，又有作业人员。二是仅由管理人员组成的物业服务公司。这类公司通过合同形式与社会上各类专业服务企业建立松散的联合，以合同方式将物业管理的具体内容转给相关的服务企业承担。这种形式与社会分工和社会化服务的发展水平密切相关。目前的物业服务公司以第一种形式为多。

物业服务公司要根据业主和使用者的不同需求，及时提供各种服务，这些服务工作涉及的内容又细又多，为适应物业管理专业化和现代化的需要，必须对从事物业管理的工作人员进行专业技术和职业道德的培训，并对其上岗资质进行确认。从事物业管理的人员应当按照国家有关规定，取得职业资格证书。由于物业管理工作涉及许多绿化、机械、建筑等方面的专业知识，对从业人员的素质要求也比较高。物业管理所涉及的各岗位工种人员应达到一定的水平并应获得上岗资格才能进入物业管理领域。培训内容应根据物业管理的岗位要求进行选择，有些工种还必须取得政府有关部门的资质认定才可上岗。

(二)物业管理规章制度的制定

只有建立科学合理的规章制度，才能保证物业管理工作的顺利运行。必须以国家的法律、法规和政府部门颁布的相关文件为依据，结合物业管理的实践制定一些必要的、科学的规章制度和管理细则。规章制度应包括物业服务公司的职责和业主或使用人的权利、义务等内容。规章制度能够明确界定物业服务合同的各项内容，有利于规范物业权利主体的权利、义务关系，以提高物业管理的运行水平；规章制度也可以作为监督标准，能促使物业服务公司积极为业主和用户履行服务职能，以便能按合同要求创造出在卫生、安全、绿化等方面符合要求的居住和工作环境，保证物业管理的程序化、规范化、科学化、法制化。

(三) 物业的验收与接管

物业验收是涉及今后物业管理工作能否顺利进行的一个重要环节,是指物业建成以后有关部门依据国家有关建设标准及省市有关工程验收的技术规范与质量要求对已建成的物业进行检验,将隐患消除在使用之前。这样做也便于今后对物业的使用和养护。验收必须科学、规范、仔细,发现问题应明确记录在案,并督促施工单位进行修整。物业服务企业承接物业时,应当对物业共用部位、共用设施设备进行查验;在办理物业承接验收手续时,应当与开发商、业主委员会办理物业验收手续。

开发商、业主委员会应当向物业服务企业移交下列资料:

1. 竣工总平面图,单体建筑、结构、设备竣工图,配套设施、地下管网工程竣工图等竣工验收资料;

2. 设施设备的安装、使用和维护保养等技术资料;

3. 物业质量保修文件和物业使用说明文件;

4. 物业管理所必需的其他资料。

物业接管是开发商向管理单位移交物业的过程。在办理移交工作时应有书面手续。在办理移交手续时,开发商还应向管理单位移交有关物业管理整套图纸资料,以便供今后管理、维修和养护时参考。物业管理企业应当在前期物业服务合同终止时将上述资料移交给业主委员会。建设单位应当按照规定在物业管理区域内配置必要的物业管理用房。开发商应当按照国家规定的保修期限和保修范围,承担物业的保修责任。

(四) 业主的入住管理

业主的入住是物业管理正式实施的标志。物业服务公司要随时提供良好的管理和服务,让业主和用户满意。物业服务公司应采取措施,做好入住前的清洁卫生工作,还要根据临时业主公约,明确自己的权利与义务。同时要加强使用阶段的安全保卫工作,让业主和用户放心。

(五) 档案资料的建立

物业档案资料是对物业前期建设开发情况的记载,档案资料包括物业及周围环境的资料和物业业主和用户的资料,是以后实施物业管理时对工程维修、配套、改造必不可少的资料,也是物业转让或更换物业管理单位时必须移交的内容之一。尤其是发生故障时,物业档案资料就更显得必不可少。要搞好物业档案资料的建设,必须抓好搜集、整理、归档、利用四个环节。搜集时要求全,整理时要求真,归档时要进行科学分类与保存。

(六) 日常管理和维修养护

为向业主负责,物业服务公司就得采取措施在业主或租户使用入住后营造一个能使他们感到满意的工作、生活环境。这些措施包括提供清洁卫生、室内检查、治安服务、整治环境以及解决施工建设中存在的各种遗留问题在内的各种服务。日常管理和维修养护是物业服务公司最基本、最常见、最主流的工作。它包括的内容较复杂,每一项管理和服务内容还可以分成许多细致内容。物业服务公司应集中精力搞好物业的日常管理和维修养护,不断提高管理水平和服务质量,更好地为业主和用户服务。

第四节　物业接管验收

物业接管验收是物业管理中一个十分关键和重要的环节。物业接管验收的顺利完成是物业开始投入使用、物业管理工作全面启动的标志。对开发商而言，物业通过接管验收后，就意味着物业开始正常使用，无论客户是否入住，入住率高低，对物业的安全、正常运行等所负的义务和管理物业的权利均移交给物业管理公司；对物业管理公司而言，物业接管验收的完成标志着实质性管理的开始，物业管理公司根据物业管理委托合同的内容，对物业实施管理，收取合理的物业管理费用。整个接管验收分为两个部分，第一个部分是权益资料的接管验收，第二部分是工程质量验收。

一、权益资料的接管验收

物业权益资料分为两种：权属文件和服务资料。

1. 权属文件及其接管验收

权属文件接管验收旨在明确物业产权及其他法定权利义务关系。现代物业不仅具有建筑物的物理属性，更重要的是体现附着在建筑物上的各种权益关系。权属文件接管验收的目的就是明晰这些权利义务关系，尤其是明晰物业产权关系及衍生权利关系，为物业管理的正常经营和运作奠定基础。物业接管验收时需要考虑的权属文件包括三类：

（1）用以明确物业产权归属以及租赁和抵押等衍生权利义务关系的具有法律效力的政府文件、证书、合同。

（2）用以明确物业自身状况和经营范围的政府文件和证书，包括反映物业质量安全和质量等级的有关文件和证书。

（3）用以明确物业建设过程中各类主体经营资质的文件，包括建设单位或开发商、勘查设计单位、施工单位、工程监理单位等的营业执照和资质等级等的相关执照证书的副本或复印件。

权属文件接管验收主要参照国家现行法律法规的要求，查清所有文件的合法来源和确切效力。国家法律和政府相关部门对房地产开发建设中涉及的上述各步程序都有相应的明确规定，各种证件合同都有相应的标准文本或者示范文本，接管验收过程中应该认真对照查验。

2. 服务资料及其接管验收

服务资料接管验收旨在获得有关工程维护维修和进行相关服务的技术资料与统计资料，为物业管理的顺利开展创造条件并提供准确信息。

物业接管理验时需要考虑的服务文件包括三类：

（1）主体结构和配套设备设施及主要部件技术资料。前者主要包括工程勘察、设计、施工资料，后者包括反映各类设备设施和主要部件的型号、主要参数和技术指标的说明书、使用手册等。这些资料是整个物业管理中工程维护维修的主要技术依据。

（2）各类维保合同。首先是开发商与施工单位签订的明确建筑工程保修范围、保修期限和保修责任的保修书；其次是和设备设施、主要部件供应商签订的维修保修合同，这类合同主要针对物业管理公司不易解决的专业问题。这些合同是工程维修的重要保障。

（3）其他有关资料。包括服务用户的有关资料，说明物业开发历史背景的有关资料，如拆迁安置资料等。这些资料用以明确服务对象的基本构成和已允许的相关条件，是解决日后可能出现的一些纠纷的主要依据。

服务资料接管验收尤其应注意对重点内容的把握。如设计图纸的变更记录、隐蔽工程的竣工图纸、维保合同的责任条款等。

二、工程质量验收

物业工程质量问题对物业管理企业和业主的影响较大，因此成为接管验收过程中的重点工作。由于涉及门类多，技术含量高，参与人员需具有较强的专业背景和实践经验。

1. 新物业的工程质量验收

工程质量验收尤其需要抓住以下重点：主体结构的安全性、设备设施功能的耦合性和运行的稳定性、隐蔽工程的质量等。随着新科技在房地产建设中的广泛应用，工程接管验收的内容不断丰富，技术要求不断提高，传统项目在验收中所占比重相应降低，新项目、新设备、新材料在验收中受到更大的关注。首先是以计算机为代表的信息技术的飞跃发展，使得楼盘的综合布线工程重要性提升，卫星接收系统、局域网硬件环境、国际互联网络支持等的接管验收过程技术难度增大；其次是环保概念促使旧有技术面临重大改革，空调系统氟机逐步淘汰，溴化锂空调技术逐步推广；供暖供热系统逐步取消锅炉，直燃机从环保角度出发鼓励烧天然气，或者低硫煤；石材、建材、洁器具、涂料等的污染问题（辐射污染、空气污染）日益引起人们的关注。环保概念的普及要求在物业接管验收中充分掌握设备可能造成的污染情况，并做好预处理方案。

2. 旧物业的工程质量验收

对旧有物业接管验收，首先要了解原物业管理企业是否按规定对物业进行了正常的维修、养护、修缮及更新改造；其次需要详细检查各部位尤其是经过整修改造过的部分的安全性，掌握所有更新改造资料、运行记录、大中修记录以及各类事故处理记录。如果原物业管理公司管理的时间较长，房屋老化严重，应该按照国家规范重新评定房屋等级，作为后续管理的基础。鉴于工程质量接管验收的重要性和上述特点，建议尽可能采取规范的专业化表格和科学的流程化管理，做好各专业质量验收的相互交叉和相互衔接。

第五节　中国香港物业管理运作模式

一、香港物业管理机构

（一）房屋署

香港直接负责物业管理的机构是房屋署。它主要为香港房屋委员会管理公屋、商场、工业大厦及居屋苑，负责执行房屋委员会的决策。香港房屋署下设房屋管理处，房屋管理处的组织机构如下：

1. 房屋事务经理：主持日常工作与对外联络，包括日常事务监管；财务安排；员工培训；租赁事务的处理及租金的交付管理；小区大型维修保养工作计划的安排；负责与各管理部门及各非政府组织与民间团体等对外关系的联络、协调。

2. 房屋事务副经理：协助房屋事务经理处理相关的日常事务。

3. 房屋事务主任：每人约管理一幢楼宇，负责监管维修工程及清洁工作、收取租金、处理住户投诉等日常具体工作。

4. 房屋事务助理员：是房屋事务主任的助理人员，协助其处理各类具体事务。

5. 技工：负责屋村的小型维修，如筑漏、排堵、养护花木、粉刷、装饰之类。

6. 市容整洁队：负责公共区域的清理、非法设摊的排除与车辆乱停乱放的管理等。

（二）业主立案法团和楼宇互助委员会

香港私人开发商零星开发的单幢大厦被个别住户一个个单位买去的物业多由业主立案法团自主管理。但《多层建筑物（业主法团）条例》的 2A 条规定，如果发展商已承诺担负所开发经营之屋村的管理工作，则单位业主就不能再成立业主立案法团来自行管理物业。

多层建筑物业主立案法团是通过召开业主大会而组建的。业主大会可以通过购买楼宇时各业主签订《公共契约》而授权管理者召集，也可以由拥有楼宇产权 5% 及以上的业主联合举行，或拥有楼宇产权 20% 的业主向地方法院申请，由法院指定的业主召集举行。业主大会推选业主委员会。业主委员会在其成立之日起 14 天内必须向香港田土注册处申请注册，领取注册证书，成立业主立案法团。业主立案法团按程序注册成立后，便承担各业主对楼宇的责任，由业主委员会具体办理法团事务。法团通过业主委员会，为各业主处理一切有关业主利益的事务，如投保、安排财务收支、招收管理员工、安排维修工程、主办联谊集会及各种其他活动等。

对那些不符合成立多层建筑物业主立案法团条件的楼宇，可成立楼宇互助委员会。楼宇互助委员会是群众性、志愿性的组织，由楼宇住户组成，可代替业主立案法团。香港于 20 世纪 70 年代初推广互助委员会计划，只要楼宇 20% 的住户同意，便可成立楼宇互助委员会。互助委员会以携手单位为代表单位，每一个单位可有一名住户代表。互助委员会如果根据规定程序制定章程，有序运作，则可免受社团条例管制，其成立条件简单，组织灵活。

（三）物业服务公司

香港物业服务公司分为以下两类：

1. 附属于大型发展商的物业服务公司。香港在批出大幅土地给发展商兴建私人屋村时，都要求发展商同时承诺必须承担屋村管理工作。《多层建筑物（业主法团）条例》规定，如果发展商已承诺担负所开发经营之屋村的物业管理工作，则单位业主就不能再成立业主立案法团来自行管理物业。发展商为了履行自己对政府的承诺，也出于经济上的考虑，往往成立附属公司来管理物业。这类公司一般规模较大，专业分工明确，也有能力承担母公司以外其他业主的委托管理任务。

2. 不附属于任何发展商的物业服务公司。这类物业服务公司以独立身份承接委托管理业务，它们向业主提供专家意见；有些公司还把业务范围扩大，如从事代理经租、房地产估价与交易代理等业务。

二、香港物业管理的内容

(一)公共屋村的管理

公共屋村是香港特别行政区政府拨款，以低价批地和低息贷款资助，由香港房屋委员会兴建，用于出租给低收入家庭的住宅小区。公共屋村由房屋委员会下设的管理委员会管理。物业管理委员会在每一个公共屋村设一个办事处，办事处由房屋事务经理主管。

1. 屋村办事处的管理功能

(1)屋村的接管验收。在正式交楼前两个月，屋村办事处即着手接管工作，如果楼宇不合格，则限期改正。

(2)实施屋村一般日常管理事务，维修、保养物业设施。

(3)留意村内环境并且适当加以改善，协助维护村内秩序与治安，管理小贩及停车设备，维护与完善屋村内部环境。

(4)处理住户投诉及帮助住户解决疑难问题。

(5)促进邻居和睦关系及加强居民互助精神。

2. 屋村办事处的日常管理项目与工作

屋村办事处管理的项目包括：入住管理、住所装修管理、安排住房和设施维修保养、收取租金以及安排屋村财务收支。此外，还有清倒垃圾及终止租约等项目与工作。

3. 屋村办事处的收入来源

屋村办事处的收入来源主要靠租金；各项开支要先作预算，每年的预算在执行中可作适当调整。

(二)居屋苑的管理

居屋苑由房屋委员会或房屋协会建造，是用于出售给中等收入者的成套住宅。居屋苑的日常管理、保养、清洁及看守服务，大部分是由香港房屋署负责，各居屋苑均设有办事处，由屋苑物业经理主管。所有业主每月需交管理费，以支付各项开销，如公用电灯、保安、电梯的保养维修、公共部位的保养等。所有居屋业主需签署一份《大厦公共契约》，在法律上规定各自的权利、利益、责任和义务，以确保楼宇的有效管理和达到管理标准。根据《大厦公共契约》，房屋署应承担居屋交付使用后 5~10 年的管理责任。管理期满后，可以聘请私人物业服务公司代理。选择私人物业服务公司必须符合"认可物业管理代理登记册"的基本条件，即不少于 5 年管理经验和正在实施不少于 2 000 个单位的管理。

房屋委员会代表业主为其住房单位投购保险，所需保险费按年向业主收回。为了鼓励居屋业主最终接手负责居屋苑的管理工作，香港房屋委员会推行了一项居屋物业代管计划，聘请有品牌的物业服务公司，在其监督下代为管理若干居屋苑。

私人参建居屋苑的管理与保养服务则由发展商聘请物业服务公司管理，房屋委员会代表政府对其进行监察。为确保管理质量，私人参建居屋苑聘请的物业服务公司，须经房屋署批准，并向房屋署交纳保证金，为在一年保修期内楼宇维修提供保证；同时，提交一份银行保证书，作为 10 年内妥善管理与维修的保证。

居屋苑管理的主要工作范围是：居屋的保养与维修、居屋的安全保卫、居屋的清洁服务以及居屋的物业保险。

（三）私人楼宇的管理

香港对私人楼宇管理所采取的方针，是以尊重私有权和"大厦自治"为原则，务求业主主动管理自己的楼宇。香港通过立法，引导业主成立群众性社会组织，在办理注册登记后成为社团法人，进行自我管理，也可通过订立合同，实施楼宇的社会化管理，以保障业主、租户、发展商、管理公司的应有利益。私人楼宇管理的法规主要有两个：一个是公契，另一个是业主立案法团条例。

（四）其他楼宇的物业管理

1. 商场的物业管理。香港的物业服务公司往往订立一套装修守则，选择有市场竞争力的商户，以优惠租金招徕著名商号，并保持商场舒适洁净的环境，争取公共汽车就近设站，甚至自备小客车在公共汽车站和商场之间往来接送顾客。

2. 工业大厦的物业管理。香港物业服务公司往往制定各种条例来保证能源供应通畅和大厦内部运输系统的顺畅。当然，工业大厦的物业管理也包括建筑物及其设备设施的维护保养。

3. 办公写字楼的物业管理。香港物业服务公司对办公写字楼的管理是高标准、高质量的，一般都配备具有专门知识与技术的人员来操作与养护办公写字楼的设备设施。为保持办公写字楼高贵的气派和洁净典雅的环境，物业服务公司往往确保有可靠的保安人员和恪守职责的清洁人员。

三、香港房屋管理的财务安排

香港物业管理行业认为，"量出为入"是物业服务公司筹集管理资金的基本原则。香港的物业服务公司在安排下一年度工作内容后，往往编制相应的财务安排加以保证。其财务安排主要有以下几个方面：

（一）编制管理预算方案

编制管理预算方案是为楼宇、屋村管理提供财力保证。管理预算方案应贯穿于财务管理的全过程。编制管理预算方案，首先是了解楼宇的结构、成新、公共地方的界定、公用设施的种类、数量和分布、业主对管理的要求和管理机构所应承担的责任等，然后对各项职责进行经济分析，核算所需经费开支，最后按所需的经费开支确定应有的收入。所有收入与支出的核定，就构成了楼宇、屋村管理的财务预算方案。

（二）管理费的核定

香港特别行政区政府一般不规定，也不直接干预物业具体的收费标准。具体收多少管理费，由业主(委托方)与物业服务公司(受托方)双方视市场供求状况、地区环境、房屋数量与质量、服务内容多少与深浅等商讨决定。

物业服务公司的经费全部来源于屋村内各业主的管理费。管理费的收取标准完全按照管理工作的实际支出而定。管理公司的收支账目必须定期公开，接受业主的监督。一些较大规模的维修工程，牵涉大笔费用支出，须征询业主立案法团的意见方能进行。如未获准，物业服务公司不得坚持。

财务预算往往提前安排一年工作的大纲，然后就其工作量计划需要的开支，因此，财务预算实际上是以数字形式表述的工作计划。财务预算必须考虑以下几大类支出：

1. 公共设施维护保养费用。据香港业内人士几年前估计，公共设施保养费用占整个管理费开支的很大比重：商业大厦占30%；公共屋村比重更大，占35%；在普通住宅楼宇中，也要占到20%。

2. 应急储备与工程储备。这里指的是应付非经常费用的突然性开支。例如：更换突然爆裂的水管等和支持可能进行的工程的储备。工程储备常常是备而不常用。例如：外墙粉刷可能五年才进行一次，污水管十几年才更换一次。每年提留一定储备，以备不时之需。

3. 清洁及保安费用。这两项费用在总管理费用开支中占的比例颇大。

4. 公共水电费用。工业楼宇和商业楼宇的电费开支占管理费总支出的30%以上，住宅楼宇的电费占到管理费总支出的20%。相对而言，公共用水主要用于公共卫生，并且水费较廉，因而支出不大。

5. 管理人员及管理处支出。如果请物业服务公司管理，则它聘请的专职驻大厦管理人员的薪金及其他开支应计入预算。若大厦由业主立案法团管理，工作人员由业主自愿充任，这笔开支便可免去。无论何种情形，都应在大厦内设管理处，作为接待业主、住户，举行工作会议和日常办公之用。管理处的开支包括差饷、水电费、电话费、文具杂项支出等，这些均应列入预算。

6. 物业服务公司酬金。在香港物业管理行业，确定酬金的办法有两种：一是从总管理费中提取，通常提10%～15%（住宅的比例是10%，商业的比例是15%），也有提取高达20%者。另一种办法是，管理公司与业主们商定酬金数额，不与管理费总额挂钩。在香港，物业管理服务收费较多采用提成形式。

7. 环境、绿化费用。环境美化，种花植草开支虽然不大，但也应在预算中列明。

8. 会计、核数统计与法律服务费用。物业服务公司一般都聘请专业会计师处理会计事务。核数工作必须交由独立的核数师负责，并向公众明确交代。另外，为方便起见，管理公司往往聘请一位法律顾问提供意见和协助处理。上述专业服务的支出不会很大，但也在预算中列出。

9. 保险费用。涉及的保险主要有三种，即员工保险、第三者险、楼宇保险。其中，楼宇保险费用较高。保险费须由管理公司与业主们协商确定。

10. 地税及批地书之类的费用。大厦地税是香港政府征收的土地使用费。多层大厦的土地使用费用由全体业主共同支付。交纳地税有两种方法：一种是政府按业权份数划分出业主应负担的部分，由各业主分别交付；另一种办法是物业服务公司在管理开支中整体支付。

11. 康乐设施开支。新型屋村的康乐设施，如网球场、游泳池、住户俱乐部等，虽向使用者收取费用，但入不敷出，要从管理费总开支中资助。这些费用在制定预算时均加以考虑。

12. 保证金。公契规定，业主需交保证金。这笔资金数额庞大，不会轻易动用，存入银行的利息可减轻业主的负担。

13. 费用分摊方法。分摊方法有两种：一是按物业管理份数计算；二是根据业权不可分割份数计算。较为客观的办法是以不可分割业权份数来分担费用。一般情况下，费用分摊方法都在公契中明文规定。

四、香港物业管理的特点

(一)法律法规健全，可操作性强，全民重视，认同率高

香港的市场经济发展成熟，法制健全，一切均有章可循。香港在物业管理方面已经建立起一个较完整的物业管理法律法规体系。除《香港建筑物管理条例》之外，香港还颁布了一系列条例来规范大厦及小区的物业管理。有关的法律主要有：1. 房屋条例；2. 业主与租客条例；3. 多层建筑物(业主法团)条例；4. 规划条例；5. 建筑物条例；6. 消防条例；7. 公共卫生条例；8. 保安及护卫员条例；9.《噪音管制条例》(第 327 章)；10.《空气管制条例》(第 435 章)；11.《少额钱债条例》(第 338 章)等。这些法规清楚地规定了在物业管理中业主、物业服务公司、租户各自的权利和义务，以及违反条例的处罚等内容。因此，香港的物业管理是在一个比较完备的法律体系中运行的。

香港的法规可操作性很强。物业管理中发生的任何问题，均能在法律条文上找到答案，有强制执行的力度。如，开发商的空置房是否要交纳物业管理费的问题，在《香港建筑物管理条例》中就有明确的规定。

此外，香港各界人士对物业管理的了解和认知程度也是非常高的。在香港，20 世纪 60 年代到 70 年代的房屋比内地 80 年代到 90 年代的房屋还要新；业主与物业服务公司的关系明确，且平和相处。这不仅因为香港有较高的物业管理水平，而且因为香港全民对物业管理的重视程度高，认同率高。

(二)物业管理招投标非常普遍

在香港，物业服务公司只需经工商登记就可以承揽业务，还没有对管理公司采取发牌制度(类似资质证书)。物业服务公司的权利来源于大厦公契或物业管理委托合同。业主委员会成立后，业主立案法团通过招标选聘物业服务公司，并监督管理公司的运作。如果管理公司的服务水准太低，业主立案法团可以在合约期满后，选择其他管理公司代替。香港的物业管理已形成一套完善的招投标制度。

(三)业主立案法团权力最大

香港的业主委员会有三种组织方式：业主立案法团、业主委员会、居民互助委员会。在这三种组织中，由于业主立案法团成立条件较高，而且是法人组织，权力很大，对负责人的专业水平要求较高，所以，全香港成立业主立案法团的大厦不多；广泛成立的是业主委员会；而居民互助委员会相当于内地的居民委员会，处理的主要是社区互助事务。

(四)物业服务公司人员配置合理，财务方面透明度高

在香港，有专门的清洁公司、保安公司、电梯公司。这些"分包公司"专业性强，不用培训便可以直接上岗。小区管理部门针对不同的服务项目，将小区内的具体服务分包给

这些公司。此外，香港物业服务公司在财务方面也具有高透明度，物业服务公司会定期向住户公布收支账目，消除住户对收费的怀疑。

(五)物业服务公司服务意识强，主动与客户沟通

在香港，物业服务公司会定期清洗被污损的外墙表面。物业服务公司有专门的计划表，包括大修表、小修表，将应该处理的问题都涵盖在内。

香港物业服务公司还常常主动与住户沟通。它们会定期送上问卷调查表，询问住户对物业管理有什么意见和要求，并在节日时给住户送上一些小礼物，以增进双方的感情。

(六)香港物业管理收费依法行事

一般大厦公约都会详细列明每个单位所占的应付管理费的比率及交款日期。如果业主将该单位出租，就算在租约上已列明由租户支付管理费，管理公司仍有权向业主追讨欠款。总之，业主有责任准时交付管理费，管理公司亦有责任代表其他业主向欠交管理费的业主追讨。

思考题

1. 物业管理的基本内容是什么？
2. 物业管理企业资质等级是如何划分的？
3. 简述业主大会与业主委员会的含义。
4. 简述前期物业管理的内容。
5. 香港特别行政区物业管理的特点有哪些？

第七章　房地产法律制度

第一节　房地产管理法概述

一、房地产管理法的概念

房地产不仅关系到城乡居民的居住问题，而且已成为一种重要的投资。房地产业对社会其他产业乃至金融、证券业的影响越来越大，在我国社会经济发展中起到了支柱性的作用。所以，依法调整房地产开发、经营和管理关系，规范房地产开发经营行为，保护房地产权利人的合法权益，对我国房地产业的健康发展具有重要意义。

所谓房地产管理法，是指国家调整房地产关系的法律规范的总称。它是国家管理房地产市场、保护房地产权利人的合法权益，促进房地产业发展的重要工具。具体来说，房地产管理法是调整房地产开发、经营、交易、管理以及与房地产相关的社会关系的法律规范的总称，包括《城市房地产管理法》和与其相配套的行政法规、部门规章，以及其他相关的法律法规中的有关规定。

二、房地产管理法的特点

根据房地产管理法的概念，可以看出房地产管理法具有以下四个特点：

(一)房地产管理法的主体具有广泛性

房地产是人类进行生产、生活活动的基本物质条件之一，任何个人和社会组织都会与房地产业发生各种联系，包括房地产管理机关、房地产交易所、房地产咨询服务公司、房地产评估事务所以及其他法人和公民。可见，房地产管理法的主体众多而广泛。

(二)房地产管理法以权属管理为中心

房地产产权是寓于房地产实体中的各项经济利益以及由此而形成的各项权利，如所有权、使用权、租赁权和抵押权等。房地产在市场上交易后，其权利主体就易位于他人了，从这种意义上说，房地产交易实质上就是权利的交易，所以，房地产管理法是以权利为基础的法规。

（三）房地产管理法具有国家行政干预性

由于房地产业的发展关系到国民经济的发展和社会秩序的稳定，因此，国家必须对房地产领域实行必要的行政干预。

（四）房地产管理法的内容具有多样性

房地产管理法所涵盖的内容十分广泛，涉及土地使用权的出让与转让、房地产拆迁、建筑施工、房地产税收、房屋的转让、房地产租赁，以及房地产典当与抵押等各个方面。

三、房地产管理法律体系

房地产管理法律体系主要由以下五个层次构成：

（一）宪法

宪法是国家的根本大法，是由国家最高权力机关依据特定立法程序制定的，具有最高法律效力。我国宪法对房地产制度和土地所有权作了原则性的规定：

1. 关于所有权的规定。例如，"矿藏、水流、森林、山岭、草原、荒地、滩涂等自然资源，都属于国家所有，即全民所有；由法律规定属于集体所有的森林和山岭、草原、荒地、滩涂除外"。"城市的土地属于国家所有。农村和城市郊区的土地，除由法律规定属于国家所有的以外，属于集体所有；宅基地和自留地、自留山，也属于集体所有"。

2. 关于土地转让的规定。例如，"任何组织或者个人不得侵占、买卖或者以其他形式非法转让土地。土地的使用权可以依照法律的规定转让"。

3. 关于对土地征用的规定。例如，"国家为了公共利益的需要，可以依照法律规定对土地实行征收或者征用"。

4. 关于保护公民房屋所有权、居住权的规定。例如，"国家保护公民的合法的收入、储蓄、房屋和其他合法财产所有权"；"中华人民共和国公民的住宅不受侵犯"。

（二）法律

法律是由全国人民代表大会及其常务委员会制定的规范性文件。法律不得与宪法相抵触。法律是制定行政法规、地方性法规以及行政规章的依据。有关房地产的法律主要有《中华人民共和国物权法》（以下简称《物权法》）、《土地管理法》、《城市规划法》、《城市房地产管理法》以及《中华人民共和国民法通则》（以下简称《民法通则》）、《中华人民共和国继承法》中的有关条款。

（三）行政法规

行政法规是由国家最高行政机关即国务院以及中央各部委根据宪法和法律制定并公布的规范性文件，包括条例、规定、办法、决定、命令等文件。有关房地产的行政法规非常多，比如《城镇国有土地使用权出让和转让暂行条例》、《中华人民共和国城镇土地使用税暂行条例》、《关于国有土地使用权有偿使用收入若干财政问题的暂行规定》、《房地产转让管理规定》、《城市商品房预售管理办法》、《城市房地产租赁管理办法》等。行政法规和规章能弥补法律的不足，使法律具体化，更具有操作性。

（四）地方性法规

地方性法规是省、自治区、直辖市及省、自治区人民政府所在地的市和经国务院批准的较大的市人民代表大会及其常务委员会，根据法律和行政法规制定的适合于本地区的有关房地产方面的规范性文件，仅在本行政区域内有效。

（五）司法解释

司法解释是最高人民法院公布的有关房地产法律、法规具体适用的解释和对房地产案件处理的意见等具有指导性的说明，也具有法律的约束力。

四、房地产管理法的基本原则

房地产管理法的基本原则是指房地产管理法在调整房地产法律关系的过程中所必须遵循的指导思想。我国现行房地产管理法的基本原则主要包括以下五个方面：

（一）保护房地产权利人合法权益原则

所谓房地产权利人，主要是指房产的所有权人、土地使用权人、房地产的抵押权人、房屋出租人与承租人、房屋出典人与承典人等依法对房地产享有一定财产权利的民事主体。对于任何侵犯房地产权利人合法权益的行为，我国法律均对其进行了规范，以确保权利人的合法权益，稳定房地产市场。

《中华人民共和国物权法》第四条规定："国家、集体、私人的物权和其他权利人的物权受法律保护，任何单位和个人不得侵犯。"第三十九条规定："所有权人对自己的不动产或者动产，依法享有占有、使用、收益和处分的权利。"第六十六条规定："私人的合法财产受法律保护，禁止任何单位和个人侵占、哄抢、破坏。"第三十七条规定："侵害物权，造成权利人损害的，权利人可以请求损害赔偿，也可以请求承担其他民事责任。"第三十八条规定："侵害物权，除承担民事责任外，违反行政管理规定的，依法承担行政责任；构成犯罪的，依法追究刑事责任。"

《城市房地产管理法》第5条规定："房地产权利人的合法权益受法律保护，任何单位和个人不得侵犯。"第16条规定："土地使用者按照出让合同约定支付土地使用权出让金的，市、县人民政府土地管理部门必须按照出让合同约定，提供出让的土地；未按照出让合同约定提供出让的土地的，土地使用者有权解除合同，由土地管理部门返还土地使用权出让金，土地使用者并可以请求违约赔偿。"第27条规定："依法取得的土地使用权，可以依照本法和有关法律、行政法规的规定，作价入股、合资、合作开发经营房地产。"第69条规定："没有法律、法规的依据，向房地产开发企业收费的，上级机关应当责令退回所收取的钱款；情节严重的，由上级机关或者所在单位给予直接责任人员行政处分。"

（二）房地一体原则

我国房地产法律明确规定了房屋产权及其土地使用权必须同时归属于同一人。房地的一体性，也是房地产交易的必要前提，如果房屋与相关土地分属不同主体，必将导致权利行使的不相一致，从而导致社会秩序的混乱。比如《城市房地产管理法》第31条规定："房地产转让、抵押时，房屋的所有权和该房屋占用范围内的土地使用权同时转让、抵押。"第51条规定："需要拍卖该抵押的房地产时，可以依法将土地上新增的房屋与抵押财产一同拍卖。"

（三）国有土地有偿、有期限使用原则

在传统集中控制式的计划经济体制下，国家机关、部队、学校、国有企业等单位使用土地，通过申请批准后，由土地管理部门无偿划拨。在使用土地过程中，也无须缴纳地租和土地使用费，这些土地划拨给使用者，也没有具体规定明确的使用期限。这种房产制度造成房地产投资管理分散、重复建设、盲目发展、比例失调、经济效益低下等，房地产资源严重浪费，难以实现优化配置。

针对上述问题，在当前社会主义市场经济条件下，土地的使用权获得方式改变了由土地管理部门单纯无偿划拨方式，《物权法》第一百三十七条规定："设立建设用地使用权，可以采取出让或者划拨等方式。工业、商业、旅游、娱乐和商品住宅等经营性用地以及同一土地有两个以上意向用地者的，应当采取招标、拍卖等公开竞价的方式出让。严格限制以划拨方式设立建设用地使用权。采取划拨方式的，应当遵守法律、行政法规关于土地用途的规定。"

《城市房地产管理法》第 3 条规定："国家依法实行国有土地有偿、有限期使用制度。"第 13 条规定："土地使用权出让最高年限由国务院规定。"而国务院颁布的《中华人民共和国城镇国有土地使用权出让和转让暂行条例》第 12 条按照土地用途明确了土地使用权出让的最高年限，即居住用地 70 年，工业用地 50 年，教育、科技、文化、卫生、体育用地 50 年，商业、旅游、娱乐用地 40 年，综合或其他用地 50 年。

（四）扶持发展居民住宅建设原则

住宅建设是社会保障体系中的一个重要方面，从侧面反映了一个国家人民生活水平和社会物质水平的高低。因此，国家为改善城镇居民住宅条件，鼓励、扶持发展居民住宅建设项目，在《城市房地产管理法》第 4 条中明确规定："国家根据社会、经济发展水平，扶持发展居民住宅建设，逐步改善居民的居住条件。"第 28 条规定："国家采取税收等方面的优惠措施鼓励和扶持房地产开发企业开发建设居民住宅。"

（五）登记公示原则

登记公示原则，是指我国法律对于房地产权属的变更采用登记生效的制度。《物权法》第九条规定："不动产物权的设立、变更、转让和消灭，经依法登记，发生效力；未经登记，不发生效力，但法律另有规定的除外。"我国《城市房地产管理法》第 59 条规定："国家实行土地使用权和房屋所有权登记发证制度。"第 60 条规定："以出让或者划拨方式取得土地使用权，应当向县级以上地方人民政府土地管理部门申请登记，经县级以上地方人民政府土地管理部门核实，由同级人民政府颁发土地使用权证书。在依法取得的房地产开发用地上建成房屋的，应当凭土地使用权证书向县级以上地方人民政府房产管理部门申请登记，由县级以上地方人民政府房产管理部门核实并颁发房屋所有权证书。房地产转让或变更时，应当向县级以上地方人民政府房产管理部门申请房产变更登记，并凭变更后的房屋所有权证书向同级人民政府土地管理部门申请土地使用权变更登记，经同级人民政府土地管理部门核实，由同级人民政府更换或者更改土地使用权证书。"

在一般情况下，土地使用权证书与房屋产权证书由土地、房屋管理部门分别颁发。但是我国《城市房地产法》第 62 条规定："经省、自治区、直辖市人民政府确定，县级以上地方人民政府由一个部门统一负责房产管理和土地管理工作的，可以制作、颁发统一的房地产权证书。"

第二节　房地产产权制度

一、产权的基本概念

产权，又称财产权（Property Rights），有时又与所有权交替使用。在英文中，Property 的含义是：

（1）财产、资产和所有物的总称；

（2）指财产权和所有权，包含有"所有"的意思；

（3）指地产、房地产。英文中的"Property Right"，可以译为财产所有权、财产权，亦可简称产权。在德文中，"财产"和"所有"是同一个词。经济学一般认为，产权不是一种单一的权利，而是复合权利；或是一种权利的复合体，因此，它的英文对应词是 Property Rights。对 Property 一词的不同解释，造成了各国法律之间、法学与经济学之间对产权的不同定义，下面就对这些定义作一下简单的比较。

（一）各国法律上的产权定义

我国《民法通则》第五章中将财产权利分为三类，即财产所有权和与财产所有权有关的其他财产权、债权、知识产权。但是，《民法通则》中并未使用"产权"一词，只是在《最高人民法院关于贯彻执行〈民法通则〉若干问题的意见（试行）》中的某些条款中，用到"产权人"一词。如，该《意见》第 86 条规定："非产权人在使用他人的财产上增添附属物，财产所有人同意增添……应当负赔偿责任。"《物权法》第三十九条规定："所有权人对自己的不动产或者动产，依法享有占有、使用、收益和处分的权利。"

日本百科全书中的产权（Property Rights）定义为："与财产有关的权利。主要的产权有所有权、抵押权、存在于物和契约及工业财产中的权利、版权、无形财产权。"

受日耳曼法的影响，英美法侧重于从对财产的实际利用角度来规定财产权利。在英美法中，并无严格的所有权概念，所有权（Ownership）一词常被用作财产（Property）的同义词且更多地采用财产概念。《布莱克法律词典》中"Property"一条写道，"严格地说，Property 是指财产所有权"，而将财产权（Property Rights）解释为："关于一切类型具体财产（含动产、不动产、有形财产、无形财产）权利的通用术语。"

（二）经济学中的产权定义

西方经济学家对产权没有统一的定义，较具代表性的观点有：《约翰·格雷夫经济学大辞典》第三卷中定义为"产权是一种通过社会强制而实现的对某种经济物品的多种用途进行选择的权利"。A. A. 阿尔钦在其所著的《产权：一个经典的注释》中，认为产权体系是"授予特定个人某种'权威'的方法，利用这种权威可以从不被禁止的使用方式中，选择任意一种对特定物品的使用方式。"德姆塞茨在《产权论》中提到："产权是一种社会工具。它之所以有意义，就在于它使人们在与别人的交换中形成了合理的预期。产权的一个重要功能就是为实现外部效应的更大程度的'内部化'提供行动的动力……谁拥有产权，他人就会允许他以某种方式行事。"

在一般意义上，所有权强调的是所属关系，即"一切有价值的东西(包括有形物品和技能、努力程度那样的无形物)都有所有主"，而且所有主的控制权与传统经济理论中的激励假定一致，与稀缺、理性一样作为经济学的基础。而产权则是指"一种通过社会强制而实现的对某种经济物品的多种用途进行选择的权利"，强调的是对物品的占有、使用、收益，尤其是转让权。

尽管产权没有一个统一的定义，但其本质并无大的差别，只是定义的角度不同而已。我们认为，产权是指权利主体所享有的与财产有关的权利的集合，它是一定社会中人与人之间财产关系在法律上的表现。因此，房地产产权就是房地产权利人所享有的各种财产权利的集合。

房地产产权属物权范畴，依据物权法定原则，房地产产权的种类、内容和方式必须由法律明确规定，不允许当事人自由创设。依据我国房地产产权法律制度，地产和房产分别设定权利：土地实行公有制，即国家所有和集体所有；非土地所有人的房产所有者只有房屋所有权，对房屋使用范围内的土地只有土地使用权。同时，我国实行房、地权利一致原则，即拥有了土地所有权便获得了建筑在该土地上的房屋所有权；反之，拥有房屋所有权也就同时拥有了该房屋使用范围内的土地使用权。而且，当将房地产进行抵押时，房屋所有权与该房屋占有范围的土地使用权亦同时抵押。

根据我国房地产权属的性质，可将房地产产权分为土地产权、房屋产权、房地产他项权利。其中，土地产权又包括土地所有权和土地使用权。

二、土地产权

(一)土地所有权

土地所有权属于财产所有权的范畴，它具有一般所有权的属性。由于土地资源具有恒定性、耐久性、有限性和稀缺性的特点，使得土地所有权成为财产所有权中最重要的一种。土地所有权是由土地所有制决定的，是土地所有制在法律上的表现。我国实行土地的社会主义公有制，即全民所有制和劳动群众集体所有制，从而在土地所有权方面，确立了土地国有和农民集体所有两种所有权。国家有关主管部门管理下的作为公共财产的土地，原则上是为全民利益而管理的财产，如兴建国家机关、国立学校、国家图书馆、博物馆、体育馆、医院、国家公园、公共广场、公路、铁路、可通航的水道、名胜古迹、国防设施等所使用的国有土地，应该受到民法和其他法律的特殊保护，国家作为有资格拥有财产的经济实体时，只能以一般民事主体身份经营属于自己的法人财产，国家同其他民事主体处于平等地位。

1. 国有土地所有权。我国国有土地的范围是由《宪法》予以确立的。《中华人民共和国宪法》第九条明确规定："矿藏、水流、森林、山岭、草原、荒地、滩涂等自然资源，都属于国家所有，即全民所有；由法律规定属于集体所有的森林和山岭、草原、荒地、滩涂除外。"第十条规定："城市的土地属于国家所有"；部分农村和城市的土地"由法律规定属于国家所有"；"国家为了公共利益的需要，可以依照法律规定对土地实行征收或者征用"，征用的土地属于国家所有。《土地管理法》中对此也有相同的规定(《土地管理法(第二次修正)》第二条、第八条相关款项)。据此，我国的国有土地的范围包括：

(1)城市的土地，是指除法律规定属于集体所有以外的城市市区土地；

(2)依照法律规定被征用的土地；

(3)依照法律规定被没收、征收、征购、收归国家所有的土地；

(4)依照法律规定确定给予全民所有制单位、农民集体经济组织和个人使用的国有土地；

(5)依法属于国家所有的名胜古迹、自然保护区内的土地；

(6)依照法律规定不属于集体所有的其他土地。

中华人民共和国是国家土地所有权的唯一主体，其他任何组织和个人都不能成为国家土地所有权的主体；国家土地所有权的行使是统一的，它只能由国家统一行使，其他任何组织和个人非经国家授权都无权行使。这种主体的唯一性和行使的统一性正是国家所有权的基本特性。

2. 集体土地所有权。集体土地所有权是指农民集体组织依法享有的占有、使用、收益和处分自己土地的权利。《土地管理法》第八条第二款规定："农村和城市郊区的土地，除由法律规定属于国家所有的以外，属于农民集体所有；宅基地和自留地、自留山，属于农民集体所有。"第十条规定："农民集体所有的土地依法属于村农民集体所有的，由村集体经济组织或者村民委员会经营、管理；已经分别属于村内两个以上农村集体经济组织的农民集体所有的，由村内各该农村集体经济组织或者村民小组经营、管理；已经属于乡(镇)农民集体所有的，由乡(镇)农村集体经济组织经营、管理。"由此可知，我国集体所有土地的范围按用途不同可分为：

(1)农用地。指直接用于农业生产的土地，如耕地、林地、草原、农田水利用地、养殖水面以及为农业生产服务的配套设施用地等。

(2)农村建设用地。用于非农业目的的土地，包括乡镇、村办企业用地、乡镇村公益事业用地、乡镇村公共设施用地、宅基地。

(3)未利用地。指农用地和建设用地之外的土地，主要有荒山、荒丘、荒沟、荒滩等土地。

集体土地所有权的主体是村农民集体。所有权由农业集体经济组织或者村民委员会行使。已经属于乡(镇)农民集体经济组织所有的，可属于乡(镇)农民集体所有。

(二)土地使用权

《土地管理法》第九条规定："国有土地和农民集体所有的土地，可以依法确定给单位或者个人使用。使用土地的单位和个人，有保护、管理和合理利用土地的义务。"我国的土地使用权可以分为国有土地使用权、集体土地使用权等，国有土地使用权又可分为城镇国有土地使用权和农村国有土地使用权。农村国有土地使用权主要指农、林、牧、渔场依法拥有的土地使用权，本书将不作介绍。

1. 城镇国有土地使用权。城镇国有土地使用权是指国有土地的使用者依照法律规定或者合同约定，享有使用土地并取得收益的权利，并负有保护和合理利用土地的义务。城镇国有土地使用权可以通过划拨和出让、出租、入股等有偿方式取得。有偿取得的国有土地使用权可以依法转让、出租、抵押和继承。通过划拨而取得的城镇土地使用权在补办出让手续、补交土地使用权出让金之后，才可以转让和出租。

（1）出让。国有土地使用权的出让是指国家以土地所有者的身份将土地使用权在一定年限内让与土地使用者，并由土地使用者向国家支付土地使用权出让金的行为。

《城市房地产管理法》第十二条第一款对国有土地使用权出让的方式作了规定："土地使用权出让，可以采取拍卖、招标或者双方协议的方式。"该条第二款规定："商业、旅游、娱乐和豪华住宅用地，有条件的，必须采取拍卖、招标方式；没有条件，不能采取拍卖、招标方式的，可以采取双方协议的方式。"由于协议出让的方式受行政干预较大，难以充分保障国家利益的实现，而拍卖和招标方式更能体现公平、公正、公开的原则，符合市场经济的竞争机制，因此，随着房地产市场的日益成熟，拍卖和招标方式的作用愈加凸显出来。我国市场化程度较高的地区，如上海、广州、深圳等，几乎都采取拍卖或招标的方式出让国有土地使用权。

（2）划拨。国有土地使用权的划拨，是指国家将国有土地使用权低偿或者无偿、无期限地让与土地使用者，使用者只需按一定程序提出申请，经县级以上人民政府批准后即可取得土地使用权。

国有土地使用权的划拨的审批机关是县级以上人民政府。划拨的范围由《城市房地产管理法》第二十三条和《土地管理法（第二次修正）》第五十四条予以规定：

①国家机关用地和军事用地；

②城市基础设施用地和公益事业用地；

③国家重点扶持的能源、交通、水利等项目用地；

④法律、行政法规规定的其他用地。

（3）转让。土地使用权的转让是指土地使用者将土地使用权再转移的行为，包括出售、交换和赠与三种类型。国有土地使用权的转让须符合法定条件，其中，转让以出让方式取得的国有土地使用权须满足：

①按照出让合同约定已经支付全部土地使用权出让金，并取得土地使用权证书；

②按照出让合同约定进行投资开发，属于房屋建设工程的，完成开发投资总额的百分之二十五以上，属于成片开发土地的，形成工业用地或者其他建设用地条件。（《城市房地产管理法》第三十八条）

转让以划拨方式取得的国有土地使用权的，应满足下列条件：经有批准权的人民政府批准；按照国家有关规定交纳国有土地使用权出让金。

2. 集体土地使用权。农民集体土地主要分为两类：农业用地和建设用地。

（1）农业用地。我国的农业用地主要采取家庭联产承包责任制的方式，即将土地承包给农民经营管理耕种的土地使用制度。国家对农业用地实行保护政策，严格控制耕地转为非耕地，实行基本农田制度、占用耕地保护制度等，对农地加以保护，保障农民基本生存手段。农民承包土地的使用权主要是通过土地承包合同加以确认和保护的。然而，现实中存在农村集体经济组织任意终止合同的现象，而且相当普遍，这样损害了广大农民的利益。农民也不敢对土地作长期的生产投入，不能充分利用土地。对此，国家应该通过相关立法，对农民承包农业用地以物权法的形式予以保护，以保障广大农民的利益。

（2）建设用地。建设用地使用权按土地的用途可分为：宅基地使用权、企业用地使用权、公益用地使用权。

农民取得宅基地使用权，采用一户一处住宅的原则，一处宅基地的面积由省、自治区、直辖市规定标准。根据《土地管理法》的规定，农村居民建住宅，应当按照乡（镇）村规划进行；应当使用原有的宅基地和村内的空闲地，使用耕地的，经乡级人民政府审核后，报县级人民政府批准。根据上述规定，农民需要使用宅基地的，要经过一定的审批程序，以后即可无偿无期限地使用并可继承。这种宅基地使用制度在一定程度上造成了农村宅基地使用和管理上的混乱，早占、乱占、多占现象极为普遍。因此，应对现有的农村宅基地使用制度进行变革。

我国集体土地中的企业用地的使用权原则上禁止转让，但是也有例外。"符合土地利用规划并依法取得建设用地的企业，因破产兼并等情形致使土地使用权依法发生转移的"可以进行转让。

农村公益用地是指农村为兴建公共设施和公益事业而需占用的土地，包括道路、桥梁、中小学、幼儿园、卫生所等的用地。公益用地是为了实现公益和公共目的，因此，法律规定，此类用地的用途严禁进行交易。

三、房屋产权

房屋产权又称房屋所有权，是指房屋所有人依法对自己所有的房屋享有的占有、使用、收益和处分的权利。房屋所有权是所有权的一种，它是以房屋为标的物的所有权。房屋所有权人在法律规定的范围内，对其享有所有权的房屋具有独占性和排他性的权利。

根据我国《民法通则》第七十一条的规定，所有权具有四项权能，即占有、使用、收益、处分的权能。房屋所有权同样具有这四种权能。

（一）占有权

房屋占有权是房屋所有人对于所有物的实际上的占领、控制。行使房屋的占有权能是行使房屋的使用权能的基础和前提条件。房屋占有权可以由所有人直接行使。在该权能属于房屋所有人时，所有人可以依据其占有权能合法占有房屋。当房屋所有人的房屋被非法侵夺时，房屋所有人可以依据其房屋占有权能向占有的侵夺者提起返还原物之诉。

房屋占有权也可以由非所有人行使。非房屋所有人占有房屋可以分为合法占有与非法占有两种情况。非所有人的合法占有是指根据法律规定或者经房屋所有人同意而占有房屋，如承租人根据承租合同占有出租人的房屋。当非所有人的合法占有被他人侵夺时，非所有人同样可以向侵夺人主张权利。有法定或约定根据的非所有人占有为合法占有；反之，则为非法占有。

非房屋所有人未经所有人许可，并且没有法律上的依据而占有他人的房屋，是非法占有。因为我国实行不动产登记公示原则，故房屋不适用善意取得制度。

（二）使用权

房屋的使用权是依照房屋的性能和用途（住宅、商铺、写字楼等）对房屋加以利用，以满足生产和生活的需要的权利。行使使用权，对房屋进行使用，是实现房屋的使用价值的手段。对房屋的使用是以对房屋的占有为前提的，因此，享有房屋的使用权，必定同时享有房屋的占有权。房屋的使用权既可以由房屋所有人行使，也可以与所有权相分离而由非所有人行使，非所有人根据法律规定或者与所有人约定而使用房屋，即为合法使用。

（三）收益权

房屋收益权就是收取由房屋产生出来的新增经济价值的权能，新增经济价值包括利息和利润，如将房屋出租而收取租金，将房屋投资入股而分得红利。收益可以由房屋所有人享有，也可以由合法的非所有人享有。

房屋的收益权能是所有权中一项最重要的权能。在现实经济生活中，人们往往愿意让渡房屋的占有、使用权，却牢固地控制财产的收益权，从而实现其房屋的利用，甚至使其房屋得以不断地增值，这种现象在现代经济生活中表现得越来越显著。当然，收益权虽然是所有权中的一项最重要的权能，但这并不意味着收益权不能与所有权分离。房屋所有权人在一定时期内让渡部分收益权甚至让渡其全部收益权的情形也是存在的，如房屋出租人允许承租人将房屋转租以获取收益。

（四）处分权

房屋的处分权是房屋所有人决定其所有的房屋事实上和法律上的命运的权能。

对房屋的处分分为事实上的处分(改建、拆除等)和法律上的处分(买卖、赠与、置换等)。两者的区别在于：（1）法律上的处分是法律行为，事实上的处分是事实行为；（2）法律上的处分引起房屋所有权的各种变动，如房屋所有权从一个主体转移到另一个主体，在房屋上设定了抵押权等，而事实上的处分则引起物的形态变更和消灭，如将房屋拆除；（3）法律上的处分一般是对房屋的价值进行利用的行为，处分的目的往往在于获得一定的货币价值，而事实上的处分则主要是对房屋的使用价值进行利用的行为，处分的目的主要是为了满足生产和生活对房屋的需要。

房屋处分权一般只属于房屋所有人，非所有人只有在符合法定条件下并在法定范围内才能行使房屋处分权。例如，房屋所有人允许承租人在不影响房屋的安全和不破坏房屋整体结构的前提下，依承租人自己的意愿装修该房屋，便是对处分权的部分让渡。值得指出的是，除非转移或放弃房屋所有权，所有权人不可能让渡全部处分权能，这是因为处分权能够决定房屋事实上和法律上的命运，让渡全部处分权能也就意味着房屋所有权的转移或者放弃。

占有、使用、收益和处分四项权能一起构成房屋所有权的积极权能，一般说来，所有权人总是从这四个方面来行使房屋所有权的。然而，房屋所有人为排除他人干涉、妨害权利的行使，则需要一种救济权能的存在，这就是房屋所有权的消极权能。

所谓所有权的消极权能是指所有人在法律限度范围内和在社会的一般的认知和习惯的限度内，排除他人干涉的权利。我国《民法通则》第七十一条在对所有权下定义时，并未列举所有权的消极权能，故房屋所有权的消极权能法律亦无规定。但是，所有权是一种排他的支配权，当他人的行为对所有权本身或者对所有权的行使造成侵害和妨害时，所有权人只有行使排他的权利才能使所有权的其他权能得以圆满实现。因此，所有权的消极权能也是所有人必不可少的权能。在此，建议在以后物权法的制定中，能进行补充和完善，将所有权的消极权能写进物权法之中。

四、房地产他项权利

（一）用益物权与担保物权

大陆法系民法理论通常将物权分为自物权（所有权）和他物权。他物权又划分为用益物权和担保物权。

用益物权是指权利人对他人的所有物享有的以收益为目的的物权。用益物权是从所有权中分离出来的他物权，主要包括地上权、地役权、典权等形态。而担保物权是指为了确保债务的清偿，在债务人或第三人所有的物上或权利上所设定的，具有担保作用的定限物权。它主要包括抵押权、质押权、留置权等形态。

用益物权和担保物权同属于他物权的范畴，然而，两者设立的目的并不相同，其差异性主要表现为以下几个方面：

1. 对标的物进行支配的内容不同。用益物权是以占有和利用标的物的实体为目的的权利，它主要就物的使用价值对标的物进行支配，因此又称实体物权。而担保物权不以取得对物的实体利用为目的，而是以取得标的物的交换价值为目的，它无需对物的实体加以直接支配，而主要就物的交换价值对物进行支配，是一种价值权。

2. 两者的地位不同。用益物权是独立物权，担保物权是从属物权。用益物权的独立性，决定了它无需以用益物权人对该物享有其他权利为前提，而只要依当事人的约定或法律的直接规定而产生。而担保物权的产生则需首先有主权利（某种债权）的存在，然后才能设定担保物权。当主权利消灭时，担保物权也随之消灭。

3. 是否需对标的物占有的不同。用益物权的行使以占有标的物为前提，否则用益物权人将无法对标的物进行使用收益。然而，担保物权依权利种类的不同而有所差异。其中，仅留置权、质押权的权利人需占有标的物，其他担保物权均不以直接占有标的物为前提。

4. 标的物灭失后的法律后果不同。担保物权具有物上代位性，即担保物权标的物灭失、毁损，因而得到的赔偿金，将作为担保物的替代物，担保物权人从而得就该项赔偿金行使权利。然而，对于用益物权，无论因何种原因而灭失其标的物，都将使用益物权确定地、根本性地归于消灭，用益物权人不能要求所有人以其他物来替代。

（二）其他权利

房地产具有不动产的特性（如，不动产不能进行质押），下面将对房地产的地上权、地役权、典权、抵押权进行介绍。

1. 地上权。地上权是指以在他人土地上有建筑物或其他工作物或竹木为目的而使用其土地的权利。我国现行的民事立法中并未使用地上权这一概念，而是设立了土地使用权制度（关于土地使用权制度的内容，请参阅本节前文）。地上权作为一项重要的用益物权制度，具有以下法律特征：

（1）地上权是存在于他人所有土地之上的限制物权。地上权是以土地为对象的不动产物权，地上权的标的物仅限于土地，对土地以外的不动产不得设定地上权。地上权设定的范围，不必及于土地的全部，一宗土地的一部分，亦可设定地上权。地上权依字面意思为在他人土地上设定的权利，但有学者认为，在土地上空及地表下层都可设定地上权(如，台湾学者王泽鉴即持此观点)。

(2)地上权的设立，以在他人土地上有建筑物或其他工作物或竹木为目的。关于地上权的设定目的，德国、瑞士民法以所有工作物为限，日本及我国台湾地区则并及竹木。

(3)地上权是使用他人土地的权利。由于地上权以使用土地为目的，因此，不以工作物或竹木存在为必要，可就无建筑物或其他工作物或竹木的存在而设定，亦不因工作物或竹木的灭失而消灭。

(4)地上权具有可让与性和可继承性。权利人可将地上权让与，在其死后，还可发生地上权的继承。

2. 地役权。地役权是指为使用自己土地之便而使用他人土地的权利。地役权具有以下主要法律特征。

(1)地役权是对他人土地的物权。地役权的客体是土地，地役权是对他人土地享有的物权。设立地役权的目的在于使此土地供彼土地使役，因而必须有两块土地。其中，为自己之便利而需要使用他人土地的土地称需役地，为需役地之便利而供他人使用的土地称供役地。需役地与供役地一般是相互毗连地，但地役权并不以此为限。

(2)地役权是为了自己土地便利的权利。使用供役地的目的是为了需役地的便利，如果供役地不能给需役地提供便利，就不必设定地役权。

(3)地役权具有从属性和不可分性。地役权是为需役地而设立的，虽非需役地所有权或使用权的扩张，但与需役地的所有权或使用权共命运，具有从属性。地役权的不可分性表现在，地役权不得被分割为两个以上的权利，也不得使其一部分消灭。在需役地分割时，地役权作为分割后的地块的利益仍然存在。

我国现行立法尚未承认地役权，而只是承认与之相近的相邻权。相邻权，即相邻关系，是指两个或两个以上的相互毗邻的不动产所有人或使用人在行使所有权或使用权时，相互之间应当给予便利或者接受限制而产生的权利义务关系。我国《民法通则》第八十三条规定："不动产的相邻各方，应当按照有利生产、方便生活、团结互助、公平合理的精神，正确处理截水、排水、通行、通风、采光等方面的相邻关系。给相邻方造成妨碍或者损失的，应当停止侵害，排除妨碍，赔偿损失。"地役权和相邻权是两个不同的概念，两者的区别主要有下述四个方面：

①性质不同。地役权为他物权的用益物权，而相邻权属于自物权范畴，系所有权的延伸或限制。

②标的物是否相邻不同。地役权可以是不相邻的土地关系，而相邻权必须是因相邻的土地或建筑物而产生的权利。

③产生原因不同。地役权一般需通过约定方式设立，或由时效而取得，且作为一项独立的物权需经登记；而相邻权是因法律规定而产生，作为所有权的一项内容而无需登记。

④是否给付对价不同。地役权多为有偿关系，需给付对价；而相邻权多为无偿关系，无对价。

3. 典权。典权，是指一方支付典价，在一定期限内占有他方的不动产而享有的使用、收益的权利。支付典价者为典权人，以自己的不动产供典权人占有、使用、收益者为出典人，作为典权标的物的不动产为典物。典权的法律特征主要有以下四个：

（1）典权是不动产物权。典权只限于典权人对不动产占有、使用、收益，其客体即典物只能是不动产，动产上不得设立典权。所以，典权属于不动产物权。

（2）典权是用益物权。典权并不是典权人在自己的不动产上设定的物权，即不是自物权，而是在出典人的不动产即他人的物上设定物权，属于他物权。而且，设定典权的目的在于对典物进行使用和收益，而不是出于担保债权实现的目的，因此，典权属于用益物权。

（3）典权是定限物权。典权体现了典权人对典物的占有、使用和收益的权利，没有处分权，其权能受到一定的限制，因此，典权属于定限物权。

（4）典权是有期限物权。无论典权是否有约定的期限，典权都受期限的限制。在回赎权的期限内，出典人可随时回赎典物。在约定的典权期届满后经过一定期间，出典人仍不以原典价回赎的，典权人取得典物的所有权（视为绝卖）。当事人未定期限的，按照法定期限执行。

典权是我国特有的法律制度。在我国现行立法中，典权的标的物仅限于私有房屋而不包括土地，这是因为我国实行的是土地公有制，公有土地不得出典。我国的法律制度也并未明确典权的物权性质，只是有关司法解释（《最高人民法院关于贯彻执行〈民法通则〉若干问题的意见（试行）》第120条）从债权关系的角度对房屋典当关系加以规范。为了适应市场经济条件下典权关系存在和发展的需要，我们主张在未来的立法中对典权应做出全面系统的规定。

4. 抵押权。抵押权是指债权人对于债务人或者第三人不移转占有而提供的担保的财产，在债务人不履行债务时，得以其卖得价金优先受偿的权利。

（1）抵押权是典型的担保物权，其主要特征有：①从属性。抵押权从属于其所担保的主债权。抵押权不能与主债权相分离而单独转让，也不能与主债权相分离而单独为其他债权提供担保。它随主债权的存在而存在，随主债权的转移而转移，随主债权的消灭而消灭。②不可分性。抵押权的效力及于抵押财产的全部，抵押财产部分分割或者让与第三人时，抵押权人仍得就抵押财产的全部行使其权利；抵押财产部分灭失时，未灭失部分仍担保全部债权。③特定性。抵押物和抵押权担保的债权都只能是特定的，这既是抵押权作为物权性质的要求，也是其担保作用的要求。④物上代位性。抵押权的标的物在灭失、毁损时，就相应的赔偿金、补偿金或保险金成立抵押权标的物的替代物。该替代物称为抵押物的代位物。我国《担保法》第五十八条的规定即体现了抵押权的物上代位性。

根据我国《担保法》的规定，可以设定抵押的财产即抵押物不仅限于不动产，其他财产，如抵押人所有的机器、交通运输工具和其他财产等，均可设定抵押权（《担保法》第三十四条）。其中，当抵押物为房地产时，就为房地产抵押权。我国现行的法律规范中，对房地产抵押进行规范的法律文件有：《担保法》、《城市房地产管理法》、《城市房地产抵押管理办法》等。

《城市房地产抵押管理办法》对房地产抵押权设定的范围作了规定，该法第八条规定："下列房地产不得设定抵押：

①权属有争议的房地产；

②用于教育、医疗、市政等公共福利事业的房地产；

③列入文物保护的建筑物和有重要纪念意义的其他建筑物；

④已依法公告列入拆迁范围的房地产；

⑤被依法查封、扣押、监管或者以其他形式限制的房地产；

⑥依法不得抵押的其他房地产。"

（2）房地产抵押的程序主要分订立抵押合同和登记两个阶段。

①签订书面房地产抵押合同。房地产抵押合同，即债务人或第三人以不移转占有的方式将房地产或房地产权利作为债权的担保而与债权人达成有明确抵押权利义务关系的协议。根据《城市房地产抵押管理办法》的第二十六条规定，房地产抵押合同应当载明下列主要内容：

1°抵押人、抵押权人的名称或者个人姓名、住所；

2°主债权的种类、数额；

3°抵押房地产的处所、名称、状况、建筑面积、用地面积以及四至等；

4°抵押房地产的价值；

5°抵押房地产的占用管理人、占用管理方式、占用管理责任以及意外损毁、灭失的责任；

6°抵押期限；

7°抵押权灭失的条件；

8°违约责任；

9°争议解决方式；

10°抵押合同订立的时间与地点；

11°双方约定的其他事项。

②办理房地产抵押登记。抵押登记一般由申请、审查、核准登记、公告四部分组成。

申请。当事人向房地产管理部门填交房地产他项权利登记申请书，并提交房地产抵押合同副本，交验房地产抵押合同正本、登记申请者的身份证明、土地使用权来源证明、地上建筑物及其附着物的权属证明和登记机关认为有必要提交的其他文件。

审查。登记机关对当事人提交的登记文件的真实性、合法性予以审查。

核准登记。登记机关在审核的基础上，填写审批表，向房地产抵押权人填发《房屋他项权证》。

公告。登记机关将抵押登记资料向社会公开，允许当事人和其他人对登记资料查阅、抄录或复制，以保护与所抵押房地产有利害关系的人的合法权益。

值得指出的是，我国现行立法中，只对房地产抵押权作了规定，对于房地产留置权却无相关立法。这对于维护当事人，尤其是建筑工程承包方的合法权益是十分不利的。若我国立法能对房地产留置权也进行规定，将有助于解决建筑工程承包建设款项不到位的问题。

第三节　房地产交易法律制度

房地产交易法律是指规范房地产流转过程的各种规范性法律文件的总称。房地产交易内容的范围,目前学术界尚无统一的认识。有的认为房地产交易就是房地产买卖,有的则认为房地产交易还包括房地产的转让、租赁、抵押等。根据我国《城市房地产管理法》的有关规定,我国立法中的房地产交易包括:房地产转让、房地产抵押、房地产租赁三部分。其中,房地产转让主要包括房屋买卖、商品房预售、赠与等。因房地产抵押本章第二节之房地产他项权利中已作阐述,下面只对其他两项内容进行介绍。

一、房地产转让

房地产转让,是指房地产权利人通过买卖、赠与或者其他合法方式将其房地产转移给他人的行为。

在我国,并非任何房地产都可以转让。《城市房地产管理法》对房地产转让的范围作了限制,下列房地产,不得转让:

1. 以出让方式取得土地使用权的,不符合本法第三十八条规定的条件的;
2. 司法机关和行政机关依法裁定、决定查封或者以其他形式限制房地产权利的;
3. 依法收回土地使用权的;
4. 共有房地产,未经其他共有人书面同意的;
5. 权属有争议的;
6. 未经依法登记领取权属证书的;
7. 法律、行政法规规定禁止转让的其他情形。

根据法律的规定,房地产转让的方式主要有:买卖;赠与;其他合法方式。其中,其他的合法方式主要有:以房地产作价入股、与他人成立企业法人,房地产权属发生变更的;一方提供土地使用权,另一方或者多方提供资金,合资、合作开发经营房地产,而使房地产权属发生变更的;因企业被收购、兼并或合并,房地产权属随之转移的;以房地产抵债的。

(一)房屋买卖

根据我国《合同法》的规定,买卖是出卖人转移标的物的所有权于买受人,买受人支付价金的合同。也就是说,我国合同法所指买卖,限于有偿转让标的物的所有权的合同。房屋买卖是指当事人约定一方移转其房屋所有权于他方,他方支付价金的契约。房地产买卖作为房地产交易的典型形式,除具有买卖的一般法律特征外,还有其自身的一些特征。

1. 要式契约。房屋买卖合同的履行一般需要持续很长时间,无法即时清结,且标的额巨大,若采用口头形式,当发生争议时,当事人往往难以举证,造成交易市场的混乱。为了维护房地产交易安全,我国法律规定,房屋买卖合同应当采用书面形式(《城市房地产管理法》第四十条)。

2. 主体资格的合法性。我国正处于市场体制转轨时期，房地产产权的性质也是多元化的。现在，我国除了商品房外，还存在大量的非商品房，如经济适用房、公房等。经济适用房的购买者限于城市低收入阶层的家庭，自管公房的购买者只能是本单位的职工。职工已经购买的公有房屋，即使取得完全产权，也不能随意上市，一般要求在 5 年后方可上市交易。

3. 登记生效。房地产作为典型的不动产，因买卖而发生的所有权的变动，应遵循不动产物权变动的原则，即非经登记公证，房屋所有权不发生移转。

对商品房现售，订立合同时，采用《商品房买卖合同》示范文本。现在全国通用的《商品房买卖合同》示范文本，是建设部在修订 1995 年《商品房购销合同》示范文本的基础上，于 2000 年 10 月推行使用的。该示范文本包括双方当事人、项目建设依据、商品房销售依据、商品房的基本情况、计价方式与价款、面积确认及面积差异处理、付款方式及期限、买受人逾期付款的违约责任、交付期限、出卖人逾期交房的违约责任、规划设计变更的约定、交接、瑕疵担保责任、产权登记、保修责任等共 24 条内容。示范文本对于在市场经济的初始阶段，以行政指导的手段来保护消费者的合法权益起到了重要作用。

（二）商品房预售

商品房预售是商品房销售的形式之一，与现房销售相对应。它是房地产开发商将正在建设之中的房屋，按建筑设计图示出售给购房人的一种房屋买卖形式。我国香港地区将这一建设阶段的房屋形象地称为"楼花"。

由于预售的商品房是尚未竣工的房屋，故商品房预售具有交易的非即时性。而且在商品房预售中，当事人往往约定，在合同订立时买方即开始付款，且在房屋交付之前要付清全部或支付绝大部分款项。这样，购房者将承担很大的风险。为了将风险系数降低，以维护购房者的合法权益，国家采用了行政干预手段，设立商品房预售许可证的方式。房地产开发企业欲进行商品房预售，应当符合以下条件：

1. 已交付全部土地使用权出让金，取得土地使用权证书；

2. 持有建设工程规划许可证和施工许可证；

3. 按提供的预售商品房计算，投入开发建设的资金达到工程建设总投资 25% 以上，并已确定施工进度和竣工交付日期；

4. 已办理预售登记，取得商品房预售许可证。（《城市房地产开发经营管理条例》第二十三条）

房地产开发企业开发建设的房地产开发项目符合规定的条件，即可向房屋所在地有批准权限的房地产开发主管部门申请预售。根据《城市商品房预售管理办法》第七条的规定："开发经营企业申请办理《商品房预售许可证》应当提交下列证件（复印件）及资料：

1. 开发经营企业的《营业执照》；

2. 建设项目的投资立项、规划、用地和施工等批准文件或证件；

3. 工程施工进度计划；

4. 投入开发建设的资金已达工程建设总投资的百分之二十五以上的证明材料；

5. 商品房预售方案。预售方案应当说明商品房的位置、装修标准、交付使用日期、预售总面积、交付使用后的物业管理等内容，并应当附商品房预售总平面图；

6. 需向境外预售商品房的，应当同时提交允许向境外销售的批准文件。"

此外，为了保障房地产开发企业所收取的预售款能够真正用于相关工程建设，保护预购人的利益，我国法律法规规定了预售款的监管制度。我国《城市房地产管理法》第四十四条第三款规定："商品房预售所得款项，必须用于有关的工程建设。"《城市商品房预售管理办法》第十一条也有相同的规定。

二、房屋租赁

房屋出租，是指房屋所有人或管理人作为出租人将其房屋出租给承租人使用，由承租人向出租人支付租金的行为。我国现行的调整房屋租赁关系的法律规范有：《民法通则》、《合同法》、《城市房地产管理法》、《城市私有房屋管理条例》、《城市房屋租赁管理办法》。另外，各地也出台了一些相应的地方法规，对房屋租赁关系予以规范。

（一）房屋租赁的种类

1. 按照房屋所有权的不同，可将房屋租赁分为公房租赁和私房租赁。

公房即公有房屋，包括直管公房和自管公房两种形式。目前，规范公房租赁的主要法规是《城市公有房屋管理规定》（建设部 1994 年 3 月发布）。

私房是指房屋为公民个人所有的房屋。随着我国住房制度改革的不断深入，公民个人拥有的房屋的比例逐渐增大，私房出租的数量也日趋增多。我国目前规范私房租赁的主要法规是《城市私有房屋租赁管理条例》（国务院 1993 年 12 月颁布）。

2. 按照房屋的使用性质不同，可将房屋租赁分为居住用房租赁和非居住用房租赁。

居住用房租赁，即以居住为目的的房屋租赁。非居住用房租赁则是指以生产、经营、行政或其他活动为目的的房屋租赁。非居住用房包括厂房、商场、银行、写字楼等生产、经营、行政性用房和医院、图书馆等社会福利性、公益性用房。

此外，随着社会生活的发展，现在又出现了集居住与商用功能于一体的商住两用楼，这类房屋因其多功能性，且多建造于城市的黄金地段，因而，租金往往很高。

（二）房屋租赁的条件

依据《城市房屋租赁管理办法》，自然人、法人或其他组织对享有所有权的房屋和国家授权管理、经营的房屋可以依法出租。但是，由于房屋这一商品的特殊性，国家对房屋的出租也作了必要的限制。《城市房屋租赁管理办法》中规定，下列房屋不得出租：

1. 未依法取得房屋所有权证的；

2. 司法机关和行政机关依法裁定、决定查封或者以其他形式限制房地产权利的；

3. 共有房屋未取得共有人同意的；

4. 权属有争议的；

5. 属于违法建筑的；

6. 不符合安全标准的；

7. 已抵押，未经抵押权人同意的；

8. 不符合公安、环保、卫生等主管部门有关规定的；

9. 有关法律、法规规定禁止出租的其他情形。

（三）房屋租赁合同

房屋租赁合同是房屋出租人与承租人签订的在一定期限内将房屋交给承租人使用，承租人向出租人交付一定租金的协议。租赁房屋须由出租人与承租人签订书面合同，并向房产管理部门登记备案。这是城市房屋租赁的行政手续，是国家为加强房屋租赁管理所采取的行政措施。

第二十四条规定，房屋租赁合同应当载明下列主要事项：

1. 当事人的姓名或者名称及住所；

2. 房屋的坐落、面积、装修及设施状况；

3. 租赁用途；

4. 租赁期限；

5. 租金及其支付方式；

6. 房屋修缮责任；

7. 消防安全责任；

8. 变更或者解除合同的条件；

9. 违约责任及解决争议的方式；

10. 转租的约定；

11. 当事人约定的其他条款。

（四）房屋转租

所谓房屋转租，是指在房屋租赁期内，房屋承租人将承租的房屋再出租给他人的行为。我国《合同法》第二百二十四条规定："承租人经出租人同意，可以将租赁物转租给第三人。承租人转租的，承租人与出租人之间的租赁合同继续有效，第三人对租赁物造成损失的，承租人应当赔偿损失。承租人未经出租人同意转租的，出租人可以解除合同。"《城市房屋租赁管理办法》的第五章也对转租作了专门规定。通过上述立法规定可以看出，我国立法实践对转租问题采取当事人意思自治的原则，即承租人是否有转租租赁物的权利，要看出租人与承租人之间的约定。当承租人经出租人同意后转租租赁物的，成为合法转租，否则，即为非法转租。

对于擅自转租而取得收益的性质，《城市房屋租赁管理办法》第三十二条作了规定："未征得出租人同意和未办理登记备案，擅自转租房屋的，其租赁行为无效，没收非法所得，并处以罚款。"按照该条规定，擅自转租收益当属非法所得，我们认为，这一规定并不合理。承租人的擅自转租收益乃是基于使用出租房屋而获得的，未征得出租人同意而擅自转租房屋的收益理应归房屋的出租人所有。这部分收益应当属于不当得利。而且，转租收益中，并非全部都是不当得利，而只有转租收益与原租金的差价才能算不当得利。因为承租人已经为承租房屋支付了租金，若再将转租的收益所得全部交给出租人，将使得出租人获得双倍租金，这显然有失公允。

当出租人事后追认承租人擅自转租的合同后，则转租合同发生法律效力。出租人和承租人应就转租收益所获差价的归属进行约定。若没有约定，事后又协商不成的，则该转租收益的差价应归属于承租人。

第四节 房地产税费制度

一、房地产税

（一）房地产税的概念和作用

房地产税收是国家凭借政治权力，依法强制、无偿、固定地参与房地产收益分配而取得财政收入的一种形式。具体而言，它是指直接以房地产为计税依据，或主要以房地产开发经营流转行为为计税依据的税赋。

房地产税收在经济社会发展过程中发挥重要作用。世界大部分国家与地区对房地产税收都极为重视。房地产税收不仅保证国家稳定地组织、积累财政收入，为城市建设积累资金，促进土地资源合理配置，调节土地级差收益，合理调节各方面的经济利益，而且，它还可以加强国家宏观调控，完善经济运行机制，引导社会资金合理流动，调整产业结构，促进房地产经济快速、稳定、健康地发展。

（二）我国现行的房地产税收体系

我国现行的房地产税收体系以流转税和所得税为主体，其他各种税相结合。根据我国现行税法的分类，按照征税客体作用与性质不同，房地产税收可分为流转税类（营业税）、所得税类（企业所得税、个人所得税）、财产和行为税类（房产税、印花税、城镇土地使用税和契税）以及特定目的税类（土地增值税、固定资产投资方向调节税、城市维护建设税和耕地占用税）。

1. 房地产财产和行为税类。房产税是以房产为课税对象，向产权所有人征收的一种财产税。凡是中国境内拥有房屋产权的单位与个人都是房产税的纳税人。

城镇土地使用税是以城镇土地为课税对象，向拥有土地使用权的单位和个人征收的一种税赋。

房地产印花税是指对经济活动中或经济交往中书立的或领受的房地产凭证征收的一种税赋。

契税是指由于土地使用权出让、转让、房屋买卖、赠与交换发生房地产权属转移时产权承受人征收的一种税赋。

2. 房地产流转税类。营业税是对在中国境内转让土地使用权或销售不动产的单位和个人，就其营业额按率计征的一种税赋。

3. 特定目的税类。土地增值税是指对有偿转让国有土地使用权、地上的建筑物及其附着物并取得收入的单位和个人，就其所得的增值额计算征收的一种税赋。

城市维护建设税是对缴纳消费税、增值税、营业税的单位和个人，就其实缴的消费税、营业税税额为计税依据而征收的一种税赋。

固定资产投资方向调节税是对单位和个人的用于固定资产投资的各种资金征收的一种税赋。其课税对象为我国境内所有用于固定资产投资的各种资金。

耕地占用税是对占用耕地建房或从事其他非农业建设的单位和个人，以实际占用耕地面积为计税依据，按规定税率一次计算征收的一种税赋。

二、房地产费

（一）房地产费的概念

房地产费是指在房地产市场活动中所产生的各种费用，它是国家机关为房地产方面提供某种服务（管理）或国家授予国家资源的开发利用而取得的报酬，也是国家从房地产方面取得财政收入的一种形式。对房地产开发经营者来说，房地产费是他们对使用政府部门提供劳务或服务所付出的补偿。按补偿性质不同，房地产费分为设施补偿型、劳务补偿型、工本补偿型三种费用形式。

（二）我国现行房地产费征收体系

目前在我国，房地产市场结构分为三级：一级市场，即土地使用权的出让；二级市场，即土地使用权出让后的房地产开发经营；三级市场，即投入使用后的房地产交易。所以，房地产费的形式各异。在一级市场中，国家作为土地所有者向土地使用者收取土地使用费。在二、三级市场中，有关行政机关、事业单位向房地产市场的当事人收取各种管理费用和服务费用。根据有关规定，我国现行的房地产费主要有三类，即土地使用费、房地产行政性收费和房地产事业性收费。

1. 土地使用费（1990年改为土地使用权出让金），是指取得国有土地使用权的单位和个人，按照规定向国家交付的使用土地的费用。出让金实际上是地价款，是土地所有者凭借土地所有权取得的土地收益，是一定时期的地租或租金。但在实践中，土地使用权出让金价格构成除地租外，还包括国家对土地的开发成本，征用土地补偿费、安置补助费。

2. 房地产行政性收费，是指房地产行政管理机关或其授权机关，履行行政管理职能管理房地产业所收取的费用，主要包括：

（1）房地产权管理收费，如登记费（总登记费、转移登记费、转换变更登记费和其他权利登记费）、勘丈费、权证费和手续费（房地产买卖手续费、上首白契手续费、办理房地产继承、分析、分割、赠与等手续费）等。

（2）房屋租赁管理费及其监证费，包括房屋租赁登记费和房屋租赁手续费等。

3. 房地产事业性收费，是指房地产行政管理机关及其所属单位为社会或个人提供特定服务所收取的费用，如拆迁管理费、房屋估价收费等。

三、我国税费制度改革中征收物业税的设想

（一）物业税的概念

物业税是我国目前在税费制度改革的进程中，为了改变现行的繁杂重复的不合理税费体制而研究和筹划的重要税种，目前还在讨论中，因此还没有一个明确的定义。但是，按中国人民银行行长周小川在发表《从税收改革的趋势看城市土地管理》主题演讲时的诠释，物业税是现行的房产税、城市房地产税、城镇土地使用税，以及土地出让费等税费的合

并，是借鉴国外房地产保有税的做法，在房产保有阶段统一收取的税种。

（二）物业税的特点

1. 简并税种。根据上述概念，物业税是现行的多种税费的合并，它是清理现行的房地产税费体系，构建统一规范的房地产税制的重要设想。

2. 分期缴纳。目前，我国实行的是"批租"土地使用制度，用地者向政府购买一定期限的土地使用权，而其中大部分税费，用地者须一次性支付。这样，购房者购房时的房价中就包含了土地批租期限内的几乎全部的房地产税费。而如果推行物业税，就意味着将现行的按照房地产原值扣除一定比例的征收方法，改为每隔一定的年限就对房地产评估市值，按照评估价值按年对房地产征税。这样，开发商把第一期分摊费用计入成本中，而剩下的分摊费用由消费者在使用年限里逐年缴纳。

（三）物业税的作用

1. 均衡地方政府土地收入，稳定地方建设。土地收入是目前我国大部分城市地区的地方政府财政收入的重要来源。在城市土地采用批租的形式下，政府出卖土地使用权的收入是一次性的，因此，政府往往加大对城市基础设施的投入，以抬高土地价格，这种做法容易导致地方的盲目投资，实际上是一种短视行为。而通过定期的土地使用评估，并在此基础上征收物业税，虽会使土地初始价格比较低，但能均衡政府土地收入，实现政府的经常性收益，从而保障了城市长期建设的资金来源。

2. 物业税的征收还能有效降低房地产开发成本和购房成本，抑制房地产业中的泡沫成分。据分析，在我国目前的房价构成中，税费及房产商利润占60%，建筑成本只占40%。而在国外的房价中，建筑成本占房价的70%，税费及房产商利润约占30%。占到20%~40%的房地产税费成为抬高房价、滋生泡沫的因素之一，居高不下的土地出让金也加剧了国内房地产开发投资的风险，而最终这一风险又将加剧金融部门尤其是银行的风险。物业税的推行，在理论上，可以挤出土地出让金的泡沫，促使开发成本下降从而降低房价。这样不仅有助于加快房屋周转率，活跃二级市场，还能减少房地产投资开发风险，最终使金融系统摆脱房地产泡沫的冲击。

思考题

1. 房地产管理法的概念和特征是什么？
2. 试述我国现行房地产费征收体系。
3. 试述物业税的概念、特点与作用。

第八章　房地产开发可行性研究案例

第一节　房地产项目概况

一、房地产项目背景

　　望京自 1994 年开始房地产物业的开发，至今已有十几个年头。在政府对区域规划的大力扶持下，望京一改"卧城"的纯住宅开发形象，逐渐成为集大型中高档商业物业及众多世界 500 强企业总部聚集的高价值增长区域，成为名副其实的都市中心。随着区域内部道路交通环境的改善和区域环境的进一步提升，望京区域逐渐被越来越广泛的客户认可，区位价值在近几年内迅速增长。但是随着区域可开发用地的逐渐稀缺，住宅物业，特别是具有较好产品规划和户型设计的中高端住宅产品市场供不应求。

　　R 橄榄城，正是迎合中高收入人群对尊贵生活向往，对生态宜居生活追求而量身打造的高档宜居住宅产品，是引领区域第三代住宅产品的旗舰物业，是区域中高档住宅物业的典型代表。

二、R 橄榄城项目开发单位

　　项目由北京 DW 房地产有限公司独立开发、建设和经营。于 2004 年 8 月开始前期准备工作，计划 2005 年 9 月开盘。

三、地理位置和土地现状

　　R 橄榄城项目处于望京新城规划的居住中心区域，而且紧邻规划的核心区域，地段价值较高。其西侧是望京的标志性双塔建筑和中心绿化公园，南侧是正在开发的国风北京小区（A1 区），东侧是规划中的政府用地，北侧是正在开发的 40 万平方米的宝星园小区（A3 地块），均是隔路而邻。宗地东南侧与京顺路百米绿化带相近。A4、A5 地块是已经建成的"望京新城"小区。宗地距东北四环 2.8 公里，距五环 1.2 公里，距京顺路和机场高速 0.5 公里。

四、项目拟建规模和内容

宗地总占地面积约为 146 244 平方米，拟规划总建设用地面积为 146 244 平方米。拟规划建设用地使用性质为居住及配套和商业金融，可兼容的使用性质为公寓。

控规确定的地上建筑面积为 396 900 平方米。1 号、2 号、3 号、4 号、5 号地块控制高度 80 米，6 号地块控制高度 12 米，7 号地块控制高度 18 米。建筑层高满足建筑不同使用性质的要求。

（一）1 号地块指标

用地性质为商业金融用地，用地面积 1.54 公顷，容积率 4.5，建筑面积 6.93 万平方米，建筑控制高度 80 米，绿地率 30%，建筑密度 30%。

（二）2 号地块指标

用地性质为绿地，用地面积 1.19 公顷，具体位置和形状可结合方案调整。

（三）3 号、4 号、5 号地块指标

用地性质为住宅用地，用地面积 9.40 公顷。（备注：2 号、3 号、4 号、5 号地块统一核算控规指标，容积率 3.0，建筑面积 31.72 万平方米，建筑控制高度 80 米，绿地率 30%，建筑密度 30%）。

（四）6 号地块指标

用地性质为托幼用地，用地面积 0.31 公顷，容积率 0.8，建筑面积 0.24 万平方米，建筑控制高度 12 米，绿地率 30%，建筑密度 30%，用地面积不得减少。

（五）7 号地块指标

用地性质为敬老院用地，用地面积 1.0 公顷，容积率 0.8，建筑面积 0.80 万平方米，建筑控制高度 18 米，绿地率 30%，建筑密度 30%，用地面积不得减少。

五、配套市政设施情况

区域内已具备电力管线、煤气、天然气管道、通信光缆等比较完备的基础市政设施，为该区域的房地产发展提供了充分的条件。

六、主要经济技术指标

本项目工程的主要技术经济参数：

建筑面积：近 52 万平方米

总投资：近 21 亿元

销售方案：

平均单价：8 000 元/平方米

总销售收入：近 27 亿元。税后利润：8 692 万元。

第二节 投资环境分析

一、北京市投资环境分析

北京是中华人民共和国的首都，是中央人民政府直辖市，是中国的政治中心、科教文化中心和国际交往中心，是中国最大的工业、金融、贸易都市之一。北京地域总面积为16 807.8 平方公里，人口为 1 381.9 万人，人口密度为 847 人/平方公里。

2002 年，北京市国民经济在总体上继续保持较快增长的良好态势，综合经济实力保持在全国前列，全年实现国内生产总值 3 130 亿元，按可比价格计算，比上年增长10.2%。实现地方财政收入 534.0 亿元，比上年增长 25.9%，完成年度预算的 109.5%；实现地方财政支出 625.5 亿元，同比增长 21.4%，完成年度预算的 107.9%，财政赤字91.5 亿元。全市基金收入完成 67.0 亿元，比去年增长 25.1%。

同时，北京作为世界上经济发展最迅速国家的首都，凭借其独特的优势吸引了大量跨国公司落户其中。据不完全统计，全球最大 500 家跨国公司中，已有 146 家正式在北京投资。在京注册登记的外企驻京代表机构达 6 700 家，分别来自 80 多个国家和地区，位居全国之首。

北京是中国城市基础设施现代化水平最高的城市。首都机场是中国航空交通枢纽和周转中心，已开通国际航线 69 条，通往 36 个国家和地区的 56 个大城市。北京西站是亚洲最大的现代化铁路客运中心。城乡公路总长 12 306 公里，公路密度每百平方公里 79 公里。二环路和三环路已建成全线无红绿灯的快速路。京津塘高速公路使北京到塘沽港的时间缩短为 90 分钟。北京已经成为中国与世界各国邮政、通讯的主要枢纽，国际电话可直拨 200 多个国家和地区，北京市电话号码已升至 8 位，成为世界上第五个使用 8 位电话号码的大城市。城市环境质量不断改善，城市绿化覆盖率达到 33.4%，人均公共绿地 7.2 平方米，各项园林绿化指标达到国内先进水平。

北京申奥的成功促使北京房地产业发展到了一个新的高度。《北京奥运行动规划》及相关的《能源建设和结构调整专项规划》、《生态环境保护专项规划》和《交通建设与管理专项规划》，推动着首都房地产建设、环境保护建设和各项基础设施建设。

二、朝阳区投资环境分析

朝阳区是首都的副食品生产基地，农村经济全面发展，繁荣兴旺。农业生产基本实现了机械化、专业化作业。

朝阳区工业发达，是北京市重要的工业基地。区内集中有纺织、电子、化工、机械制造、汽车制造等工业基地。随着改革开放的不断深入和企业转换经营机制的不断完善，区委、区政府抓住有利时机，充分利用驻区工业基础雄厚的有利条件，大力发展区属工业，基本形成了产业齐全的工业生产体系。全区有工业企业 2 115 家，主要行业有金属制造、建材、化工、食品、服装、毛纺织品、医疗器械、无线电元件、造纸、家具、工艺美术品等。新的工业开发区望京高新技术产业开发区，已经起步，各项基础设施正在顺利建设之中。开发区占地约 495 公顷，其中工业用地 100 公顷，住宅开发用地 103 公顷，在建用地 28 公顷，仓储用地 19 公顷，其余为绿化、道路及市政用地。工业区内设施完善，水、电、天然气的供应有十分可靠的保证，可集中供热，通信设施现代化，并有雨、污水分排系统。

朝阳区市场繁荣，大型商场众多。全区共有商业网点 3 万多个，形成了十几个商业区。其中，朝外商业中心被列为北京市新建五大市级商业中心之一，该中心全长 1.08 公里，占地 11.36 公顷，建筑面积 67 万平方米，中心以商业、服务业为主，并建有相当规模的金融、商务用房及相应的文化娱乐中心。

朝阳区自古以来就是北京的东行门户，现已构成公路、铁路、航空、地铁立体交通网络。区内公路四通八达，总计 700 多公里，除十几条市内线路外，还有京津塘高速公路、首都机场高速公路、京通快速路、京石公路、京张公路、京密公路、京山公路和二环、三环等十几条干道。全区目前有立交桥 30 座，人行过街桥 42 座，其中有全国最大的由 26 座桥构成的四环路。现代化的国际机场——首都国际机场也坐落在朝阳区。新建的海关朝阳口岸已正式启用，缩短了朝阳区与世界的距离。

朝阳区能源充足，区内有北京热电总厂及 10 个高压变电站。区内供气设备完善，煤气热力公司、焦化厂、亚运村供热厂、酒仙桥动力厂和横穿全区的华北油田天然气长输管线，在动力和能源上为朝阳提供着有效的保障。水源五厂、六厂、八厂、九厂的建立，能够满足全区工业和生活用水的需要。朝阳区东部水资源丰富，地下蕴藏量大，水质好。

朝阳区对外交往活动频繁，是北京市重要的外事活动区。处于绿阴花丛中的使馆公寓，位于宽敞大道旁的宾馆饭店，构成了朝阳区城市风貌的独特景观。区内各种涉外单位达 1 300 家，占全市涉外单位的一半以上；外国驻华使馆除俄罗斯、卢森堡以外其他均在朝阳区。朝阳区高档饭店宾馆云集，有长城、昆仑、京广中心、长富宫、建国、兆龙、京伦、中国大饭店、亚洲大酒店等 60 多家，数量居全市之冠。国际会议中心、国际贸易中心、国际展览中心、中日青年交流中心、国际俱乐部等涉外设施均在朝阳区，国内外宾客住宿、观光、购物极为方便。

朝阳区通信设施现代化，区内的国际邮电局、北京国际电信大厦是我国目前具有世界水平的电信中心。北京国际电信大楼是我国目前规模最大的国际自动电话、国际用户电报通信枢纽，终期装机容量为国际电话 2 000 路，国际用户电报 12 000 线，国内外用户可通过它直接与世界各地进行通话、电报联系，它是联系五洲四海的无形桥梁。

经济的发展，带动了朝阳区科技、文教、卫生、体育等事业的全面发展。全区目前有中央工艺美术学院、北京广播学院、北京第二外国语学院、北京化工大学、北京经济学院等高等院校 33 所；有中学 103 所、小学 227 所，学龄儿童入学率达 99.95%。此外还有职业高中 33 所。闻名中外的中日友好医院、安贞医院、肿瘤医院、朝阳医院等卫生设施保证着朝阳区人民的健康。国家奥林匹克中心、北京工人体育场、北京工人体育馆、朝阳体育馆为全区人民开展丰富多彩的体育活动提供了活动场所。

朝阳区城乡环境质量不断提高，建立了以大环境绿化为中心，城乡结合、点线面结合的园林绿化网络和体系。已建成和正在建设中的万亩以上的林地有 16 处，不同特色的公园 13 个，住宅小区内的小公园 27 个。还重点建设了环形、放射形绿化带、防护林带，形成了全区的绿化骨架和网络。全区城区绿化覆盖率达 30.6%，全长 82 公里，宽 50~100 米的京都绿色屏障有 55 公里在朝阳区。全区还加强环境保护工作，环境监测网络遍布全区，对大气、水源污染进行综合防治。为控制噪声污染和治理工业污染源，相继建起了防治降尘示范小区、42 平方公里噪声达标区。在污水处理上，建有北京市第一污水处理厂，日处理污水 100 万吨的高碑店二期污水处理厂正在建设中。投资 2 000 多万元，建成 114 座密闭式集装箱垃圾清洁站，解决了城市垃圾暴露问题。市容面貌大为改观，连续 8 年获得北京市市容卫生杯竞赛近郊区第一名。

三、望京区域投资环境分析

望京区域是扼守首都国门，集大型居住、商务和商业于一体的北京市重点建设区域。东大门的国门优势，以及区域内外部便捷的城市道路建设，为区域房地产物业的开发奠定了坚实的基础。下面将从五个方面对区域投资环境进行分析和阐述。

（一）区域自然资源分析

整体而言，望京区域周边及内部自然资源较为丰富。

1. 京顺、京承、四环、五环、机场高速路周边都有 60~100 米的绿化带，将整个望京区域用绿色环抱起来，营造了较好的自然资源氛围；

2. 望京西面还有 1 200 多亩的国家森林公园以及姜庄湖、馨叶两大高尔夫球场，为区域居住客户提供高档休闲娱乐活动的同时，美化了环境，提升了居住品质；

区域内部自然资源情况：

3. 北小河是望京区域唯一的自然水系，贯通于望京区域东西，目前该资源已经开始了综合治理工程，未来望京区域的自然环境将更为丰富和具有活力；

4. 为减少车辆噪音，广顺南大街的绿化隔离带也将进一步加高；

5. 区域内部还有南湖公园、体育公园、四得公园等自然资源点缀于望京板块。

（二）区域交通情况分析

望京经过十几年的发展，其居住功能得到了充分的发展，而以住宅为主的功能造成了大量地区内外的交通量，而且呈现出明显的潮汐式交通流向，虽然望京区域内的道路状况相当良好，还是造成望京地区"出不来进不去"的局面。此外，望京居民私车拥有水平突飞猛进，一开始未曾预见，更重要的一点是对外出入口建设滞后，造成了望京交通拥堵现象，使得望京虽然在地理位置上往东可接酒仙桥电子城，往西可接亚运村和未来的奥运村，往南可接燕莎商圈和 CBD，往北可达首都机场，与四环路、京顺路、机场高速路、京承高速路、五环路毗邻相连，但在最近几年当中，望京却与亚运村、中关村一起成为亚北最堵的三个地点。

与 10 年前的望京区域交通相比，目前的交通状况已经得到巨大改善，城市快速路的开通、外部和内部路网结构的建设，以及相应公交系统的完善，使得广大消费者在选择是否要在望京置业上也并不那么忧心忡忡了。独特的地理位置赋予了望京独特的交通环境，具体可以从以下四方面描述：

1. 轨道交通

根据北京市轨道交通总体规划，未来望京区域与北京市其他城区联系的快速轨道交通将在轻轨 13 号线的基础上增加地铁 3 号线和轻轨 13 号线支线。如果所有交通路线实现，未来望京区域与北京市东、南、西、北各个方向的联系都将非常通畅和高效。

2. 汽车交通

望京的城市公交目前在边缘集团当中已经算比较发达，几十条线路的公交车穿梭于二环、三环、四环及亚运村、中关村、国贸等热点地区，甚至可达香山、丰台等地，随着进出望京口的打通，不准点、延时等问题也将进一步得到解决。

总体来看，望京地区公共交通线路较多，但均集中在南湖渠、花家地一带，本项目周边人流量较少，目前没有设立公交车站。这种状况对于吸引没有私家车的客户群而言，存在一定困难。

3. 与区域外联系

从望京区域目前与外部环境的道路交通联系看，主要集中在以下六个出入口，分别是：

（1）与四环路连接的望京内环西路；

（2）与三环路连接的望京内环东路；

（3）与五环路连接的南湖渠东路；

（4）与五环路连接的东湖路；

（5）与京承高速路连接的望京西路；

（6）与京顺路连接的南湖渠东路；

（7）望京区域内总长度为 44 公里的路政工程计划 2004 年完工。

4. 道路建设

目前，望京地区有 9 条道路已经纳入 2004 年朝阳区道路修建《计划》，区内有：望京西路、阜通大街、广顺大街、利泽街以及电子城内部道路、万红路、驼房营路、朝科三号路、望京外环路、东湖路。

（三）区域生活配套分析

望京新区的工程开发建设从 1994 年启动，至今已建成住宅面积 569 万平方米，超过原规划 88 万平方米，增加 18.3%，现住宅面积已占总规划量的 72.9%。按北京市政府"十五"商业配套 1 000 平方米/千人的标准，望京新区只建成规划商业总量的 37.6%。已建成的 21 个居住小区，每千人只拥有商业面积 537 平方米，其中住宅小区内最低配套现状每千人仅 10 平方米。望京新城商业开发建设的结果与规划相差甚远。

从 1999 年到 2001 年，望京地区的餐饮娱乐设施的数量比原来至少增加了 30%。目前望京已经形成了一些特色的街区，例如区域内的望花路边的一组韩国特色小店，河荫路的酒吧一条街等。区内还开有多家餐馆和超市连锁店，可以满足居民的基本生活需求。但是由于望京区域内住户的收入水平都相对较高，对生活品质的追求使得当前的商业供应仍旧难以满足他们日益增长的消费需求。

2003 年 3 月份，曾有单位对望京新城居民进行了关于商业设施与购物环境的满意度调查。调查结果表明：消费者对现状商业布局满意率仅为 2%，不满意率为 66%，不关心率为32%。充分表明了望京商业供应市场的现状，也为商业项目产品的开发提供了市场契机。

望京新兴产业区内规划商业、服务业等配套设施60万平方米，但目前商业类物业的现状供应及近期内的潜在供应都不算大，相对于社区的发展速度和居住人口的增长速度来说，满足市场需求，特别是潜在的市场需求具有一定难度。现状市场内，对档次较高、相对集中设置的商业类物业的需求更为迫切。

（四）区域教育及文化资源分析

望京区域的教育和文化资源异常丰富，区内有：大学、中小学、幼儿园、其他文化相关单位，望京区域丰富的教育和文化资源，在很大程度上支撑了住宅产品的持续销售。

（五）区域产业资源分析

望京产业区总体规划面积达8平方公里，东接酒仙桥电子城，西接亚运村和未来的奥运村，南接燕莎商圈和CBD，北达首都机场，是一个集高新技术产业、科研、教育、居住、文化为一体的新兴综合高科技园区。目前辖区区域面积约5平方公里，常住人口约3.5万人，流动人口约1.5万人，未来五年常住人口将达8万~10万人。

2002年5月望京高新技术产业区北部约3平方公里跨越五环路的土地正式纳入中关村科技园区电子城科技园的政策区域，被称为"电子城西区"。享受"一区五园"政策，吸引海外回国人员创业和新兴产业特别是高科技企业的进入。高科技产业为望京注入经济活力。

望京科技创业园位于北京市城区东北部的望京高新技术产业区内，占地面积4公顷，其中，一期为24 000平方米，二期为46 000平方米，是集办公、科研、生产为一体的智能化、多功能、花园式的高新技术产业孵化基地。

第三节　市场分析

一、北京市房地产市场总体状况

（一）近几年商品住宅市场供需对比

2000~2003年北京商品住宅物业的新开工面积和销售面积都呈现出稳定增长的态势，但销售面积的增长率高于新开工面积的增长率，使得市场空置率稳步下降，显示了强劲的市场需求势头。到2003年，北京普通商品住宅市场的供需基本平衡，销售率达到80%。

进入2004年以来，受国家宏观调控的影响，特别是土地出让政策调整和银行信贷控制的影响，北京的商品住宅市场也发生了一定程度的改变。

据世联公司的监测，2004年1~9月份，全市完成土地开发面积172.8万平方米，比上年同期减少67%。全市新开工商品住宅面积为1 499.0万平方米，同比减少5%。而1~9月份全市商品住宅竣工面积为896.8万平方米，同比增长21.4%，市场供应较为充足，但与1~6月份的高速增长相比已经有一定程度的下降。截至9月底，全市商品住宅空置面积为627.6万平方米，与上一季度相比，下降11.2%。空置面积下降较快，表明三季度以来，商品房的销售情况良好。1~9 月份销售商品住宅 1 034.3 万平方米，同比增长 25%，实现销售额 480.5 亿元，同比增长 27.3%，商品住宅的平均价格有所上涨。

整体来看，全市开发投资、竣工面积等开发指标同比都仍然保持了两位数的增长，同时销售面积、销售额保持了同步增长，销售价格上扬，空置面积与一季度相比出现了下降，表明目前全市的房地产开发仍然处于一个比较活跃的阶段。但是从一些先行指标来看，本年购置土地面积、完成土地开发投资、新开工面积等都出现了一定幅度的下降，表明目前的宏观调控措施将将对房地产开发有一定的滞后影响，减弱房地产开发投资增长的后劲，将不利于明后年投资的增长。

（二）2004 年北京商品住宅市场价格分析

2004 年第三季度，中原北京住宅价格指数 107.3 点，继第一、二季度以来继续上升，其较本年第三季度上升 1.2 点，较基期增加 7.3 点。其中除去三四环间指数略有下降外，其他区域指数均有所上升，从而整体指数呈上升趋势。虽然本期指数较前期继续上扬，但从整体来看，上升态势趋缓。从具体的平均价格涨幅来看，虽然 4、5 月份媒体中有项目涨幅 200~300 元的报道，但是中原二、三期指数中的时机平均价格上升只在 50 元上下，属于房地产价格的正常涨幅。虽然土地大限之说极大程度地影响了北京房地产市场，但是当 8.31 大限真正到来时，短期内并没有引起北京市住宅市场价格大的震荡。房地产市场的整体发展向好。

与 2004 年第二期相比，2004 年第三季度内除西北方位有 2.1 的降幅外，其他方位指数均小幅上扬。其中，东北方位指数的涨幅最大，为 4.4，平均销售价格为 6 909 元/平方米，比上期上升 3.4%。

具体来看，三四环间价格较上期下降 3.3%，是第三季度环线价格中唯一一个下降的。除此之外，其他环线价格都有不同程度的上升。四五环之间的住宅产品均价相比上季度上升了 0.9%，市场相对稳定。

（三）未来北京市住宅市场供应预测

从北京市商品房历年的新开工面积来看，新开工面积呈增长的趋势。2001 年以前，增长幅度比较大。中原地产研究部根据历年土地出让面积结合供应量预测模型，给出了 2004 年及 2005 年的新开工面积预测：即 2004 年和 2005 年的新开工面积将继续保持增长的趋势，于 2005 年达到峰值，受 8.31 大限和宏观经济政策影响，2006 年、2007 年新开工量会有小幅下降。预计 2005 年北京的土地供应量将在 1 700 万平方米以下，少于往年的市场供应，而整体区域需求仍在上涨。

如果没有较大的利空政策影响，2005 年北京将继续保持供需平衡甚至出现供小于求的市场局面。尽管 2004 年 10 月底银行加息 0.27 个百分点，但是由于增幅较小，对市场供应的影响并不十分明显。

二、望京地区住宅市场分析

（一）望京区域住宅市场发展现状

1. 市场供应的价位结构

目前望京楼盘的价位大致可以分为三档，即6 000元/平方米以下、6 000~7 000元/平方米和7 000元/平方米以上。从价格分布中不难看出，望京住宅项目的价位仍属于中档价位，除了别墅和经济适用房等少数项目外，大部分普通住宅和公寓价格集中在5 000~6 000元/平方米。且均价在6 000元/平方米以下的项目供应面积最多，此价位的楼盘在调研的样本中所占比例最大（15个楼盘均在此价位区间中），6 000~7 000元/平方米和7 000元/平方米以上的项目也较多，这主要是因为随着望京居住条件的不断改善，交通、市政、生活配套设施的不断升级，望京区域价值在不断提升，望京的楼盘品质也随之提升，价位逐步向较高端的方向发展，甚至出现慧谷根源、上层果岭里这样的别墅项目。

2. 户型供应结构

从目前望京在售项目的户型情况来看，大部分项目的主力户型是二居和三居，一居户型面积在40~70平方米；二居户型面积基本在80~120平方米；三居户型面积分两种，偏小面积的120~130平方米，高档项目三居户型偏大在150平方米以上；还有少部分项目有跃层和复式户型。

市场供应的户型结构则集中在两室一厅、两室两厅、三室一厅和三室两厅，这几个户型是针对两口之家、三口之家的家庭结构设计的，从市场表现来看，由于面积适中，需求对路，也是销售较好的几种户型。

3. 市场吸纳量

根据北京市房地产信息网提供的数据，望京区域整个商品住宅市场月销售量为419套、面积为48 982平方米。6 000元以下项目月销售量为29 468平方米；6 000~7 000元的项目月销售量是12 450平方米；而7 000元以上项目的月销售量仅为7 064平方米。

4. 楼型供应结构

望京早期的项目以塔楼为主，根据1999年的统计数据，当时望京的高层塔楼占整体市场的75%，但在A4区建成后，曾有一段时间不少项目都以板楼或低密度为卖点（如大西洋新城等），而2001年之后，望京区域的高层塔楼似乎又有回潮的趋势。

目前望京项目的塔楼项目虽然比1999年时稍有下降，但仍以50%的比例成为区域的主流。而塔板结合项目的比例则明显上升，达到37.5%。区域的容积率相对较高，平均值达到3.4，并且目前在售项目中有两个项目的容积率超过4。

望京地产发展到现在，土地价值已上涨了很多，同时受整体规划的限制，每个项目的规模都不可能太大，因此，有限的土地和较高的土地成本使容积率较高的产品更适合望京的开发模式。然而，在当今市场大环境的影响下，每个项目在产品自身品质方面都相当重视，塔板结合的项目增多就是很多在利润与品质之间的权宜之策。而现在的塔楼也完全不同于90年代那种一梯8户甚至10户的初级产品，不仅标准层面积减少，户型均好性增加，更通过蝶形、风车形等不同形态使更多户型的采光和通风性能提升。在户型内部设计上，功能布局合理，动线流畅，其居住舒适度大大提升。

对于本项目而言，尽管容积率较低无法产生较多的建筑面积，但是相对较低的容积率也为住宅产品品质的确保提供了条件。因此，在本项目产品的设计中，应当尽量确保容积率的要求，提升住宅产品品质，以高品质和高舒适度的产品形象亮相于市场，确保产品口碑。

（二）望京区域市场发展预测

1. 供应预测

中原地产研究中心曾经根据北京房地产信息网的数据，对望京地区 2002 年以来在售的 31 个楼盘进行统计。由于备案数据并不能代表市场的真实供应情况，因此，他们结合望京区域在售项目的现场调研数据，采用中原地产的供应量预测模型，对各年供应数据进行了修正取整，得出以下结论：

2002 年望京市场可售供应量约为 110 万平方米，2003 年可售供应量约为 150 万平方米，2004 年可售供应量约为 140 万平方米，预计 2005 年和 2006 年望京市场可售供应量保持增长的势头，约在 160 万平方米、170 万平方米。2007 年由于受望京土地规划限制，可售供应量会有下降趋势，预测在 120 万平方米左右。

从总的市场发展来看，望京地区每年供应量基本会保持在 100 万平方米以上，市场竞争较为激烈。

2. 市场需求预测

根据同样的预测方法，中原地产研究部给出了未来 2~3 年望京区域市场需求状况的预测。

2002 年望京区域商品住宅年销售量达到了 100 万平方米，随着望京居住社区的逐渐成熟，购房者纷纷来此置业，2003 年该区域商品住宅销售量达到了 130 万平方米，较上年增长了 30%。而随着迁入人口的大量增长，区域交通问题逐渐暴露出来，给居民的出行造成很大不便，正由于此，准备在此区域买房的客户开始向其他区域分流，虽然北京市政府在年内出台了缓解交通的方案，但由于政策存在滞后性，本年效果不会呈现，预计 2004 全年销售量大约在 100 万平方米，比 2003 年要有所下降。随着交通状况改善成效的显现，该区域又会成为购房者，特别是二次置业者追捧的热点区域，预计 2005 年和 2006 年的销售量会较 2004 年有所提高。随着望京地区的开发，供应量已接近区域饱和，销售的压力加大，所以预测 2007 年区域总的销售量会下降。

三、项目定位及优势分析

（一）项目市场空间定位

基于以上对北京整体住宅市场现状和未来潜在供应的分析，通过对望京区域发展现状、在售项目情况、未来潜在供应状况以及区域内部各个板块的竞争分析，同时结合项目产品自身的条件状况等，我们给出了 R 橄榄城项目中住宅产品可能面临的市场空间：

1. 望京区域内的中高端项目，具有较高的产品品质和居住舒适度；
2. 北京东部门户的标志性居住项目，引领望京"富人区"概念的回归；
3. 从产品到营销，从管理到服务，力作区域市场的明星项目，处于市场的相对领导者地位；
4. 望京核心区内的纯板楼居住项目；
5. 符合城市新兴中产阶级的社会阶层、社会身份和居住需求。

对于目前的市场状态，本项目抓住市场空白，走中高端产品路线，同时可兼顾部分高端产品，以高品质和差异化的产品形象提升望京的居住物业水平。并且在产品形式上比同类产品要有所创新——纯薄短板，在功能和细节设计中尽量做到最贴近目标客户需求，最能吸引目标客户——舒适户型，大面宽、明厨明卫、通透，并在成本管理上严格控制，以达到较好的性价比来确保产品的市场竞争力——适中的价格。

（二）市场定位

1. 产品主题概念

兼具国际风尚、具有现代气息的高品质中产阶层生活领地，区域内具有绝对影响力的领袖产品。

2. 产品类型分析

从望京地区已建及在售项目来看，板楼的供应量并不充足，而且板楼产品在本区域具有较强的市场竞争力，故凭借本地块较为优越的地段优势及较好的发展潜力，将产品定位为高层板楼。

3. 户型结构和面积定位

根据潜在目标客户群的户型结构和面积选择调查结果，同时根据望京市场在售项目的户型比例和销售速度，给出了项目的主力户型划分：

（1）经济型二居　　91.6～99.65 m²

（2）舒适型二居　　110.94m²

（3）经济型三居　　127.78～141.77m²

（4）舒适型三居　　147.89m²

（5）四居户型结构　　173.8～207.98 m²

（6）少量的一居及跃层

（三）优势分析

1. 交通环境优势：距离京顺路、机场高速路、北五环较近，紧邻望京内环路，区域车行交通较为便利，相对以前已经有较大改观，区域客户对区域交通环境的认知度提高；同时，在政府的推动下，望京区域内部路网将进一步完善，与五环路和四环路的道路联系也将逐步顺畅，望京区域与外部区域交通联系的改善，将进一步加强望京与酒仙桥区域、太阳宫地区、亚运村地区以及燕莎 CBD 区域的联系，扩大本项目产品的外围客户组成；

2. 配套环境优势：紧邻望京区域规划的核心区，商务、商业、休闲娱乐配套即将完善，对地块价值有明显的提升作用；望京核心区规划和建设的实现，将从很大程度上改善区域小环境的商务和居住消费模式，为本项目产品的创新提供坚实的市场条件；

3. 地块自身优势：项目地块规则，便于社区整体规划；地块四面临街，商业和商务价值较高；

4. 品牌效益：联想的品牌优势和美誉度，可增强和坚定客户购买产品的信心。

5. 市场竞争优势：望京区域现有高品质住宅项目不多，本项目可以凭借较低的容积率、优越的位置优势和地段升值潜力，打造高舒适度高性价比的产品，抓住市场空白；

6. 产品优势：现有住宅产品主要形式为塔楼和塔连板，纯板式住宅社区稀少，本项目"纯薄板式住宅"的定位在产品建筑形式认知上具有一定优势，而且疏朗的楼座布局将每个楼栋的居住价值最大化；

7. 区域发展给项目带来的需求支持优势和机会：望京区域中高收入群体的二次置业

和投资需求都较为强烈，对区域发展潜力认可，对本项目区域看好；区域产业结构将进一步完善，入驻望京科技园区的大型外资企业将给本项目的销售带来充足的中高端消费客源，包括居住客户和商务客户。

第四节　规划方案选择

按照规划设计方案和城市规划要求，委托 MC 设计师事务所进行规划和产品设计。

一、项目主要技术指标

项目规划用地面积：14. 62 公顷；
规划住宅用地面积：9. 4 公顷；
项目建筑面积：近 52 万平方米，其中住宅近 30 万平方米；
绿化率：30%。

二、规划及景观效果

1. 根据《规划意见书》要求，结合用地内部市政道路形状，将用地分为三个住宅组团、一个集中公建区域、一个幼儿园和一个敬老院。小区集中绿地位于中心位置，被各组团环绕。

2. 住宅分为两种类型：28 层两梯三户、18 层两梯二户。规划中沿用地周边布置 28 层板楼，配以高低交错的连板，形成整体而气势磅礴的天际线，塑造小区丰富多变的整体形象。18 层楼沿中心景观布置，以水系环绕，居住品质卓越。

3. 用地西北角为拉斯维加斯豪华都市活力中心，1 ~ 5 层设大型商场、娱乐、健身、餐饮、俱乐部等，其上部为时尚商务公寓。室外设喷泉都市广场和大型冲浪泳池。

(1)用地西侧及南侧住宅 1 ~ 2 层设置步行商业内街，内含咖啡店、酒吧、美容美发、特色餐厅、艺术工作室等，是休闲风情的都市街区。

(2)小区停车以地下停车为主，人车分流，创造舒适的居住环境。

第五节　建设方式和进度安排

本项目的施工采用监理制，采取公开招标的形式选择建筑承包商，以使项目的工期、成本、质量得到有效的控制。工程建设质量应达到优良工程标准。

从项目本身的规模和所处的市场条件来看，按照地块本身的规划分三期进行分组团开发建设。整个项目计划于 2004 年四季度启动，至 2008 年三季度实现所有住宅物业的建筑施工。整个项目将于 2009 年初全部竣工投入使用。整个项目(包括前期运作)时间为 4 年。具体建设进度见表 8-1。

项目开发总进度表

表 8-1

期别	工程	开始日期	结束日期	2004年 四季度	2005年 一季度	二季度	三季度	四季度	2006年 一季度	二季度	三季度	四季度	2007年 一季度	二季度	三季度	四季度	2008年 一季度	二季度	三季度	四季度
一期	前期阶段	2004/12	2005/6																	
	施工阶段	2005/4	2006/8																	
	入住阶段	2006/8																		
二期	前期阶段	2005/6	2006/5																	
	施工阶段	2006/2	2007/8																	
	入住阶段	2007/8																		
三期	前期阶段	2006/6	2007/5																	
	施工阶段	2007/2	2008/8																	
	入住阶段	2008/8																		

工程建设进度，直接影响着项目的经济效益。严密的工程进度安排和高质量的施工组织设计，是保证项目顺利实施的关键，因此，公司将项目的进度控制作为项目运作中非常重要的内容进行考核和监测。

第六节　项目开发组织机构

本项目拟由北京东环望京房地产有限公司组成"R 橄榄城项目开发团队"，负责此项目的开发建设。项目开发团队受 RZ 地产公司的领导，实行经理负责制。开发团队设经理一人，副经理两人。经理主持项目的日常经营管理工作，副经理协助经理工作。

项目开发团队拟设总经理办公室和 7 个职能部门，它们分别是：营销中心、财务部、投资部、工程部、设计部、前期部和综合管理部。

第七节　投资估算和资金筹措

一、项目总投资估算

据估算，本项目包括土地费用、前期工程费、房屋开发费、管理费用、财务费用等在内的总投资为 210 732 万元人民币。

二、资金使用计划

根据中国人民银行最近的文件，开发商必须在取得"五证"后才能获得贷款，且土地出让金必须一次性付清，而预售必须在主体工程封顶后才能开始。因此，这加大了开发商自有资金的额度，自有资金必须能支付项目的全部前期费用，这无形中加大了项目第一年的投入。

必须说明的是，由于该项目存在两种经营模式，对于出售方案，有可能通过预售资金回投来实现资本的合理使用；对于出租方案，开发商应多方寻求资金，保证资金的到位。下面以销售模式为例，说明项目的投资、筹资计划。

估计工程第一年投入 53 809 万元，第二年投入 31 262 万元，第三年投入 44 970 万元，第四年投入 47 639 万元，第五年投入 26 548 万元，第六年投入 6 504 万元。

三、资金筹措计划

由于工程的费用较大，自有资金不足，因此，需要在多方筹资的基础上，合理利用资金，使其发挥最大使用价值。

工程第一年主要靠自有资金和贷款投入，第二年则由预售款回投进行开发，以充分利用资金。总的来说，工程开发所需自有资金 10 000 万元，贷款 43 809 万元，销售收入回投按集团计划投入 156 923 万元。工程开发资金使用及筹措情况见表 8-2。

表 8-2　　　　　　　　工程开发资金使用及筹措表　　　　　　　　单位：万元

项目	合计	2004 年	2005 年	2006 年	2007 年	2008 年	2009 年
1. 投资总额	210 732	53 809	31 262	44 970	47 639	26 548	6 504
1.1 建设投资	210 732	53 809	31 262	44 970	47 639	26 548	6 504
1.2 贷款利息	—	—	—	—	—	—	—
2. 资金筹集	210 732	53 809	31 262	44 970	47 639	26 548	6 504
2.1 自有资金	10 000	10 000					
2.2 贷款	43 809	43 809					
2.3 销售收入回投	160 732	—	31 262	44 970	47 639	26 548	6 504

第八节　房地产项目的经济评价

一、开发成本分析

（一）土地成本

由于项目所在地已经是达到了"七通一平"的熟地，开发商通过股权收购的方式获得土地，平均每建筑平方米价格 1 360 元，总建筑面积为 51.79 万平方米，项目总土地成本为 70 450 万元。

（二）建安工程费

在该项目中，建安工程费按高层高档建安费用计算，为 1 978 元/平方米，则建安费用总价为 102 455 万元。

（三）前期工程费

工程前期需要精心准备，以便为以后开工打好基础。工程前期需要办理各种许可证，进行招投标，进行勘探设计。同时要协调好水电、建筑等各单位，对噪音污染进行补偿等。据分析，前期工程费用为 5 019 万元。

（四）基础设施配套费

基础设施配套主要包括供水、供电、暖气、煤气、雨污水排水、电信、绿化、小区道路建设等，总费用为 10 669 万元。

（五）不可预见费

不可预见费按以上建安工程费用的 5% 提取，共计 5 123 万元。

（六）开发费用

开发费用主要包括管理费用、销售费用和财务费用。其中，管理费用以工程建设费的3%提取；销售费用包括：广告推广费、市场推广费、销售代理费、销售手续费等；财务费用主要为利息，总共为17 018万元。

（七）开发总成本

项目开发总成本为以上七项之和，共计210 734万元，平均每建筑平方米成本为4 069元。详见表8-3。

表8-3 开发总成本统计表

项目	金额(万元)	每建筑平方米均价(元)	说明
1. 土地成本	70 450	1 360	1 360元/平方米
2. 建安工程费	102 455	1 978	1 978×51.79万平方米
3. 前期工程费	5 019		
4. 基础设施配套费	10 669		
4.1 机电管网	8 615		
4.2 园林景观	2 054		
5. 不可预见费	5 123		(2项)×5%
6. 开发成本	193 716		1项+2项+3项+4项+5项
7. 开发费用	15 246		
7.1 管理费	3 500		
7.2 销售费用	6 706		
7.3 财务费用	5 040		
8. 总成本	208 961	4 069	6项+7项

二、经营成本分析

由于该项目主要组成为住宅，因此，经营以销售为主，涉及的出租经营有限，在此不做详细分析。

三、收益分析

（一）经营方式的确定

为了更好地结合企业战略目标，实现短期利益和长期利益的兼顾，综合考虑项目自身的特点，应采用出租和出售相结合的方式进行项目经营，在这里分别假设全部出售和全部出租(项目生命期定为 40 年)两个方案。决策者应根据项目的具体情况对两者的比例进行合理确定。

(二)销售模式下的收入计算

住宅销售均价 6 801 元/平方米,底商销售均价 9 782 元/平方米,商务空间销售均价 8 000 元/平方米,地下车库销售均价 9 万元/个。见表 8-4。

表 8-4　　　　　　　　　　　销售收入计划表　　　　　　　　　　　单位:万元

	2005 年	2006 年	2007 年	2008 年	2009 年
住宅	50 207	74 388	60 194	17 100	
底商		2 970	10 050	1 774	
车库		2 233	2 758	2 913	440
商务空间			28 080	15 120	
合计	50 207	79 591	101 082	36 907	440

(三)利润的计算

在随后的利润估算中,各项税率取值如下:营业税及附加税率为销售额的 5.5%,印花税为 0.05%,所得税率为 33%。出售方案的土地增值税采用累进制,出租方案的房产税为出租收入的 12%。

销售方案:出售房地产项目,需要计算土地增值税,采用累进制,具体的计算见表 8-5。

表 8-5　　　　　　　　　　　土地增值税计算表　　　　　　　　　　　单位:万元

项　目	金额	说明
1. 销售收入	268 227	
2. 总成本	234 584	
3. 营业税及附加	13 411	
4. 印花税及管理费	5 889	
5. 毛利润	14 343	
6. 其他扣除项目	9 774	
7. 增值额	4 569	
8. 增值比例	1.73%	
9. 适用税率	30%	
10. 土地增值税	1 370	

根据《土地增值税条例实施细则》,对转让国有土地使用权、地上建筑物及其附着物并取得收入的单位和个人收取土地增值税,增值额未超过扣除项目金额 50% 的部分,税率为 30%。因此,如表 8-6 所示,所需缴纳的土地增值税为 1 370 万元。

表 8-6 销售项目统计表 单位：万元

项目	金额	说明
销售收入	268 227	
总成本费用	234 584	
营业税及附加	13 411	
印花税及管理费	5 889	
土地增值税	1 370	
利润总额	12 973	
所得税	4 281	
税后利润	8 692	

四、经济效益评价

（一）财务净现值

财务净现值是按事先规定的基准贴现率将计算期内各年净现金流量折现到建设初期的现值之和。它是考察项目在计算期内盈利能力的动态评价指标。净现值大于或等于零的项目是可行的。本项目选择的基准贴现率为8%。销售方案净现金流计算见表8-7。

表 8-7 销售净现金值计算表 单位：万元

项目	合计	2004 年	2005 年	2006 年	2007 年	2008 年	2009 年
1. 现金流入	268 227		43 255	82 020	97 202	44 441	1 308
1.1 销售收入	268 227		43 255	82 020	97 202	44 441	1 308
1.2 其他							
2. 现金流出	259 535	53 809	34 304	60 380	64 050	40 401	1 551
2.1 开发投资	240 473	53 809	31 262	54 970	57 639	36 289	1 464
2.2 营业税及附加	13 411		2 163	4 101	4 860	2 222	65
2.3 土地增值税	1 370		189			1 181	
2.4 所得税	4 281		690	1 309	1 551	709	22
3. 净现金流量	8 692	-53 809	8 951	21 640	33 152	4 040	-243
4. 折现系数		0.925 9	0.857 3	0.793 8	0.735	0.680 6	0.630 2
5. 折现现金流量	1 995	-49 821	7 674	17 178	24 367	2 750	-153

（二）财务内部收益率

财务内部收益率是项目在整个计算期内各年的净现金流量累计等于零时的折现率，反映项目所用资金的盈利率，是考察项目盈利能力的重要指标。当财务内部收益率大于基准收益率时，则认为其盈利能力已满足最低要求。

根据以上现金流量表，计算可得本项目的内部收益率为：出售方案28.03%。

由此看来，项目的内部收益率较高。

（三）投资利润率

投资利润率是项目投资利润与项目投资的比值，为静态指标，反映的是项目的盈利能力。

根据本项目的特点，投资利润率为：出售方案，税后投资利润率为15.29%。

五、不确定性分析

本项目的风险主要由开发成本、租售价格、空置率、销售进度、开发周期和贷款利率等方面的变化引致，其中尤以租售价格的变化和销售进度的快慢影响最大。而这些变动因素，又受政治、经济、社会条件的影响。另外，自有资金占总投资的比例虽然对整个项目全部资金投资的经济效益没有影响，但是由于贷款的杠杆作用会影响自有资金的经济评价指标，因此，需要项目的主办者进行认真考虑。

（一）盈亏平衡分析

盈亏平衡分析具体见表8-8。说明如下：

1. 只考虑住宅价格对盈亏平衡分析的影响。当住宅均价为5 136元/平方米（此时商业销售均价9 781元/平方米，车库销售均价9万/个，商务空间8 000元/平方米）时，销售净利率为零，此时达到盈亏平衡，即此价格为一个盈亏平衡点；

2. 只考虑住宅已销售面积对盈亏平衡分析的影响。假设前两期住宅21.73万平方米销售完毕，当三期住宅销售到0.04万平方米，住宅总销售面积达到21.77万平方米（为住宅总可售面积29.69万平方米的73.3%）时，销售净利率为零，此时也达到盈亏平衡，此住宅销售面积21.77万平方米为另一个盈亏平衡点。

表8-8　　　　　　　　　　　　盈亏平衡分析表　　　　　　　　　　单位：万元

	盈亏平衡点	指　标					
		利润总额	内部收益率	工程成本	合作款项	营业收入	项目毛利
住宅均价	5 136元	0.00	1.57%	113 124	52 120	224 474	8 985
销售面积（只考虑住宅销售面积）	21.77万平方米	0.00	-0.97%	113 124	52 120	220 395	8 861
销售面积（考虑全部销售面积）	28.40万平方米	0.00	-0.66%	113 124	52 120	220 403	8 869

3. 只考虑全部可售面积（含车库销售面积）对盈亏平衡分析的影响。当全部销售面积销售到72.1%时，销售净利率为零，此时销售面积28.4万平方米为盈亏平衡点。

（二）出售物业敏感性分析

本部分的敏感性分析针对净现值、外部收益率、投资利润率三项投资和股本金的评价指标，分别计算售价上下波动5%、10%、15%和总投资上下波动5%、10%、15%，对经济评价指标的影响。结果如表8-9所示。

表8-9

出售敏感性分析表

指标	住宅销售单价（元）											车位销售比例		工程成本	
	6 300	6 400	6 500	6 600	6 700	6 800	6 900	7 000	7 100	7 200	7 300	40%	60%	105%	95%
销售净利率%	8.09%	8.68%	9.25%	9.81%	10.25%	10.59%	10.92%	11.24%	11.55%	11.85%	12.15%	10.59%	11.47%	9.46%	11.72%
内部收益率%	20.54%	22.16%	23.77%	25.39%	26.82%	28.03%	29.43%	30.76%	32.09%	33.44%	34.80%	28.03%	29.25%	28.10%	28.17%
车位销售收入比例	18.86%	18.87%	18.88%	18.89%	19.11%	19.53%	19.96%	20.42%	20.91%	21.43%	21.96%	19.53%	27.52%	22.19%	17.44%
工程成本（万元）	113 124	113 124	113 124	113 124	113 124	113 124	113 124	113 124	113 124	113 124	113 124	113 124	113 124	118 246	10 800
合作款项（万元）	52 120	52 120	52 120	52 120	52 120	52 120	52 120	52 120	52 120	52 120	52 120	52 120	52 120	52 120	52 120
营业收入（万元）	259 008	261 977	264 945	267 913	270 881	273 899	276 818	279 786	282 754	285 723	288 691	273 899	277 342	273 900	273 900
项目毛利（万元）	44 592	47 610	50 628	53 646	56 186	58 307	60 397	62 496	64 584	66 671	68 759	58 307	60 490	53 193	63 435
税后利润（万元）	23 288	25 261	27 233	29 206	30 855	32 228	33 580	34 936	36 285	37 634	38 984	32 228	33 622	28 802	35 664

　　由此可见，出售项目对售价变动比较敏感，售价稍微浮动就会对净现值产生很大的影响。开发商应当密切注意售价及其销售率的变动。以保证项目的回报率。另外，项目对投资额的敏感性也较强，投资的浮动对净现值直接产生重大影响，因此，开发商在注意销售的同时，必须注意工程投资的管理，不能轻易提高项目的投资。否则，将很难保证项目的盈利。

第九节　环　境　保　护

　　该项目原有用地条件较好，经开发整理后被开发商收购用于项目建设。因此，项目的开发不存在破坏环境问题。

　　此外，为了与周边的环境协调，小区的绿化率达到了30%以上，符合北京市规划局给出的规划设计条件的要求，还有中央绿地和分组团绿地景观，有效地改善了居住环境。

　　本项目的主要污染源为生活污水和垃圾，无其他污染源。待项目完成后，生活污水经化粪池和隔油池初步处理后，经市政污水管道进入污水处理厂，经处理后排放内河。雨水排放和污水分流。

第十节　结论与建议

一、可行性研究结论

　　上述分析和财务效益评估的结果表明，本项目的投资财务内部收益率、财务净现值能较好满足目标投资收益率的要求。本项目也具有贷款偿还能力和资金平衡能力，抵抗市场变动风险的能力较强。同时，本项目在国民经济评价和环境评价中都被证明可行。

　　评估结果表明，该项目可行。

二、相关建议

　　第一，项目可以采用两种方案经营，如果市场有变动，开发商应当灵活变动，以实现最大利润。

　　第二，开发商应当密切关注望京区域住宅市场的变动情况，在这里工作或居住的中高收入人员是项目的主要客户来源。

　　第三，中高端住宅产品应注重服务和品位，开发商在后期经营过程中，应当组织一支高素质的经营管理队伍，为树立品牌打好基础。同时，应当注意物业服务公司的选择；如自己管理，要结合物业特点，体现出服务的尊贵和以人为本。

　　第四，在工程实施进程中，要加强施工管理，实行工程监理制。还应制定材料采购供应计划，落实资金供应计划，以确保项目的顺利进行。协调好与水、电、煤气、电信、交通等市政设施的配套联网，也是项目发展过程中不可忽视的重要问题。

参 考 文 献

[1]刘洪玉. 房地产开发. 北京：首都经济贸易大学出版社，2006.

[2]王贵岭. 房地产经济. 北京：中国物价出版社，2003.

[3]华伟. 房地产经济学. 上海：复旦大学出版社，2004.

[4]李铃. 房地产开发与经营. 北京：中国人民大学出版社，2006.

[5]洪开荣. 房地产经济学. 武汉：武汉大学出版社，2006.

[6]施建刚. 房地产开发与管理. 上海：同济大学出版社，2004.

[7]俞明轩. 房地产投资分析. 北京：首都经济贸易大学出版社，2004.

[8]王新军，王霞. 房地产经营与管理. 上海：复旦大学出版社，2005.

[9]刘金联，高占松. 房地产开发经营管理操作实务. 武汉：武汉大学出版社，2001.

[10]乔志敏. 房地产经营管理教程. 北京：立信会计出版社，2001.

[11]周宇. 现代物业管理. 辽宁：东北财经大学出版社，2001.

[12]彭加亮. 房地产市场营销. 北京：高等教育出版社，2006.

[13]谢经荣，吕萍，乔志敏. 房地产经济学. 北京：中国人民大学出版社，2002.

[14]孔凡文，张沈生. 房地产开发与管理. 辽宁：大连理工大学出版社，2006.

[15]张红. 房地产经济学. 北京：清华大学出版社，2005.

[16]张国明，苗泽惠. 房地产开发. 北京：化学工业出版社，2005.

[17]奚正刚. 金融创新与房地产. 上海：复旦大学出版社，2006.

[18]张建坤，周虞康. 房地产开发与管理. 南京：东南大学出版社，2006.

[19]谭善勇. 现代物业管理实务. 北京：首都经济贸易大学出版社，2003.

[20]张洪力. 房地产经济学. 北京：机械工业出版社，2004.

[21]严清华. 西方房地产. 武汉：武汉大学出版社，1994.

[22]丁芸，谭善勇. 房地产投资分析与决策. 北京：中国建筑工业出版社，2005.

[23]蒋先玲. 房地产投资教程. 北京：对外经济贸易大学出版社，2005.

[24]钱瑛瑛. 房地产经济学. 上海：同济大学出版社，2004.

[25]简德三，王洪卫. 房地产经济学. 上海：上海财经大学出版社，2003.

[26]张跃庆，丁芸. 房地产经济学. 北京：中国建材工业出版社，2004.

[27]周寅康. 房地产估价. 南京：东南大学出版社，2006.

[28]杨翠友，王光辉. 房地产开发经营管理学. 北京：中国物资出版社，1998.

[29]赵延军，薛文碧. 房地产策划与开发. 北京：机械工业出版社，2006.

[30]左斌. 房地产营销与风险防范. 北京：中国建筑工业出版社，2006.

［31］温海珍，张凌，杨英楠. 房地产开发与经营. 杭州：浙江大学出版社，2012.

［32］冯斌，杜强. 房地产开发与经营. 北京：清华大学出版社，2014.

［33］孔凡文，何红. 房地产开发与经营. 第三版. 大连：大连理工大学出版社，2012.

［34］银花. 房地产经营与管理. 北京：中国建筑工业出版社，2015.

［35］谭术魁. 房地产开发与经营. 第三版. 上海：复旦大学出版社，2015.

［36］王涯茜，雷晓莹. 房地产开发与经营. 西安：西安交通大学出版社，2014.

［37］吕萍. 房地产开发与经营. 第四版. 北京：中国人民大学出版社，2016.

［38］刘亚臣. 房地产经营管理. 第六版. 大连：大连理工大学出版社，2012.

［39］瞿富强. 房地产开发与经营. 第二版. 北京：化学工业出版社，2012.

［40］丁烈云. 房地产开发. 第四版. 北京：中国建筑工业出版社，2014.

［41］杨晓林. 房地产开发与管理. 北京：科学出版社，2012.

［42］谭荣伟. 房地产前期开发与报批资料精选. 第二版. 北京：化学工业出版社，2013.

［43］科特勒. 营销管理. 第十三版. 中国版. 北京：中国人民大学出版社，2009.

［44］邱强. 房地产投资分析. 北京：清华大学出版社，2014.

［45］刘秋雁. 房地产投资分析. 第五版. 大连：东北财经大学出版社，2017.

［46］席枫. 房地产市场管理. 大连：东北财经大学出版社，2014.

［47］叶剑平，邹晓燕. 房地产市场营销. 北京：中国人民大学出版社，2012.

［48］赵凤. 房地产估价. 北京：科学出版社，2014.